KB204105

대원불교
학술총서

04

대원불교
학술총서

04

에리히 프롬과 불교

. . .

존재양식과 깨달음

. . .

박찬국 지음

. . .

운주사

발간사

 오늘날 인류 사회는 4차 산업혁명을 통해 완전히 새로운 세상을 맞이하고 있습니다. 전통적인 인간관과 세계관이 크게 흔들리면서, 종교계에도 새로운 변혁이 불가피하게 되었습니다. 이런 상황에서 대한불교진흥원은 다음과 같은 취지로 대원불교총서를 발간하려고 합니다.

 첫째로, 현대 과학의 발전을 토대로 불교를 현대적으로 재해석할 필요가 있습니다. 불교는 어느 종교보다도 과학과 가장 잘 조화될 수 있는 종교입니다. 이런 평가에 걸맞게 불교를 현대적 용어로 새롭게 이해할 수 있도록 하려고 합니다.

 둘째로, 현대 생활에 맞게 불교를 이해할 필요가 있습니다. 불교가 형성되던 시대 상황과 오늘날의 상황은 너무나 많이 변했습니다. 이런 변화된 상황에서 부처님의 가르침을 제대로 이해할 수 있도록 하려고 합니다.

 셋째로, 불교의 발전과정을 종합적으로 이해할 필요가 있습니다. 북방불교, 남방불교, 티베트불교, 현대 서구불교 등은 같은 뿌리에서 다른 꽃들을 피웠습니다. 세계화 시대에 부응하여 이들 발전을 한데 묶어 불교에 대한 총체적 이해가 가능하도록 하려고 합니다.

 대원불교총서는 대한불교진흥원의 장기 프로젝트의 하나로서 두 종류로 출간될 예정입니다. 하나는 대원불교학술총서이고 다른 하나는 대원불교문화총서입니다. 학술총서는 학술성과 대중성 양 측면을

모두 갖추려고 하며, 문화총서는 젊은 세대의 관심과 감각에 맞추려고
합니다.

본 총서 발간이 한국불교 중흥에 조금이나마 기여할 수 있기를
바랍니다.

불기 2566년(서기 2022년) 5월

(재)대한불교진흥원

서문

나는 서양철학자 중에서 불교에 가장 가까운 사상을 전개했던 사람은 단연코 프롬이라고 생각한다. 그다음으로 쇼펜하우어와 하이데거가 불교와 가까운 사상을 전개했지만, 그러나 이들에게는 불교에서 받아들이기 힘든 부분들이 존재한다. 그러나 프롬은 불교와 동일하다고 할 수 있을 정도로 불교와 가까운 사상을 전개했다. 또한 서양철학자 중에서는 쇼펜하우어를 제외하고는 프롬만큼 불교를 높이 평가한 사람도 없었다. 더 나아가 프롬은 서양철학자 중에서는 유일하게 위빠사나와 참선을 수행하기까지 했다.

프롬과 불교 사이의 이러한 근친성에도 불구하고 국내는 물론이고 해외에서도 불교와 프롬의 사상을 비교한 연구들은 많지 않다. 국내에서는 이 책에서도 검토하고 있는 이문성의 논문[1] 하나뿐이다. 나는 프롬은 불교와 가장 가까운 사상을 전개했기에 양자는 서로를 크게 보완할 수 있다고 생각한다. 따라서 이 책은 프롬과 불교 사이의 생산적인 대화를 매개하려는 시도다. 나는 프롬과 불교가 이러한 대화를 통해서 서로를 더욱 풍요롭게 하면서 현대인들이 겪는 정신적 고통을 극복하는 데 서로 협력할 수 있다고 생각한다.

프롬은 불교를 비롯하여 모든 종교와 철학 그리고 정치적·경제적

---

[1] 이문성, 「선불교의 깨달음에 관한 E. Fromm의 견해에 대한 분석심리학적 비판」, 『심성연구』 24(1), 2009.

이데올로기, 아니 인간의 삶 자체가 자아와 세계 사이의 분열을 극복하는 것을 목표한다고 본다. 그러나 프롬은 자아와 세계의 분열을 극복하기 위해 인간이 개척해 온 많은 길이 그러한 분열을 극복하기보다는 오히려 더욱 심화시켰다고 본다. 프롬은 그러한 분열을 극복하는 가장 올바른 길을 제시한 것은 불교라고 본다.

우리는 흔히 세계와 분리된 고정불변의 자아가 있다고 생각하면서, 이러한 자아를 세계에서 가장 소중한 존재로 여기면서 그것에 집착한다. 우리는 이러한 자아가 세계 내에서 공고한 지위를 갖도록 하기 위해서 부나 명예와 같은 세간적인 가치들에 의존하려고 하거나 민족이나 민중 아니면 신에 의존하려고 한다. 그러나 불교는 이렇게 세계로부터 분리된 고정불변의 실체로서의 자아는 허구라고 본다.

불교는 세계와 분리된 자아를 강화함으로써 세계 내에서 안정과 행복을 구하려는 모든 시도는 실패할 수밖에 없다고 본다. 이는 세계는 자아의 소유물이 될 수 없기 때문이다. 따라서 세계와 분리된 고정불변의 실체로서의 자아라는 관념이 허구임을 깨닫고 그러한 자아에 대한 집착을 버릴 경우에만 우리는 세계와 화해할 수 있고 그 안에서 평안함과 행복을 느낄 수 있다. 그러한 허구적인 자아에 대한 집착을 버린다는 것은 자신을 세계의 중심으로 보는 자기도취와 세계를 자신의 소유물로 만들려는 이기심을 극복한다는 것을 의미한다. 프롬 역시 우리가 자기도취와 이기심을 극복하면서 뭇 생명과 하나가 될 때만 진정으로 행복해질 수 있다고 말한다.

프롬과 불교는 고통의 원인과 고통을 극복하는 길을 사유하는 데에 있어서 이렇게 동일한 입장에 서 있다. 그렇다고 해서 프롬과 불교가 모든 면에서 똑같은 이야기를 하는 것은 아니다. 만약 그렇다면 양자는 서로 대화할 필요도 없을 것이다. 프롬은 불교의 통찰을 받아들이기도 하지만 불교 외에 프로이트의 정신분석학과 마르크스의 역사적 유물론 그리고 실존철학의 통찰도 받아들인다. 이렇게 다양한 사상들을 통합하면서 프롬은 독자적인 사상을 구축했다. 따라서 프롬의 사상은 핵심 사상에서는 불교와 동일하지만 세부적인 면에서는 불교를 보완할 수 있는 많은 통찰을 담고 있다.

특히 사회구조와 사회적 성격과 관련해서는 프롬은 상세한 연구를 하고 있지만 불교에서는 그것들에 대한 연구가 부족하기 때문에 불교는 프롬에 귀를 기울여야 한다고 여겨진다. 그러나 불교 역시 프롬의 사상에서 볼 수 없는 독자적인 통찰을 담고 있기에 프롬의 사상을 수정하거나 보완할 수 있다. 특히 불교의 인간관은 프롬관을 보다 정치하게 다듬는 데 도움이 될 수 있다. 바로 이렇게 서로가 서로를 풍요롭게 할 수 있다는 점에 프롬과 불교가 서로 대화해야 할 필요가 있다. 이 책은 프롬과 불교 사이의 생산적인 대화를 매개하는 것을 목표한다.

이 책은 전문학술서와 대중적인 교양서의 중간 정도를 지향한다. 따라서 세세하게 출처를 밝히지 않았다. 특히 프롬의 사상을 소개하는 부분들은 내가 프롬에 대해서 이미 집필했던 책들과 논문들의 내용을 수정 보완하는 형식을 취했지만, 일일이 출처를 언급하지는 않았다. 이 점 독자들의 깊은 양해 부탁드린다. 아울러 여기서는 불교도 가능한 한 일반 독자들에게는 낯선 전문적인 용어들을 피하고 최대한 일상적인 우리말로 대신하려고 했다.

끝으로 이 책을 집필하는 데 재정적으로 큰 도움을 준 대한불교진흥원에 깊은 감사를 드린다.

2022년 8월

박찬국 씀

서론. 에리히 프롬과 불교

에리히 프롬은『자유로부터의 도피』,『사랑의 기술』,『소유냐 존재냐』
와 같은 세계적인 베스트셀러로 문명文名을 떨쳤던 철학자다. 프롬의
책 대부분이 백만 부 이상이 팔렸으며 그 중『사랑의 기술』은 2009년도
를 기준으로 해서 볼 때 전 세계적으로 2,500만 부가 넘게 팔렸다.
20세기의 유명한 철학자 중에서 프롬만큼 대중적으로 널리 읽혔던
사상가도 없을 것이다. 따라서 누구든 에리히 프롬이란 사상가의
이름 정도는 들어보았을 것이고, 프롬의 책을 읽은 사람들도 많을
것이다.

　그러나 정작 에리히 프롬이 불교에 깊은 관심과 애정을 가졌을
뿐 아니라 불교의 명상법을 직접 수행하기도 했다는 사실을 아는
사람은 그렇게 많지 않다. 쇼펜하우어와 같은 사상가를 제외하고는
대가로 인정받는 서양 철학자들 대부분이 불교를 비롯한 동양사상을
무시하면서 그것에 별다른 관심을 갖지 않았다. 이러한 사실을 고려해
볼 때, 불교에 대한 프롬의 관심과 애정 그리고 높은 평가는 서양철학의
역사에서 예외적인 것이다.

　프롬이 불교를 처음 접하게 된 것은 20세 때였다. 이 당시 프롬은
게오르크 그림(Georg Grimm)의『붓다의 가르침 – 이성과 명상의 종교
Die Lehre des Buddho - Die Religion der Vernunft und der Meditation』와
『불교학 *Die Wissenschaft des Buddhismus*』을 통해서 불교를 접하고

깊은 감명을 받게 된다. 이 당시에 이미 프롬은 불교야말로 어떠한 비합리적인 신비화나 계시나 권위도 인정하지 않는 철저하게 이성적인 종교라고 찬탄했다. 불교에 대한 이러한 평가를 프롬은 평생에 걸쳐서 유지했다.

프롬은 원래 정통파 유대교를 신봉하는 가정에서 태어났다. 프롬도 어린 시절에는 탈무드 학자가 되는 것이 꿈이었을 정도로 독실한 유대교인이었다. 그러나 프롬은 26세 때에 유대교에 대한 신앙을 버리고 무신론적 휴머니스트가 된다. 프롬이 이렇게 유대교에서 벗어나게 되는 데는 여러 가지 요인이 작용했지만, 불교와의 만남도 중요한 요인으로 작용했다.

불교에 대한 프롬의 이해와 애정을 심화시키는 데 결정적인 계기가 된 것은 스즈키 다이세츠와의 만남이었다. 스즈키의 책『선불교 입문 An Introduction to Zen Buddhism』은 서양인들이 선불교를 이해하는 데 가장 크게 영향을 끼친 책이다. 원래 일본에서 1934년에 출간되었던 이 책은 1939년에 융의 서문과 함께 독일에서 출간되었고 1941년에 영국과 미국에서도 출간되었다. 프롬은 1940년대에 스즈키의 이 책을 읽고 자신의 정신분석학과 선불교가 지향하는 바가 매우 유사하다고 느꼈다. 또한 스즈키 역시 프롬의『자유로부터의 도피』(1941)와『자립적인 인간 Man for Himself』(1947)을 읽고 자신과 프롬의 관심사가 매우 근접해 있다고 느꼈다.

프롬은 1956년에, 당시 뉴욕에 있던 스즈키의 집에 초청을 받아 선불교에 대해 깊은 대화를 나누었다. 이때 프롬은 마침내 선불교의 본질을 이해하게 되었다고 느꼈다고 한다. 프롬의 나이 50대 후반에 이루어진 선불교와의 이러한 만남을 계기로 프롬은 선불교에 대해서 깊이 연구하게 되었다. 프롬은 1957년에 멕시코에서 스즈키와 함께 '선불교와 정신분석'이란 주제로 국제 학술대회를 개최하게 된다. 이 대회에서 발표된 글들은 1960년에 『선과 정신분석 *Zen Buddhism and Psychoanalysis*』이라는 제목으로 출간되었다.

이 책은 처음에는 4,800부 정도밖에 팔리지 않았지만, 나중에는 백만 부가량이 팔렸으며 16개국의 언어로 번역되었다. 프롬은 이 책에 실린 자신의 글 「선과 정신분석」에서 선불교와 정신분석학의 목표가 동일하다고 보면서 정신분석학이 선불교의 통찰을 적극적으로 수용할 것을 주창하고 있다.

불교에 대한 프롬의 관심과 애정은 단순히 이론적인 데 그치지 않았다. 프롬은 매일 아침 10시에서 11시까지 명상을 했다. 프롬은 1975년에 자신의 75세 생일을 기념하기 위한 심포지엄에서 발표를 한 적이 있었다. 당시 그는 병으로 쇠약해져 있었지만 전혀 피로한 기색을 보이지 않고 두 시간에 걸쳐서 발표했다. 사람들이 프롬에게 그 비결을 묻자 그는 자신이 그날 아침 2시간 동안 호흡과 명상을 했다고 대답했다.

프롬은 선불교가 인간이 자신을 인식하고 치유하는 데 큰 도움이 되며 정신분석학보다 더 위대하다고 보았다. 꾸준한 참선을 통해서 프롬 자신도 큰 인격적인 변화를 겪었다. 거만하고 깐깐했으며 짜증도 잘 내고 종종 심하게 우울해했던 프롬은 따뜻하고 편안한 사람으로 변화되었다. 가까운 사람들이 그 변화를 느낄 정도였다고 한다.

프롬은 「선과 정신분석」을 제외하고는 불교만을 주제로 한 글을 쓴 적은 없다. 그러나 『너희도 신처럼 되리라 *You shall be as Gods*』(1966)와 『소유냐 존재냐』(1976), 『사랑의 기술』(1986), 『존재의 기술』(1993), 『듣기의 기술』(1993)과 같은 여러 책에서 불교가 그에게 끼친 영향과 불교에 대한 깊은 애정을 쉽게 감지할 수 있다. 특히 『소유냐 존재냐』는 불교의 문제의식과 사상에 가장 근접해 있다.

I. 쇼펜하우어와 니체 그리고 프롬의 불교관

서양철학자 중에서 불교에 가장 큰 관심을 가졌던 사상가는 쇼펜하우어와 니체 그리고 프롬이다. 그러나 니체는 그리스도교보다 불교를 훨씬 훌륭한 종교로 보았지만 불교에 대한 애정은 없었다. 그는 불교보다는 자신의 사상이 유럽을 지배해야 한다고 생각했다. 쇼펜하우어와 프롬은 불교에 대해서 관심뿐 아니라 깊은 애정까지 가졌으며, 장차 불교가 서구에서 지대한 영향력을 갖게 될 것으로 보았으며 또한 그렇게 되기를 바랬다. 이들의 예상대로, 최근 서양에서는 지식인 대우를 받으려면 불교를 알아야 한다고 할 정도로 불교가 많은 관심을 끌고 있다. 서양철학자 중에서 불교에 대한 서양인들의 관심을 불러일으킨 데 가장 큰 역할을 한 사람은 단연코 쇼펜하우어와 프롬일 것이다.

여기서는 쇼펜하우어와 니체 그리고 프롬의 불교 이해를 서로 비교하면서 프롬의 불교 이해가 이들에 대해서 갖는 특징을 살펴볼 것이다.

1. 쇼펜하우어의 불교관

쇼펜하우어는 19세기까지의 서양철학자 중에서 불교를 유일하게 긍정적으로 보았을 뿐 아니라 심지어 자신의 철학과 불교가 동일한 내용을 갖는다고 보았던 철학자다.

쇼펜하우어는 모든 고통의 원인을 탐욕과 집착에서 비롯되는 것으로 본다. 이와 함께 그는 고통에서 벗어나기 위해서는 탐욕과 집착을 버려야 하며, 궁극적으로는 탐욕과 집착을 근절하려는 욕망조차도 버려야 한다고 보고 있다. 쇼펜하우어는 자신의 이러한 사상이 불교의 사상과 동일하다고 보았으며, 자신이 말하는 '모든 탐욕과 집착에서 벗어난 상태'가 바로 불교가 말하는 열반이라고 보았다.

쇼펜하우어는 이렇게 자신의 사상과 불교의 근본적인 동일성을 확신하면서 자신이 설파하려고 했던 사상이 이미 동양에서 2,500여 년 전에 존재했다는 사실에 경탄을 금치 못했다. 쇼펜하우어는 심지어 자신이 도달한 철학적인 결론이 진리라면, 자신의 사상과 동일한 가르침을 설파하는 불교를 모든 종교 중에서 가장 훌륭한 종교로 간주할 수밖에 없다고 말하고 있다. 쇼펜하우어는 때로는 자신을 불교도로 지칭하기까지 했다. 쇼펜하우어는 장차 불교에 대한 문헌이 유럽에 본격적으로 소개되면, 불교에 대한 서양인들의 생각이 근본적으로 변화될 것이라고 예견했다.

쇼펜하우어는 무엇보다도 불교가 고통의 원인과 고통에서 벗어날 수 있는 방법을 마음에 대한 철저한 성찰에 입각하여 모색하고 있다는 점에서 깊은 감명을 받았다. 불교와 비교하면서 쇼펜하우어는 그리스도교를 아직 유아적인 수준에 머물러 있는 종교라고까지 평했다. 이는 그리스도교는 인격신과 같은 신화적인 개념에 의지하면서 고통의 원인을 선악과를 따먹지 말라는 하느님의 명령을 어긴 원죄에서 찾고, 고통에서 벗어날 수 있는 길도 하느님에게 용서를 비는 것에서 찾고 있기 때문이다.

불교에 대한 쇼펜하우어의 이러한 찬양은, 인도와 불교를 비롯한 인도의 전통사상에 대해서 헤겔을 비롯한 당시의 서양 철학자들 대부분이 내리고 있는 부정적인 평가와 좋은 대조를 이루고 있다. 예를 들어 헤겔은 "인도에는 참된 종교도 윤리도 법도 정의도 존재하지 않는다."[1]라고 말하고 있다. 그리고 인도에 대한 헤겔의 부정적인 평가는 그 당시 서양인들 대부분이 가지고 있던 동양에 대한 편견을 반영한 것이었다. 이러한 사상적 분위기에서 쇼펜하우어가 불교를 그리스도교보다 훌륭한 종교라고 보았던 점은 놀라운 일이다.

쇼펜하우어가 말하는 것처럼 그와 불교 사이에 큰 유사성이 존재한다는 것은 분명하지만, 양자 사이에는 상당한 차이도 존재한다. 여러 차이점이 있지만, 여기서는 두 가지만 언급하겠다.[2]

쇼펜하우어는 우리가 사는 세계를 '감각기관들을 통해서 우리에게

---

1 Hegel, *Philosophie der Weltgeschichte*, ed. Lasson, 377쪽 참조(Helmuth von Glasenapp, "Die Weisheit Indiens bei Schopenhauer und in der neueren Forschung", *Jahrbuch der Schopenhauer-Gesellschaft*, 1961, 58쪽에서 재인용)

2 나는 졸저 『쇼펜하우어와 원효』(세창출판사, 2020)에서 쇼펜하우어와 불교 사이의 공통점과 차이점에 대해서 상세하게 다룬 바 있다. 아울러 이 책에서 나는 쇼펜하우어가 빠져 있는 모순을 원효가 어떻게 해결하고 있는지도 고찰했다.

나타나는 세계'라는 의미에서 현상계라고 불렀다. 현상계에서 모든 것은 인과관계를 통해서 연결되어 있으며 인과관계에 따라서 끊임없이 변화한다. 현상계에 대한 쇼펜하우어의 이러한 사상은 모든 것이 인연에 따라서 일어난다는 불교의 연기사상과 유사하다. 그러나 양자 사이에는 무시하기 어려운 차이도 존재한다.

쇼펜하우어는 현상계에서 모든 것은 인과관계에 따라서 덧없이 생겼다가 잠시 머무르고 소멸한다고 본다. 이렇게 모든 것이 독자적인 인과법칙에 따라서 생성 소멸하는 세계에서 인간은 자신의 욕망을 좇다가 욕망이 충족되면 좋아하고 충족되지 않으면 좌절하고 슬퍼한다. 그렇게 희로애락을 거듭하면서 인간의 삶도 허망하게 끝난다. 이렇게 인과의 세계를 모든 것이 허망하게 생성 소멸하는 세계로 보기 때문에, 쇼펜하우어는 고통에서 벗어난 열반의 상태도 인과의 세계를 떠나 내면의 평화 속으로 침잠하는 상태로 본다.

그러나 불교에서는 연기의 세계가 사람들이 도달한 깨달음의 단계에 따라서 다르게 나타난다고 본다. 연기의 세계는 쇼펜하우어가 말하고 있는 것처럼 모든 것이 인과법칙에 따라서 덧없이 생성 소멸하는 세계로 나타날 수 있다. 그러나 불교는 세계가 이렇게 나타나는 것은 인간이 아직 세계로부터 분리된 자기중심적인 자아에 대한 집착과 부와 명예와 같은 세간적인 가치들에 대한 집착에서 벗어나지 못했기 때문이라고 본다. 이러한 집착에서 온전히 벗어날 때 연기의 세계는 모든 것이 아무런 의미도 없이 생성 소멸하는 허망한 것이 아니라 의미와 아름다움으로 충만한 화엄華嚴세계로 나타난다.

따라서 불교는 '번뇌 세상이 바로 열반 세상이다'는 선불교의 말에서 볼 수 있는 것처럼, 열반을 우리가 사는 일상 세계인 연기의 세계를 떠난 상태로 보지 않는다. 오히려 깨달은 자는 연기의 세계에 충실하다. 그는 모든 생각과 행위가 중단된 무의 상태로 들어가는 것이 아니라 생각과 말과 행동을 모든 집착이 사라진 마음의 상태로부터 내는 것을 지향한다.

쇼펜하우어와 불교 사이의 차이는 고통의 원인인 탐욕과 집착을 극복하는 방법과 관련해서도 보인다. 쇼펜하우어는 탐욕과 집착을 극복하는 방법으로서 금욕주의적 고행을 내세운다.[3] 쇼펜하우어에 따르면 인간의 욕망은 주로 자기보존을 향한 욕망과 종족번식을 향한 욕망 그리고 이기심으로 나타난다. 따라서 쇼펜하우어는 자기보존 욕망이 가장 강하게 나타나는 식욕을 억제하는 소박한 식사와 종족번식 욕망을 억제하는 정결貞潔 그리고 이기심의 표현인 탐욕을 억제하는 청빈清貧을 내세운다. 특히 쇼펜하우어는 신체야말로 식욕이나 성욕과 같은 맹목적인 욕망이 들끓는 곳이기에, 욕망을 근절하는 가장 확실한 방법으로서 단식을 통한 죽음, 즉 아사餓死를 주장하기도 한다.[4]

쇼펜하우어는 자신이 주창하는 금욕주의적인 고행이 불교의 수행법과 동일하다고 보았다. 그러나 불교는 욕망을 근절하려는 고행을 추구하는 것이 아니라 금욕과 방일放逸 사이의 중도를 추구한다. 금욕과 방일 사이의 중도란 단순히 금욕과 방일 사이의 중간을 택하는 것이 아니라 욕망을 정화하는 것을 의미한다. 즉 그것은 욕망 자체를

3 쇼펜하우어, 『의지와 표상으로서의 세계』(『세상을 보는 방법』에 수록됨), 권기철 옮김, 동서문화사, 2005, 971쪽 참조
4 쇼펜하우어, 위의 책, 994쪽 이하 참조.

제거하려고 하는 것이 아니라 욕망에서 이기적이고 탐욕스러운 성질을
제거하려고 하는 것이다.

이와 함께 불교에서는 신체에 대한 억압이 아니라 마음을 청정淸淨하
게 함으로써 신체를 청정하게 만들 것을 주장한다. 불교에서는 우리의
마음이 이기주의적인 집착에서 벗어나게 되면, 우리의 신체도 함께
청정해지며 신체에 뿌리를 박은 식욕이나 성욕과 같은 생리적인 욕구
도 청정해진다고 본다. 이렇게 욕구가 청정해지면 식사나 성행위는
단순히 우리의 욕망을 충족시키는 행위가 아니라 자신이 관계하는
것과 교감을 나누는 것이 된다.

2. 니체의 불교관[5]

쇼펜하우어와 마찬가지로 니체도 그리스도교보다 불교를 훨씬 훌륭한
종교로 본다. 니체는 불교가 그리스도교보다도 더 우월한 이유로
다음과 같은 것들을 들고 있다.[6]

첫째로, 그리스도교가 인간의 고통이 원죄에서 비롯되었다고 보면
서 고통의 원인을 신화적으로 설명하는 것에 반해서, 불교는 인간의
고통이 어디서 비롯되었는지를 인간의 마음에 대한 냉철한 반성과
분석을 통해서 해명하려고 한다. 이 점에서 니체는 불교는 그리스도교

---

5 나는 졸저 『니체와 불교』(씨아이알, 2013)에서 니체와 불교 사이의 공통점과 차이점
   에 대해서 상세하게 다룬 바 있다.
6 니체, 『안티크리스트』, 박찬국 옮김, 2013, 49~58쪽 참조.

와는 달리 현실주의적이고 실증주의적인 종교라고 말한다. 심지어 니체는 "불교는 역사가 우리에게 제시하는 단 하나의 유일한 실증주의적 종교다."라고까지[7] 말한다.

둘째로, 그리스도교가 선과 악의 기준이 신에 의해서 영원히 불변적으로 정해져 있는 것으로 보는 반면에, 불교는 인간의 고통을 극복하는 데 도움이 되는 생각이나 행위는 선한 것이고 인간의 고통을 극복하는 데 도움이 되지 않는 생각이나 행위는 악으로 간주한다. 불교가 갖는 이러한 두 번째 특징은 첫 번째 특징인 현실주의적이고 실증주의적인 성격과 밀접한 연관이 있다. 즉 불교에서는 무엇이 선이고 무엇이 악인지는 신에 의해서가 아니라, 인간의 행복이나 고통과 생각이나 행위와 같은 것들 사이에 존재하는 인과관계에 대한 엄밀한 관찰에 의해서 정해져야 한다고 보는 것이다. 이와 함께 불교는 우리가 계율들을 지켜야 할 이유도, 그것들이 어떤 인격적인 신에 의해서 주어진 무조건적이고 영원한 명령이라는 데서 찾지 않고 그것들이 고통을 극복하는 데 도움이 된다는 데서 찾는다. 따라서 그리스도교에서는 신의 계율을 지키지 않는 것은 죄가 되지만, 불교에서는 계율을 지키지 않는 것은 자신을 더욱 괴롭게 만드는 어리석음이 된다. 불교는 신이 정한 율법에 대한 위반으로서의 이른바 '죄'에 대한 투쟁이 아니라, 오히려 '고통'에 대한 투쟁을 주창한다.

셋째로, 그리스도교는 원한과 복수심의 정신에 의해서 규정되어 있는 반면에, 불교는 모든 종류의 원한과 복수심에서 해방된 쾌활한

---

7 니체, 위의 책, 50쪽.

상태를 지향한다. 니체는 그리스도교는 불교와는 달리 학문을 한 상층계급에서 비롯된 것이 아니라 정복된 자들과 억압받는 자들에게서 비롯되었다고 본다. 따라서 지배적인 권력이 되기 이전의 그리스도교 는 정복자들과 억압자들에 대한 일종의 정신적인 복수라는 성격을 가지고 있다. 그리스도교도들은 지상의 지배자들을 사탄으로 생각하면서 이들이 지옥에 떨어질 것이라고 믿으며, 지옥에서 이들이 고통받는 모습을 천국에서 지켜볼 자신의 모습을 상상하면서 만족해한다. 그리스도교가 지배적인 권력이 되면서부터는 천국과 지옥이란 관념은 신자들을 그리스도교로부터 일탈하지 못하도록 협박하는 것과 동시에 그리스도교를 믿지 않는 자들에게 정신적으로 복수하는 수단으로 이용된다.

넷째로, 불교가 밝은 상념들을 북돋우려고 하는 반면에, 그리스도교에서는 죄와 지옥의 형벌과 같은 음산하면서도 자극적인 생각들이 전면에 나와 있다. 그리스도교에서 사람들은 끊임없이 자신의 죄를 고백하고 자책하고 용서를 열정적으로 간구한다. 그리스도교는 불교처럼 명랑과 평정 그리고 무욕을 추구하는 것이 아니라, 인간의 죄를 용서해 줄 하느님이라 불리는 권력자를 둘러싼 격정을 끊임없이 불러 일으킨다. 불교사원에는 적정寂靜이 지배하는 반면에, 교회에서는 죄를 고백하면서 용서를 갈구하는 통곡이 지배한다.

다섯째로, 불교에서는 완전한 상태는 인간 자신의 힘으로 도달할 수 있는 것으로 간주한다. 이에 반해 그리스도교에서는 완전한 존재인 신과 인간 사이에 절대적인 거리가 있는 것으로 보면서 인간은 완전한 상태에 도달할 수 없다고 주장한다.

여섯째로, 불교가 자신을 다른 종교에 강요하지 않으려고 하는 반면에, 그리스도교는 자기와 다른 생각을 가진 자들을 증오하고 박해하려고 한다. 이는 그리스도교가 인간의 죄를 용서해 줄 인격적인 유일신에 대한 철저한 복종을 주장하기 때문이다. 이에 반해 불교는 인격신과 같은 관념은 인간이 삶에서 느끼는 불안과 공포를 해소하기 위해서 만들어낸 허구라고 본다. 그러나 불교는 경우에 따라서는 이러한 허구가 인간을 정신적으로 건강한 상태로 만드는 데 도움이 될 수도 있다고 본다. 예를 들어 불교는 서방정토에서 인간을 구원하는 아미타불이라는 관념이 허구라고 보면서도, 이러한 관념은 일정한 단계까지는 많은 사람에게 그들의 정신력을 강화하는 데 도움이 될 수 있을 것이라고 본다. 불교에서 배격하는 것은 그러한 관념의 실재성을 주장하면서 그러한 관념만이 절대적인 진리라고 믿을 것을 강요하는 독단이다. 이 점에서 불교는 관용적인 종교다.

불교와 그리스도교에 대한 이러한 평가에 입각하여, 니체는 불교를 이미 고도로 발달된 정신문명의 정화로 보는 반면에 그리스도교는 아직 문명의 맹아도 보지 못했다고 말하고 있다. 니체가 그리스도교가 아직 문명에 접하지 않았다고 보는 것은, 그리스도교는 객관성보다는 독단적인 교리들에 대한 맹목적인 신앙을 중시하기 때문이다. 니체는 유럽인들은 근대에 들어와서야 비로소 그리스도교의 지배에서 벗어나기 시작했지만, 불교는 이미 2,500년 전에 인격신과 같은 관념들을 허구로 보았다고 말하면서 불교를 높이 평가하고 있다. 이와 함께 심지어 니체는 붓다 당시의 인도가 니체 당시의 유럽보다도 훨씬 더 정신적으로 성숙했다고 말한다.

니체는 불교와 비교하면서 그리스도교를 신랄하게 비판하고 있지만, 이러한 그리스도교는 바울이 해석한 그리스도교일 뿐 예수가 구현하려고 했던 참된 정신은 아니라고 보았다. 니체는 예수가 지향한 삶의 형태는 불교가 지향한 삶의 형태와 본질적으로 동일한 것으로 보고 있을 뿐 아니라, 심지어 예수의 운동을 '일종의 불교적 평화 운동'이라고까지 말하고 있다. 불교와 마찬가지로 예수는 완전한 행복이 내세가 아니라 우리의 마음속에 있다고 보았다. '하느님 나라는 너희 안에 있다.'는 것이다. 예수는 모든 원한과 적의에서 벗어나 모든 사람을 형제처럼 사랑하는 것에서 영원하고 완전한 행복을 발견하라고 가르친다.

니체는 당시의 유럽인들이 과학의 발달과 함께 그리스도교를 더는 신봉하지 않게 되면서 삶의 의미와 가치를 상실하게 되는 허무주의적인 상황에 처해 있다고 보았다. 이러한 상황을 니체는 '신은 죽었다'는 말로 표현하고 있다. 니체는 유럽인들이 이러한 의미상실과 가치상실의 고통을 쇼펜하우어의 철학이나 불교처럼 지성에 반하지 않으면서도 사람들에게 내면적인 명랑함이나 평안을 제공하는 철학이나 종교를 통해서 극복하려고 할 수 있다고 보았다. 이런 맥락에서 니체도 쇼펜하우어와 마찬가지로 불교가 장차 유럽을 지배하는 종교가 될 수도 있다고 보았다.

지금까지 살펴본 것만 보면, 니체가 불교를 매우 긍정적으로 본 것처럼 여겨진다. 그러나 니체는 불교에 대해서 매우 비판적이다. 니체는 그리스도교에 비해서 불교를 훌륭한 종교로 보지만, 그렇다고 해서 쇼펜하우어처럼 불교가 그리스도교를 대체해야 한다고 보지 않는다. 니체는 불교가 아니라 자신의 사상이 유럽을 지배해야 한다고 보는 것이다.

니체는 불교와 마찬가지로 영원불변의 실체나 절대자를 부정하면서 철저하게 실증적이고 현실적인 입장을 취하고 있다. 이 점에서 니체는 자신의 철학이 불교와 유사한 점이 있다고 본다. 그러나 니체는 불교를 고통과 고난으로 점철된 현실과 삶으로부터 내면의 평화로 도피하는 종교라고 보고 있다. 이에 반해 자신의 철학은 지상에서의 고통을 흔쾌히 긍정할 뿐 아니라 심지어 요구할 정도의 강인한 정신에 입각하고 있다고 본다. 따라서 니체는 쇼펜하우어처럼 불교에서 미래 철학의 가능성을 찾기보다는 오히려 당시의 유럽인들이 자신들이 처한 허무주의적인 상황에서 벗어날 수 있는 출구를 불교에서 찾게 되지 않을까 크게 우려하고 있다.

니체가 생각하는 이상적인 삶은 온유함과 내적인 평화가 넘치는 삶이 아니라 오히려 힘과 패기가 충만한 삶이다. 이런 의미에서 니체는 예수나 붓다보다는 시저나 나폴레옹 같은 사람이 자신이 말하는 초인에 더 가깝다고 본다. 그러나 불교나 쇼펜하우어의 입장에서는 시저나 나폴레옹은 명예욕에 사로잡혀 온갖 번뇌 망상에 시달리는 불쌍한 중생에 불과하다.

불교를 현실도피적인 종교로 보는 니체의 견해는 물론 불교에 대한 오해에서 비롯된다. 붓다는 니체가 주장하는 것처럼 생성 소멸하는 삶과 현실 자체가 고통이라고 말하는 것이 아니라, 탐욕과 집착에 사로잡혀 있는 삶만을 고통스러운 것으로 보았다. 다시 말해서 붓다가 부정하고 가치를 인정하지 않는 것은 삶과 현실 자체가 아니라 탐욕과 집착에 사로잡혀 있는 삶과 현실일 뿐이다.

생성 소멸하는 세계로서의 삶과 현실은 우리가 생성 소멸하지 않으려고 하고 이 생성 소멸하는 세계를 자기 뜻대로 지배하려는 주체로 존재하려고 할 경우에만 '고苦'로서 느껴지고 위협적인 것으로 느껴진다. 이에 반해 탐욕과 집착에서 온전히 벗어난 자에게는 동일한 생성 소멸하는 세계라도 더는 두렵고 위협적인 세계로 나타나지 않고 오히려 모든 것이 서로 의지하고 돕는 세계로서 나타나게 된다. 따라서 우리는 현실을 더는 고해苦海로 생각하지 않고 오히려 그것에 대해서 오히려 감사의 염念을 품을 수 있게 된다.

불교는 무상한 현실을 벗어날 것을 주창하는 것이 아니라 오히려 탐욕과 집착에서 벗어남으로써 현실을 완전히 새롭게 경험할 것을 주창한다. 불교는 초기불교든 대승불교든 현실부정은 무상한 현실에 대한 집착 못지않게 위험한 '공과 무에 대한 집착'이라고 보았던 것이며, 무상한 현실에 대한 집착과 무에 대한 집착의 중도中道를 주창한다. 불교는 탐진치를 지멸止滅하고 지혜와 사랑과 같은 인간의 본질적인 능력을 구현한 상태에서 생각과 행동을 내라고 말하는 것이다.

또한 불교는 자신에게 위해를 가한 상대방에게 복수를 꾀하기보다는 오히려 자신의 상대방이 갈애와 집착에 시달리는 불쌍한 중생이라고 생각하면서 자비심을 가질 것을 요구한다. 니체는 이러한 자비심은 저항할 수 있는 힘을 상실한 허약하고 비겁한 자들이 내면적인 평화와 아울러 우월감을 유지하는 방식이라고 보았다. 그러나 니체가 말하는 것처럼 붓다나 예수가 이렇게 약한 자들인지는 의문이다. 불교에서는

I. 쇼펜하우어와 니체 그리고 프롬의 불교관 31

붓다를 제멋대로 일어나는 충동들과 열정들을 제압한 위대한 영웅이라고 불렀다.

붓다는 분명 냉혹한 인간은 아니지만 그렇다고 해서 약한 인간도 아니었다. 붓다가 원한을 품지 않는 것은 오히려 자신에게 위해를 가하려고 하는 사람마저도 감싸 안고 사랑할 수 있는 충일한 힘에서 비롯되는 것이다. 붓다가 구현했던 자비는 자기중심적인 편협한 자아에 대한 집착을 버린 자가 자연스럽게 갖게 되는 내적인 충만한 힘에서 비롯된 것이다. 붓다의 자비는 이러한 충만한 힘에서 비롯되는 덕이기에 붓다는 현실을 떠나 내적인 평안을 유지하는 데 머물지 않고 사람들을 깨우치는 데 진력했다.

3. 프롬의 불교관

위에서 본 것처럼 불교의 특성과 장점에 대한 쇼펜하우어와 니체의 파악은 상당히 정확하면서도 일정한 한계를 보이고 있다. 이러한 한계는 이들 역시 불교를 금욕주의적이며 내면의 평화로 도피하는 종교로 보는 서양인들의 통념에서 일정 부분 벗어나지 못한 데서 비롯된다. 이들에 비하면 프롬의 불교 이해는 불교에 대한 서양인들의 통념에서 완전히 벗어나 있다. 따라서 나는 프롬이야말로 서양철학의 대가 중에서 불교의 본질을 가장 잘 파악한 사람이라고 생각한다.

더 나아가 프롬은 불교를 단순히 이해하는 것을 넘어서 불교의 가르침에 부합되는 삶을 살려고 진지하게 노력했다. 물론 프롬은 불교가 지향하는 삶은 유대교 신비주의나 그리스도교 신비주의 그리고 스피노자와 같은 사람이 지향했던 삶과 본질적으로 동일하다고 생각했다. 따라서 그가 지향했던 삶이 반드시 불교의 가르침만을 따르는 삶이라고 볼 수는 없을 것이다. 그렇지만 우리는 프롬이 지향했던 삶에서 참된 불교도가 구현해야 하는 삶의 모습을 볼 수 있다.

쇼펜하우어는 불교적인 가르침을 진리라고 생각했지만, 불교적인 가르침에 따라서 살려고 했다고 보기는 어렵다. 쇼펜하우어는 집착과 탐욕을 버릴 것을 요구했지만 정작 그 자신은 명예욕과 질투심이 매우 강한 사람이었다. 쇼펜하우어가 당시 독일 철학계를 지배하던 헤겔에 대한 경쟁심에 사로잡혀 헤겔의 강의 시간과 동일한 시간대에 강의 시간을 잡았지만, 극소수의 수강생만이 들어와서 낭패를 보았다는 이야기는 유명하다.

또한 자신의 방문 앞에서 자주 수다를 떨던 나이 든 여성을 밀어서 부상을 입히게 했다는 일화도 유명하다. 쇼펜하우어는 평소 소음에 민감했다. 공동주택에 살던 그는 자신의 방문 앞에서 다른 사람들과 자주 수다를 떨던 여성이 어느 날 다시 수다를 떨고 있는 것을 보았다. 그 모습을 본 쇼펜하우어는 격분하여 그녀를 끌어내리려고 했다. 그러나 여성이 완강히 저항하는 바람에 그녀는 넘어져 부상을 입었다. 그녀는 쇼펜하우어를 상대로 소송을 제기했고 법원은 그녀에게 승소 판결을 내렸다. 쇼펜하우어는 분기마다 일정 액수의 보상금을 그녀가 죽을 때까지 지급해야만 했다. 20년 후 그녀가 죽었다는 소식을 듣고 쇼펜하우어는 일기에 이렇게 썼다.

"늙은 여자가 죽었다. 골칫덩어리가 사라졌다."

또한 쇼펜하우어는 나이 60이 되어서야 유명해졌는데 그는 신문에서 자신과 관련된 모든 소식을 찾아 읽으면서 자신의 명성을 즐겼다고 한다. 쇼펜하우어의 결점에 대해서 이렇게 이야기하는 것은 쇼펜하우어를 홍보기 위해서가 아니다. 그것은 불교의 가르침을 머리로 아는 것은 쉽지만, 삶에서 실천한다는 것은 무척 어렵다는 것을 말하기 위해서다.

불교는 무상無常을 깨달아야 한다고 말한다. 무상을 깨닫는다는 것은 우리의 육신도 재산도 명예도 죽음과 함께 사라지는 덧없는 것이라는 사실을 절감하면서 그것들에 대한 집착을 버려야 한다는 것을 의미한다. 그렇게 덧없는 것들이 흡사 영원할 것처럼 매달릴 때 우리는 고통에 빠지게 된다는 것이다.

요즘 진화론이나 생물학 그리고 양자물리학 등을 끌어들여 불교를 해석하는 시도가 많이 행해지고 있지만, 무상에 대한 불교의 가르침은 굳이 이런 이론들을 끌어들이지 않고서도 누구나 조금만 생각해 보면 납득할 수 있는 가르침이다. 그러나 그 가르침을 머리로 이해한다고 해서 그 사람이 깨달았다고 말할 수는 없다. 깨달은 사람은 무상한 것들에 대한 집착을 온전히 놓아 버린 사람이다. 그러나 이렇게 집착을 온전히 놓아 버린다는 것은 쉬운 일이 아니다. 쇼펜하우어는 『금강경』에서 말하는 것처럼 인생이 덧없는 꿈이요 물거품 같은 것이라고 말하지만, 정작 물질과 명예에 대한 그의 집착은 매우 강했다.

이에 반해 프롬은 불교의 가르침에 따라 살려고 진지하게 노력했으며, 그가 살았던 삶의 모습은 불교의 가르침과 상당 부분 일치한다. 두 가지 예만 들어보겠다.

프롬은 1933년에 나치가 권력을 잡은 후 유대인들에 대한 박해가 노골화되자 독일에 있던 친척들과 친구들이 독일을 떠날 수 있도록 지원을 아끼지 않았다. 프롬은 그 후에도 세계평화를 위해서 다양한 활동을 전개했으며, 엄청난 기부를 하기도 했다.

또한 프롬은 중병으로 고생하던 두 번째 부인의 간호를 위해서 온갖 정성을 다 쏟았다. 프롬의 두 번째 부인인 헤니 구를란트(Henny Gurland)는 나치의 박해를 피해 독일을 탈출하던 중 폭탄 파편이 몸에 박혔다. 이로 인해 그 후 극심한 류머티즘 관절염과 아울러 우울증을 앓게 되었다. 프롬은 멕시코에 있는 광천鑛泉이 관절염 치료에 좋다는 의사들의 말을 듣고 멕시코로 이주했다. 프롬은 만성적인 통증과 우울증으로 시달리는 그녀의 증세가 심각할 때는 집필과 강의도 중단한 채 거의 24시간 동안 그녀를 돌보았다. 프롬의 이러한 정성에도 불구하고 그녀의 우울증은 더욱 심해졌고, 그녀는 결국은 극단적인 선택으로 삶을 마감하고 만다. 이러한 비극적 결말에도 불구하고 우리는 두 번째 부인에 대한 프롬의 정성 어린 간호에서 그가 단순히 다른 인간에 대한 사랑을 말로만 설파하는 것을 넘어서 진실로 실천하고자 노력했다는 것을 알 수 있다.

1) 소유양식과 존재양식

불교가 프롬의 사상에 미친 깊은 영향을 가장 잘 감지할 수 있는 책은 프롬의 대표작으로 꼽히는『소유냐 존재냐』다. 이 책은 제목에서도 추측할 수 있듯이 현대사회의 위기가 근본적으로 소유지향적인 삶과 사회구조에서 비롯된다고 보면서 존재지향적인 삶과 사회구조를 대안으로 제시한 책이다.

소유지향적인 삶 내지 소유양식은 삶의 의미를 물질이나 명성 혹은 지위의 소유와 쾌락의 향유에서 찾는 삶의 방식을 가리킨다. 이러한 삶의 방식은 물질과 쾌락을 둘러싼 사람들 사이의 경쟁을 심화시킴으로써 사람들 사이의 분열을 초래한다. 그것은 또한 자연을 한낱 지배와 정복의 대상으로서 취급함으로써 인간과 자연 사이의 분열을 초래한다. 더 나아가 소유지향적인 삶을 사는 인간은 물질과 쾌락에 대한 무한한 욕망에 사로잡혀 있지만 이렇게 무한한 욕망은 충족되기 어렵다. 따라서 그러한 인간은 항상 자신에 대한 불만에 사로잡히게 되고 자기분열에 빠지게 된다. 요컨대 소유지향적인 삶은 사람들 상호 간의 분열과 인간과 자연의 분열 그리고 인간의 자기분열을 초래한다.

소유지향적인 삶에서 인간은 자신이 물질이나 권력과 지위 그리고 명예를 소유하는 주체라고 생각한다. 그러나 그는 사실은 그것들에 예속되어 있다. 그것들은 언제 그에게서 사라질지 모르는 것이기 때문에, 그는 그것들을 상실할까 불안해하고 두려워한다. 그의 마음은 그것들의 변동에 따라 어떨 때는 격렬한 환희에 사로잡히고 어떨 때는 슬픔과 절망에 빠지면서 요동친다.

프롬은 현대인들 대부분이 소유양식의 삶을 살고 있다고 본다. 현대인들은 실로 많은 것을 소유하고 있지만, 물질이나 권력, 지위나 명예의 노예가 되어 다른 사람들과 자연 그리고 자기 자신으로부터 소외되어 있다. 따라서 현대인들은 자신의 삶에 대해서 의식적으로든 무의식적으로든 근본적인 불만을 느끼고 있다. 이러한 근본적인 불만은 삶에서 느끼는 공허감이나 우울감 또는 깊은 권태감 등으로 나타나

고 있다. 현대인들은 자신의 존재 밑바닥에 큰 구멍이 뚫려 있는
것처럼 느끼는 것이다.

프롬은 이러한 공허함과 우울감 그리고 깊은 권태감을 근본적으로
극복하기 위해서는 우리의 삶이 소유지향적인 삶에서 존재지향적인
삶으로 근본적으로 전환해야 한다고 말한다. 존재지향적인 삶 내지
존재양식은 소유지향적인 삶의 오류에 대한 통찰에 입각해 있다.
소유지향적인 삶은 자신이 소유하고 의지하는 소유물들이 영원할
것이며 자신이 그것들을 완전히 장악하는 주체라는 착각에 입각해
있다.

존재지향적인 삶은 이러한 착각을 꿰뚫어 보면서 무상하기 그지없는
사물들을 소유하기 위해 애쓰지 않는 삶이다. 따라서 그것은 아무것에
도 속박당하지 않는 자유로운 삶이며 모든 사물의 성스러움을 경험하
면서 그것들과 교감을 나누는 삶이다. 또한 존재지향적인 삶은 소유가
아니라 지혜와 사랑과 같은 인간의 본질적인 능력들을 실현하면서
자신의 존재가 충만해지는 것에서 기쁨과 활기를 느끼는 삶이다.

존재지향적인 삶에서 존재는 어떤 고정된 상태를 의미하지 않고
오히려 생명·능동성·탄생·열린 사랑을 의미한다. 그것은 소유·죽음·
폐쇄적인 자기중심주의의 반대다. 이 경우 능동성은 현대인들이 생각
하듯 분주하게 움직이는 상태를 가리키지 않고, 자신의 본질적인
능력들을 생산적으로 발휘하는 상태를 가리킨다. 현대인들의 분주함
이란 언뜻 보기에 매우 능동적인 상태로 보이지만 사실은 쫓김을
당하는 상태다. 그것은 자기 자신에게서 비롯되는 것이 아니라 어떤
조건에 의해서 내몰리는 것이라는 면에서 사실은 소외된 능동성이며,

인간의 노예 상태를 강화하는 것이다.

프롬은 이러한 소외된 능동성의 가장 대표적인 예를 강박증에서 찾고 있다. 시험에 떨어질지도 모른다는 강박관념에 사로잡혀 있는 사람은 실로 열심히 공부할지 모른다. 그러나 그가 이렇게 열심히 공부하는 것은 공부를 좋아해서가 아니라 자신이 통제하지 못하는 불안감에 쫓겨서다. 그는 은연중에 이러한 불안감의 노예가 되고 있다. 이에 반해 소외되지 않은 능동성에서 우리는 지혜와 사랑과 같은 자신의 본질적 능력들을 전개하기 때문에 '자기 자신'을 능동성의 '주체'로서 경험한다. 프롬은 이러한 소외되지 않는 능동성을 '생산적 능동성'이라고 부른다. 생산적인 사람들은 자신들이 관계하는 모든 것에 활기를 불어넣는다. 그들은 자신뿐 아니라 다른 사람들이나 사물에 생명을 부여한다.

존재지향적인 삶을 살기 위해서는 소유에 대한 집착에서 벗어나야 하며, 그러한 욕망의 근저에 존재하는 '자기중심적인 자아에 대한 집착'에서 벗어나야 한다. 존재양식은 중세시대의 가톨릭 신비주의자 마이스터 에크하르트가 말하는 것처럼 '자신을 비우고' '가난하게' 하거나, 불교에서 말하는 것처럼 무심의 상태가 될 때 실현된다. 존재양식은 소유에 대한 집착에서 벗어나 있기에, 자신이 가지고 있는 것을 잃어버릴지도 모른다는 걱정이나 불안에서도 벗어나 있다. 이는 우리가 소유하는 것들은 우리 자신이 지배할 수 없는 우연에 내맡겨져 있지만, 존재양식에서 삶의 중심은 우리 자신이기 때문이다.

소유지향적인 삶을 사는 사람은 자신이 겪고 있는 불안이나 초조가 자신이 충분히 소유하지 못했기 때문이라고 생각한다. 그러나 그러한 부정적인 감정들은 근본적으로 소유양식 자체에서 비롯된다. 다시 말해서 그것은 소유양식을 규정하고 있는 자기중심적인 탐욕에서 비롯되는 것이다. 우리를 진정으로 위협하는 것은 우리가 통제할 수 없는 외부의 것이 아니라 우리 자신이다. 즉 그것은 자신의 생산적인 능력에 대한 믿음을 갖지 못하고, 소유물이나 특정한 종교적 교리나 정치적 이데올로기 그리고 이것들을 신봉하는 집단이나 이러한 집단의 지도자들에게 의존하고 자신을 예속시키려는 마음 상태에 존재한다.

2) 쾌감과 기쁨

존재지향적인 삶은 소유물을 늘이는 것보다 다른 사람들과 함께 나누는 것을 중시한다. 존재지향적인 삶을 사는 사람들은 어떤 인물에 대한 찬양과 사랑을 함께 나누어 가지며, 음식, 사상, 음악, 그림, 기쁨과 슬픔을 함께 나눈다. 이렇게 함께 나누는 경험은 사람들의 관계에 생기를 부여한다. 이와 관련하여 프롬은 쾌감과 기쁨을 구별하지만, 우리는 대부분의 경우 쾌감과 기쁨의 차이를 의식하지 못한다. 이는 우리가 보통 '기쁨 없는 쾌감'의 세계에 살고 있기 때문이다.

쾌감은 인간의 성장과 무관한 욕망들을 충족시켰을 때 생기는 만족감이다. 이러한 쾌감에는 사회적 성공을 거두었을 때 느끼는 쾌감, 큰 돈을 벌었을 때의 쾌감, 사랑을 결여한 섹스에서 경험하는 쾌감, 자극적인 오락을 즐길 때의 쾌감 등이 존재한다. 이러한 쾌감들은 찰나의 짜릿한 '흥분상태'일 뿐, 마음이 충만해지는 '기쁨'은 아니다. 어떠한 쾌감이든 그것이 절정에 이르면 이윽고 슬픔이 찾아온다. 쾌감을 느낀 후 사람들은 다시 자신의 텅 빈 내면에 마주하기 때문이다.

'교접 뒤의 동물은 슬프다'는 말은 이러한 현상을 사랑이 없는 섹스와 관련해서 표현하고 있다.

기쁨은 지혜와 사랑과 같은 인간의 본질적인 능력들을 표현했을 때 수반되는 감정이다. 기쁨은 우리가 갖고 싶어 했던 외적인 것이 갑자기 주어짐으로써 일어났다가 얼마 지나지 않아 곧 사라지는 짜릿한 흥분상태가 아니다. 기쁨은 소유물에 대한 집착과 이로 인한 걱정과 불안에서 벗어난 자가 느끼게 되는 내면의 충만감이다.

이와 관련하여 스피노자는 '기쁨'은 '보다 작은 완성에서 보다 큰 완성으로 나아가는 것'이고, '슬픔'은 '보다 큰 완성에서 보다 작은 완성으로 나아가는 것'이라고 말했다. 스피노자는 '선'을 '참된 인간성의 실현을 가능하게 하는 모든 것'이고, '악'은 '참된 인간성의 실현을 방해하는 모든 것'이라고 말하고 있다. 이 경우 선은 기쁨을 낳지만, 악은 슬픔을 낳는다.

존재양식은 기쁨으로 충만해 있는 삶이기에 쇼펜하우어가 말하는 것과 같은 금욕주의적인 삶은 아니다. 금욕주의는 욕망과 싸우면서 그러한 욕망을 근절하지 못하여 힘겨워한다. 이에 반해 존재양식의 삶을 사는 사람은 마음이 넉넉하고 기쁨으로 충만해 있기에 소유욕이나 향락욕과 같은 욕망들에 사로잡히지 않으며, 따라서 그것들과 싸우지도 않는다. 설령 이러한 욕망들이 마음에서 간혹 일어나더라도 그는 그러한 욕망들을 어렵지 않게 제압할 수 있다.

아울러 존재양식의 삶을 사는 사람은 그러한 욕망들을 악으로 간주하지 않으며 그러한 욕망들에 사로잡힌 사람들을 악한 사람으로 단죄하지도 않는다. 그는 그러한 욕망들을 우리를 불행에 빠뜨리는 미혹으로 볼 뿐이며 그러한 욕망들에 사로잡혀 있는 사람들도 죄인이 아니라 미혹에 빠져 있는 불행한 사람으로 볼 뿐이다. 이에 반해 금욕주의적인 인간은 그러한 욕망들을 통제할 능력을 갖지 못하기 때문에 그것들을 악으로 간주하면서 근절하려고 한다.

3) 탐진치에 사로잡힌 삶으로서의 소유양식과 탐진치를 극복한 삶으로서의 존재양식

프롬이 말하는 존재지향적인 삶이 불교에서 말하는 깨달음에 입각한 삶, 즉 탐진치를 지멸한 삶이며, 소유지향적인 삶이 탐욕과 분노 그리고 무지라는 삼독三毒에 사로잡혀 있는 삶이라는 사실을 우리는 쉽게 알 수 있다. 소유지향적인 삶에 빠져 있는 사람은 물질과 쾌락에 대한 탐욕에 사로잡혀 있다. 그런데 이러한 탐욕은 항상 뜻대로 충족되는 것이 아니다. 따라서 탐욕에 사로잡히게 되면 우리는 온갖 걱정과 초조함에 사로잡히게 되고, 탐욕의 충족을 방해하는 것들에 대한 분노나 원한에 사로잡히게 된다.

또한 소유지향적인 삶은 물질, 권력, 지위, 명예라는 덧없는 것들을 영원한 것으로 착각하면서 그것들에 집착한다는 점에서 무지에 사로잡혀 있다. 이러한 무지는 궁극적으로는 그것들을 자신의 것으로 소유하고 자기 마음대로 좌지우지할 수 있는 고정불변의 실체로서의 내가 존재한다는 착각에 근거한다. 이러한 착각을 불교에서는 무명이라고 부르지만, 이러한 착각만큼 우리를 집요하게 사로잡는 것도 없다. 프로이트는 이렇게 말한 적이 있다.

"자신에 관한 느낌, 우리 자신의 자아에 관한 느낌보다 우리가 더
확신하는 것은 없다. 이러한 자아는 자율적이고 통합된 것으로,
다른 어떤 것과도 선명하게 구별되는 것으로 우리에게 나타난다."[8]

소유지향적인 삶을 사는 사람들은 자신의 자아를 세계로부터 고립된
실체라고 생각하면서 세계의 위협으로부터 지켜야 한다고 생각한다.
이 점에서 그는 모든 것이 연기로 얽혀 있어서 자타가 따로 없는
세계의 실상에 대한 무지에 사로잡혀 있다. 그리고 이러한 무지에
사로잡혀 있기에 그는 자신을 지키기 위해서 자신의 소유물을 늘이거
나 자신이 지배하는 영역을 확장하려는 탐욕에 사로잡히게 된다.
그러나 자신의 소유물을 좌지우지하고 자신의 생각과 행동의 주체로
서의 나는 존재하지 않는 허구일 뿐이다. 존재하는 것은 외적인 조건에
따라서 요동치는 마음과 소유물들뿐이다. 따라서 소유지향적인 삶에
빠져 있는 사람은 자신의 정체성을 사실은 자신이 소유하는 것에서
찾는다. 다시 말해서 그는 자신이 누구인지를 자신의 부나 사회적
지위를 통해서 규정하는 것이다. 그러나 이러한 부나 사회적 지위는
사회가 소중한 가치로 규정한 것이기 때문에, 그가 자신의 자아로
생각하는 것은 자기 고유의 자아가 아니라 사회적 자아일 뿐이다.
존재지향적인 삶을 사는 사람은 모든 소유물이 무상하다는 것을
절실하게 깨닫고 있기에 그것들에 대한 집착과 탐욕에서 벗어나 있다.

---

8 S. Freud, *Civilization and its Discontents*, Standard Edition, 21, London: Hogarth,
1961, 66쪽(마크 엡스타인, 『붓다와 프로이트』, 윤희조·윤현주 옮김, 운주사, 2017,
221쪽에서 재인용)

집착과 탐욕에서 벗어나 있기에 불안이나 걱정, 초조함이나 분노에서
도 벗어나 있다. 존재지향적인 삶을 사는 사람이 걱정하는 것은 인간에
게 본래 존재하는 지혜와 사랑과 같은 본질적인 능력들을 자신이
충분히 실현하지 못하는 것, 불교식으로 말해서 깨달음의 삶을 살지
못하는 것이다. 그는 자신이 누구인지를, 다시 말해서 자신의 정체성을
자신이 소유하는 것들인 부나 지위나 명예 혹은 특정한 종교적·정치적
신념에서 찾지 않는다. 그는 자신의 정체성을 자신의 본질적인 능력들
인 지혜와 사랑을 얼마나 실현했느냐에서 찾는다.

프롬이 말하는 존재양식의 삶이 불교가 설파하는 깨달음의 삶과
일치한다는 사실은, 우리가 존재양식의 삶을 살기 위해 실현해야
하는 구체적인 과제들로서 프롬이 『소유냐 존재냐』에서 거론하고
있는 것들에서 가장 분명하게 드러난다. 그러한 과제들이란 다음과
같다.

첫째로, 소유욕에서 벗어나야 한다. 사람들이 소유욕에 사로잡혀
있는 한 서로 간의 갈등은 불가피하며 자기 자신의 현 상태에도 만족할
수 없다. 소유욕에서 벗어날 경우에만, 우리는 다른 사람들에 대한
시기나 적의에서 벗어나서 그들과 나누어 가질 수 있고 진정한 연대와
사랑을 경험할 수 있다. 우리 인간은 이렇게 다른 사람들과 연대하는
삶에서만 내적인 풍요로움을 경험할 수 있다. 따라서 완전하게 '존재'하
기 위해, 다시 말해 자신의 존재 자체에서 충만함과 기쁨을 느끼기
위해서 소유욕에서 벗어나야만 한다.

둘째로, 모든 생명을 사랑하고 존중한다. 정교한 기계와 상품 그리고
권력을 소유하는 것이 아니라 뭇 생명의 행복과 성장에 도움을 주는

것을 삶의 목표로 삼는다. 자신이 모든 생명체와 하나라는 것을 자각하면서, 자연을 정복하고 지배한다는 목표를 포기하고 자연과 공생하도록 힘쓴다.

셋째로, 과거에 대한 회한이나 미래에 대한 걱정에서 벗어나 '지금 여기에' 완전히 존재한다. '지금 여기'에 펼쳐진 세계와 '지금 여기'에서 만나는 인간과 사물에서 경이를 느끼면서 그것들에 자신을 온전히 열고 그것들과 교감을 나눠야 한다.

넷째로, 인간의 사악함과 파괴성은 인간이 자신의 인격적인 성장을 실현하는 데 실패함으로써 나타나는 필연적인 결과라는 사실을 깨닫고, 자신과 모든 사람의 완전한 성장을 실현하는 것을 삶의 궁극적 목표로 삼는다.

다섯째로, 자신 이외의 어떠한 인간이나 사물도 자신의 삶에 의미를 부여하지 못한다는 사실을 자각하는 독립적인 인간이 된다.

여섯째로, 다른 사람을 속이지 않지만 또한 다른 사람으로부터 속지도 않는 지혜로운 인간이 된다. 자기 자신과 타인들의 장점과 약점을 냉철하게 통찰할 줄 알아야 한다.

일곱째로, 이러한 목표에 도달하기 위해서 끊임없이 수양한다. 그러나 '반드시 목표에 도달하겠다'는 야심은 없다. 그와 같은 야심도 집착과 탐욕이기 때문이다. 어디까지 도달할 수 있느냐는 운명에 맡기고 성장하고 있는 삶의 과정에서 행복을 느낀다.[9]

---

9 에리히 프롬, 『소유냐 존재냐』, 최혁순 옮김, 범우사, 1978, 203쪽 이하 참조.

4) 사마타와 위빠사나로서의 프롬의 수행론

프롬은『사랑의 기술』에서 사랑의 능력을 육성하기 위해서 무엇보다도 정신집중과 깨어 있기의 훈련을 할 것을 권고하고 있다. 이러한 훈련법 은 불교의 수행법인 사마타와 위빠사나와 동일하다. 사마타는 깨달음 에 이르는 8가지 길을 의미하는 팔정도에서 바른 집중(正定)에 해당하 며, 위빠사나는 마음챙김(正念)에 해당한다. 바른 집중은 원숭이처럼 날뛰는 마음을 고요하게 하는 정신집중에 해당하며, 마음챙김은 신체 와 마음의 움직임을 조용히 관조하면서 일체가 인연에 따라서 일어났 다가 사라지는 것일 뿐 고정된 실체가 없다는 사실을 깨닫는 것이다.

(1) 정신집중

프롬은 진정으로 남을 사랑할 수 있는 사람은 홀로 있어도 외로움이나 불안에 사로잡히지 않고 충만하게 있을 수 있는 사람이라고 말하고 있다.[10] 이 경우 홀로 있다는 것은 단순히 혼자서 있는 것을 넘어서 독서를 하거나 라디오를 듣거나 담배를 피우거나 술을 마시지 않고서 도 넉넉한 마음으로 홀로 있는 것을 의미한다.

혼자 있으면서 외로움이나 불안 혹은 공허감을 느낄 때 우리는 다른 사람들을 찾게 된다. 우리는 다른 사람들이 우리에게 관심을 갖고 우리를 사랑해 주기를 바라는 것이다. 이렇게 우리는 다른 사람에 게 기대를 하지만, 그러한 기대가 충족되지 않으면 더 큰 외로움과

---

10 에리히 프롬,『사랑의 기술』, 황문수 역, 문예출판사, 1979, 156쪽 참조.

불안감에 사로잡히게 된다. 이렇게 다른 사람의 관심과 사랑을 원하면서 우리는 그를 사랑한다고 생각하지만, 그것은 실은 사랑이 아니라 집착이다. 따라서 홀로 있으면서도 밝고 충만한 마음 상태로 있을 수 있는 능력이야말로 남을 사랑하기 위한 조건이다.

그러나 이렇게 밝고 충만한 마음의 상태로 홀로 있는 것은 쉽지 않다. 고승들이 깊은 산속에서 홀로 있는 것을 세계 도피로 비난하는 사람들이 있지만, 정작 이렇게 비난하는 사람들은 깊은 산속에서 조금만 있으면 곧바로 외로움과 불안감 그리고 공포를 느끼게 될 것이다. 밝고 충만한 마음으로 홀로 있을 수 있는 능력은 자신이 하는 모든 일에 정신을 집중시키는 능력에서 비롯된다. 프롬은 정신집중을 위한 훈련으로써 두세 가지의 연습을 추천하고 있다.

프롬은 편안한 자세로 앉아 온갖 잡념이 떠오르더라도 호흡에만 의식을 집중할 것을 권하고 있다. 이 경우 호흡에 대해서 생각하지도 그것을 억지로 조절하지도 않고 단지 호흡을 따라가면서 호흡을 느껴야 한다. 프롬은 이러한 훈련을 적어도 매일 아침 20분 동안(가능하면 더 길게) 그리고 자기 전 20분 동안 행할 것을 권하고 있다.

이러한 연습 외에도 프롬은 우리가 매사에 정신을 집중하는 훈련을 해야 한다고 말한다. 즉 음악을 감상할 때나 독서를 할 때, 어떤 사람과 대화를 나눌 때, 경치를 구경할 때, 우리는 그것들에 전념하는 훈련을 해야 한다. 바로 그 순간에 하는 활동이 유일하게 중요한 일이 되어야 한다. 정신을 집중한다는 것은 전적으로 '지금 여기에' 살고 있다는 것을 의미한다. 이 경우 지금 '무엇'을 하고 있느냐는 중요하지 않다. 정신을 집중하기 전에는 중요하지 않은 일이라고 여겼던 것들도 우리

가 주의를 기울이자마자 전혀 예상치 않았던 풍요로움과 아름다움을
내보일 수 있다.

다른 사람과의 관계에서 정신을 집중한다는 것은 일차적으로 다른
사람의 이야기를 경청한다는 것을 의미한다. 우리는 다른 사람의
말을 사실은 경청하지 않으면서도 경청하는 척하면서 심지어 충고조차
한다. 우리가 쉽게 집중하지 못하는 이유 중의 하나를 우리는 보통
정신집중을 위해서는 많은 에너지가 필요하다고 생각하기 때문이다.
그러나 사실은 반대다. 집중력이 떨어지면 정신이 곧 피로해지는
반면, 집중하면 정신이 깨어나면서 활기있게 된다.

(2) 깨어 있기

아울러 사랑의 능력을 배양하기 위해서 프롬은 우리가 의식의 이면에
서 그동안 감추어지고 억압된 것을 자각하는 훈련을 할 것을 권하고
있다. 감추어진 것을 자각한다는 것은 그동안 무의식 속에 억압되어
있던 것을 의식하는 것이다. 이렇게 억압되어 있는 것은 단순히 억압되
어 있는 것이 아니라 사실은 우리의 의식적인 생각이나 감정 그리고
행동을 지배하는 것이다.

예를 들어 우리는 무의식적으로는 자신이 가장 이성적으로 생각하고
행동한다는 나르시시즘, 즉 자기도취에 빠져 있으면서도, 자신이 이러
한 자기도취에 빠져 있음을 깨닫지 못하는 경우가 많다. 오히려 우리는
의식적으로는 자신이야말로 겸손하기 그지없는 사람이라고 생각한
다. 이렇게 나르시시즘에 빠져 있기 때문에, 우리는 남들이 나의 생각이
나 의견을 비판하거나 부정하면 불쾌한 기분에 사로잡히고 그들을

어리석거나 나쁜 사람들로 단정하게 된다. 우리가 그동안 나르시시즘에 빠져 있었음을 자각하게 되었을 때야 비로소 우리는 그것의 영향력에서 벗어날 수 있게 된다.

우리의 의식적인 삶은 그것을 실질적으로 지배하는 무의식적인 삶을 은폐하는 가면인 경우가 많다. 우리는 의식적으로는 자신이 겸손하다고 생각하지만, 무의식적으로 자신이 제일 잘났다는 자만심에 빠져 있을 수 있다. 혹은 정반대로 의식적으로는 매사에 자신만만한 태도를 보이지만, 무의식적으로는 열등감으로 가득 차 있을 수 있다.

또한 우리는 자신이 다른 사람들에게 베푸는 다정함과 애정에서 자신은 선한 사람이라고 여기고 싶어 하는 자기도취를 발견할 수도 있다. 혹은 남들을 잘 도와주는 자신의 태도에서 남들을 지배하고 싶어 하는 사디즘적 속성을 발견할 수도 있다. 우리는 자신이 거짓말하는 줄도 자각하지 못하고 거짓말을 하며, 상대국이나 상대방에 대한 공격을 방어라고 합리화하고, 불합리한 권위에 대한 복종을 '의무'라고 생각하거나 그것에 대한 '불순종'을 '죄악'이라고 생각한다.

우리는 부모가 본능적으로 자녀들을 사랑한다고 생각하지만, 이는 사실은 환상에 지나지 않는다. 부모들은 자녀들에 대한 소유욕이나 지배욕을 사랑으로 합리화하고 미화하는 경우가 많다. 남녀 간의 사랑도 많은 경우 강렬한 갈망과 탐욕의 표현이다. 모든 사람은 자신의 이기적인 의도와 행동을 합리화하면서 그것들을 고상하고 유익한 것처럼 보이게 하려고 애쓴다. 진리와 정의에 대한 사랑을 내세우지만, 그 이면에 작용하는 것은 권력욕이나 자신보다 성공한 자들에 대한 시기나 질투심인 경우가 많다. 우리는 이러한 사실을 냉철하게 자각해야만 한다.

우리는 자신의 나르시시즘, 탐욕, 증오, 두려움, 환상, 파괴성, 사디즘, 마조히즘, 진실성의 결여, 무관심, 남성의 가부장적 지배욕, 거기에 상응하는 여성의 굴종 성향 등을 자각해야 한다. 우리는 이러한 나쁜 성향들이 우리를 어떻게 무의식적으로 지배하는지 그리고 우리가 그것들을 어떤 식으로 합리화하고 미화하는지를 냉철하게 살펴보아야 한다. 요컨대 우리는 괴테가 말한 것처럼 '생각할 수 있는 모든 사악한 행위의 장본인으로 우리 자신을 상상할' 수 있을 때만, 자신이 쓴 가면 이면의 자기가 누구인지를 볼 수 있다.[11]

자각하는 능력이 부족할수록 우리는 우리가 자각하지 못하는 힘들에 의해 좌우된다. 우리는 지속적인 자기성찰을 통해서 자신의 의식적인 삶과 무의식적인 삶 사이에 존재하는 불일치를 자각해야만 한다. 의식적인 삶과 무의식적인 삶 사이에 존재하는 불일치의 정도는 매우 다양하다. 하나의 극단에는 아무것도 억압하고 은폐할 필요가 없을 정도로 정신적으로 성숙했기에 비밀스러운 무의식적 삶을 갖지 않는 사람들이 존재한다. 다른 극단에도 아무런 비밀스러운 삶을 갖지 않는 사람들이 있지만, 이런 사람들에서는 의식적인 자기가 '무의식 속의 사악한 자기'와 동일하게 되었다. 이들은 '더 나은 자기'인 척해 보이고 자신을 합리화하고 미화할 노력을 할 필요조차 느끼지 않을 정도로 뼛속까지 사악하게 된 자들이다.

전자는 '깨인 사람'으로 불린다. 후자는 심각하게 병들어 버린 사람이

---

11 에리히 프롬, 『존재의 기술』, 최승자 옮김, 까치, 1994, 150쪽 이하 참조.

다. 우리들 대부분은 이 두 개의 극단 사이에 존재한다. 의식적인 삶과 무의식적인 삶 사이의 괴리가 클수록, 우리는 이러한 내적 모순을 은폐하고 자신의 정체성에 대한 의심과 자신의 거짓됨과 불성실성에 대한 어렴풋한 자각을 억누르기 위해 끊임없이 굉장한 에너지를 사용해야만 한다. 그 결과 우리는 심각한 내적인 갈등과 불안을 겪게 된다.

우리가 충분히 깨어 있을 때만, 자신이 내세우는 아름다운 대의 이면에서 작용하던 무의식적인 악한 동기들이나 열정들이 '명료하게' 드러나게 된다. 그리고 그것들이 이렇게 명료하게 드러날 경우에만, 우리는 그것들을 제어할 수도 있고 제거할 수도 있다. 무의식에 존재하는 통제할 수 없는 요소들을 감소시킬수록 우리는 더욱 큰 자율성을 갖게 되고 자기 자신의 주인이 된다. 이러한 자기성찰은 자신을 정화하는 것을 의미한다. 그것은 쉽지 않지만, 궁극적으로는 내적인 투명성과 평온함과 행복을 가져다준다.

우리는 일반적으로 신체의 상태에 대해서는 매우 민감하게 반응한다. 우리는 신체의 불편함이나 약간의 고통도 쉽게 알아차린다. 이는 우리가 건강한 신체의 상태가 어떤 것인지를 잘 알고 있기 때문이다. 그러나 정신상태에 대해서는 신체상태에 대해서와 동일한 정도의 민감성을 갖기 힘들다. 이는 우리가 건강한 정신으로 사는 사람들을 거의 접하지 못하기 때문이다. 예를 들어 우리는 진정으로 사랑하는 사람, 성실한 사람, 용기 있는 사람, 정신집중을 잘하는 사람을 한 번도 보지 못할 수 있다. 우리는 우리와 가장 가까운 사람들인 부모님을 비롯한 가족, 친구들, 직장동료들의 정신상태, 다시 말해서 우리가

50

태어나서 자라는 사회집단의 정신상태를 기준으로 생각하는 경향이 있다. 이와 함께 우리는 자신이 이들과 다르지 않기 때문에 정상이라고 생각한다.

그러나 우리가 보통 정상적인 정신상태로 생각하는 것은 사실은 불교식으로 말해서 탐진치에 많건 적건 사로잡혀 있는 삶이다. 진정으로 정상적인 정신상태를 갖기 위해서는 우리는 자신에 대해서 항상 민감하게 깨어 있어야 한다. 이 경우 깨어 있다는 것은 자신의 생각과 행동을 규정하는 무의식적인 자만심이나 탐욕 등을 깨닫는 것을 의미한다.

(3) 무아를 체득하는 훈련으로서의 사마타와 위빠사나

사랑의 능력을 개발하기 위한 프롬의 훈련법이 불교의 명상법과 극히 유사하다는 것을 우리는 쉽게 알 수 있다. 앞에서 이미 언급한 것처럼 정신집중의 방법은 사마타와, 깨어 있기는 위빠나사와 통한다. 위빠사나는 자신에게서 일어나는 모든 감각적 현상이나 생각이나 느낌을 지켜보면서 무아를 깨닫는 훈련이다. 프롬은 무아라는 개념을 명시적으로 사용하고 있지만 않지만, 프롬이 말하는 '깨어 있기' 훈련은 무아를 깨치기 위한 훈련법이라고 할 수 있다. 프롬은 테라바다 불교의 승려였던 냐나포니카 마하테라(Nyanaponika Mahatera)에게서 위빠사나를 배웠다고 한다.[12] 위빠사나 수행법과 프롬의 '깨어 있기' 훈련은 서로

12 Alan Roland, "Erich Fromm's Involvement with Zen Buddhism: Psychoanalysts and the Spiritual Quest in Subsequent Decades," *Psychoanalytic Review*, 104(4), 2017, 51쪽 참조

유사하기 때문에, 양자는 내용 면에서 서로를 보완할 수 있다. 아래에서는 위빠사나 수행법을 먼저 살펴본 후, 양자가 서로를 어떻게 보완할 수 있는지를 살펴볼 것이다.

위빠사나는 우리 마음에서 일어나는 갖가지 잡념이나 감정에 사로잡히지 말고 그것들이 일어났다 사라지는 것을 조용히 지켜보는 수행법이다. 정신을 집중시켜서 마음이 안정된 후에 자신의 마음을 있는 그대로 들여다볼 때, 우리는 자신의 마음속에서 일어나는 욕망들과 감정들 그리고 생각들 대부분이 사실은 자만심과 이기심에 의해 오염되어 있다는 사실을 발견하게 된다. 또한 우리는 자기 자신을 세상에 내세우고 자신의 생각과 뜻을 세상에 관철하기 위해서 얼마나 노심초사하는지를 깨닫게 된다.

그러나 명상을 하기 위해서 앉아 있으면 처음부터 이러한 사실들을 깨닫게 되는 것이 아니라 오히려 자기 자신에게 상처가 되었던 온갖 사건이 떠오르는 것과 동시에 온갖 잡념들과 감정들이 일어나서 견디기 힘들다. 이러한 잡념들과 감정들을 담담히 지켜보지 못하고 그것들에 사로잡히게 되면, 우리는 끊임없이 꼬리를 물고 일어나는 생각들의 사슬에 사로잡히거나 더욱더 격렬한 감정에 사로잡히게 된다. 우리는 생각과 감정의 주인이 아니라 노예로 전락하는 것이다. 특히 분노라든가 증오심과 같은 부정적인 감정들이 일어날 때 우리는 그러한 감정들이 생기는 원인을 보통 남에게서 찾으면서 그러한 감정들을 합리화하는 경향이 있다. 그러나 이러한 합리화는 그러한 감정들을 더욱 악화시킬 뿐이다.

우리는 자신의 신체를 비롯하여 자신에게 속하는 명성이나 부 그리

고 지위를 자신의 것으로 갖는 고정된 실체로서의 자아가 있다고
생각한다. 그리고 이러한 실체로서의 내가 생각이나 욕망 그리고
느낌을 스스로 일으킨다고 생각하면서 그것들에 사로잡힌다. 이는
우리는 보통 자기 자신이야말로 세상에서 제일 존귀한 존재라는 아만我
慢에 사로잡혀 있기 때문이다. 따라서 우리는 어떤 욕망이 자신 안에서
일어나면 그것을 세상에서 제일 존귀한 자신이 일으킨 욕망으로 생각
하면서 그것에 집착하게 되며, 그것을 어떻게든 세상에 관철하려고
한다. 그리고 그러한 욕망이 충족되지 않으면 안타까워하며 힘들어하
게 된다.

　우리 자신에게서 일어나는 거의 모든 생각과 느낌 그리고 욕망은
고정불변의 실체로서의 내가 상처받고 위협받거나 아니면 만족하고
기뻐하는 사건들과 관련되어 있다. 따라서 이러한 모든 생각과 느낌
그리고 욕망은 실체로서의 내가 공격받았다는 것에 대한 불쾌감이나
원한 그리고 복수심과 연관이 되어 있거나 자신이 높게 대우를 받거나
찬양받거나 했을 때의 뿌듯함 등과 관련이 있다. 그리고 이 경우
이러한 모든 생각과 느낌 그리고 욕망은 자신이 세상에서 가장 존귀한
자라는 자기도취에서 비롯되기 때문에 대부분이 자신을 미화하고
합리화하는 성격을 갖게 된다. 예컨대 자신을 상처 입힌 사람에 대한
분노가 일어날 때도, 나는 옳고 그 사람이 나쁜 놈이라는 자기미화가
함께 작용한다.

　우리는 보통 때는 이러한 사실을 깨닫지 못하지만, 위빠사나 명상을
하다 보면 그러한 사실이 여실히 드러나기 시작한다. 엡스타인은
마음 챙김을 수행하는 마음의 자세를 완벽하게 표현한 시로 바쇼의

유명한 하이쿠를 소개한다.[13]

"오랜 연못
개구리 뛰어드는
퐁당"

여기서 오랜 연못은 우리가 마음챙김을 수행할 때 관조의 대상이 되는 마음이다. 연못에 개구리가 뛰어들어 소리를 내듯이 마음에 슬펐던 기억이나 분노에 사로잡혔던 기억 등등이 일어난다. 그러나 마음챙김은 그것들을 개구리가 연못에 퐁당 소리를 내면서 뛰어드는 것을 바라보듯 무심하게 바라본다.

불교는 증오나 분노 등과 같은 부정적인 감정들에게 우리가 의식의 힘을 빌려주는 한에서만, 다시 말해서 그것들에 사로잡히는 한에서만 그것들이 우리를 고통스럽게 한다고 본다. 따라서 우리는 그러한 부정적인 감정들이 인연에 따라서 오고 가는 것이며 어떠한 견고한 성격도 갖고 있지 않다는 것을 깨닫고 그것들을 조용히 관조해야 한다. 이렇게 지속적으로 수행을 하다 보면 그것들이 우리의 의식을 잡아끄는 힘이 약해지게 되고 그것들은 나중에는 더 이상 떠오르지 않고 소멸하게 된다.

이렇게 자신에게서 오고 가는 온갖 상념들에 사로잡히지 않고 넉넉하게 바라볼 때 마음은 평온해지면서 기쁨으로 충만하게 되며 또한

---

13 마크 엡스타인, 『붓다와 프로이트』, 241쪽 참조.

확장되는 느낌을 갖게 된다. 또한 우리가 마음에서 오고가는 생각들이나 감정들 그리고 욕망들을 아무런 반응을 하지 않고 바라보는 것이 체화되면, 우리는 우리가 사고하고 느끼고 욕망하는 습관적인 반응양식에서 벗어나게 된다.[14] 이와 함께 우리는 모든 사태를 있는 그대로 명료하게 인식할 수 있게 된다. 우리는 남의 말을 듣더라도 습관적인 판단방식에 따라서 듣지 않고 그의 말과 그 말에 담겨 있는 그의 상황과 감정까지도 듣게 된다.

프롬은 이러한 상태를 '깨어 있는 상태'라고 부르고 있다. 이렇게 '깨어 있는 상태'는 자기중심적인 모든 미화와 합리화와 함께 그러한 미화와 합리화에 의해서 오염되어 있는 모든 생각과 느낌 그리고 욕망의 영향력에서 벗어나 있는 상태다. 이러한 상태에서 우리는 모든 생각과 행동을 자비롭고 지혜로운 마음으로부터 내게 된다.

프롬은 우리는 보통 '반쯤 깨어 있거나 부분적으로 깨어 있는 상태'로 생활한다고 말한다. 우리는 자신의 중대한 이해관계가 걸린 일에는 주의 깊게 깨어 있는 상태가 되지만 그 외의 것들에 대해서는 전혀 깨어 있지 않는 경우가 많다. 예를 들어 도박에서 돈을 딸 기회를 얻어서 신이 난 남자는 자신의 도박중독에 대한 부인의 고민을 전혀 알아차리지 못할 수 있다.

이렇게 반쯤 혹은 부분적으로 깨어 있는 상태는 총체적으로 깨어 있는 상태와는 다르다. 총체적으로 깨어 있다는 것은 자신이 중요하다고 생각하는 목적을 달성하기 위해서 주의해야 할 필요가 있는 것들을

---

14 마크 엡스타인, 위의 책, 98쪽.

알아차리는 것뿐만 아니라 자기 자신과 자신을 둘러싼 세계(사람들과 자연)에 대해서도 알아차리는 것을 의미한다. 흐릿하게 보는 것이 아니라 분명하게 모든 것의 겉과 속을 함께 보게 되는 것이다. 이 경우 그전에는 사소하고 자명한 것으로 무시되었던 모든 것이 깊은 의미를 갖는 것으로 변하게 된다. 우리가 모르는 중에 마치 어떤 베일이 우리의 눈앞에 드리워져 있다가 갑자기 치워진 것 같은 느낌을 갖게 된다.

　예를 들어 우리는 우리가 보통 무심하게 만나고 접하던 어떤 사람을 완전히 새로운 모양으로 보게 된다.

"마치 그의 얼굴이 새로운 중요성을 띠게 된 것 같다. 그 얼굴이 우리에게 완전히 살아 있는(그 얼굴에 생기가 없을 경우에조차도) 것이 되고 우리는 지극히 분명하게, 직접적으로 그를 보게 된다. 우리는 그의 얼굴에서 그가 가진 문제들이나 그의 과거 혹은 우리를 논리적인 생각으로 이끄는 것들이 아니라, 단지 그의 '그다움' 속에 있는 그만을 보게 된다. 그는 사악하거나 친절할 수도 있고 강하거나 약할 수도 있고, 난폭하거나 섬세할 수 있지만(혹은 그 모든 요소가 뒤섞여 있을 수도 있지만), 그는 우리에게 그 자신으로서 나타나고 그의 얼굴은 우리 마음속에 남아 있게 된다. 그는 더 이상 전처럼 흐릿하고 멀게 보이지 않는다."[15]

　이렇게 총체적으로 깨어 있는 상태에서만 사람들 사이의 진정한

15　에리히 프롬, 『존재의 기술』, 81쪽.

사랑은 가능하다. 이 경우 사람들은 서로를 각자의 그다운 상태에서 본다. 거기에는 아무런 안개도 장벽도 없다. 이러한 상태에서 사람들은 서로에 대해 따지지도 심리학적으로 해부하지도 않으며, 그 사람이 어떻게 해서 현재의 그가 되었고 어떻게 발전해 갈 것인지도 묻지 않으며, 그가 선한지 악한지도 묻지 않는다. 그들은 다만 자각할 뿐이다. 나중에 그들은 서로에 대해서 따지고 분석하고 평가할 수도 있을 것이지만, 이는 이러한 자각의 토대 위에서 행해진다.

프롬이 말하는 '깨어 있는 상태'란 우리의 마음이 탐진치에서 벗어나 있는 상태다. 이러한 상태에서 우리는 세상으로부터 분리된 고정불변의 자아가 존재한다고 생각하는 치痴, 즉 어리석음에서 벗어나 있다. 이와 함께 우리는 세상에 자신을 주장하고 관철하기 위해서 초조해하는 탐욕과 그러한 자기주장이 세상에 받아들여지지 않을 때의 원한과 분노에서도 벗어나 있다.

탐진치에 의한 오염 상태가 걷히면서 우리에게 존재하던 선한 본질적인 능력들, 즉 지혜와 사랑의 능력이 일깨워지고 강화되기 시작한다. 우리는 자신이 참으로 소중하게 여겨야 할 것과 그렇지 않은 것을 분명하게 아는 지혜를 갖게 되고 또한 편협한 자기중심주의를 넘어서 모든 사물에 대해서 열린 마음으로 대하게 된다. 우리의 오감은 더 이상 자기중심주의에 의해서 오염되어 있지 않은 상태에서 세상을 바라보기에 모든 것은 아름답게 나타나게 된다. 그리고 우리의 마음은 모든 것에 대한 경이와 사랑으로 충만하게 된다.

이런 의미에서 프롬의 정신집중과 깨어 있기 훈련은 궁극적으로는 무아를 깨닫고 이러한 깨달음을 심화하는 훈련이라고 할 수 있다.

이러한 훈련을 통해 자기도취와 자기중심주의에서 벗어난 사람들만이 다른 사람들을 진정으로 사랑할 수 있다. 프롬은 매일 참선을 했거니와, 이러한 꾸준한 수행을 통해서 그전과는 다른 사람이 되었다고 한다. 프롬은 원래는 자기도취적이고 오만하며 깐깐하고 불평이 많았으며 종종 심하게 우울에 빠지곤 했지만, 수행을 통해서 따뜻하고 편안한 사람으로 변화되었다. 가까운 사람들이 그 변화를 느낄 정도였다고 한다.

5) 최고의 인본주의적 종교로서의 불교

위에서 보았듯이 프롬의 사상은 불교사상에 대한 정신분석학적인 해석이라고 할 정도로 불교와 동일한 내용을 갖는다. 따라서 나는 서양의 유명한 철학자나 심리학자 중에서 불교와 가장 가까운 사상을 전개한 사람은 프롬이라고 생각한다. 혹자는 심층심리학자인 융(C. G. Jung)을 불교와 가장 가까운 심리학자로 보기도 하지만, 나는 융보다도 프롬이 불교와 가장 가까운 사상을 전개하고 있다고 본다. 융에 대한 프롬의 비판은 나중에 살펴보겠지만,[16] 프롬의 이러한 비판은 불교 입장에서도 융에게 제기할 수 있는 비판이다.

프롬 역시 자신의 사상과 불교 사이의 동일성을 충분히 자각하고 있었다. 프롬의 사상이 불교사상과 이렇게 가깝게 된 것은 우연이 아니라 그가 불교에 대한 이론적인 연구뿐 아니라 꾸준한 참선 수행을 통해 불교를 깊이 이해하게 되었고 불교의 통찰을 전폭적으로 받아들

---

16 이 책의 I부 3장 6절을 참조할 것.

였기 때문이다. 자신이 불교 사상의 영향을 크게 받았음을 스스로 인정하면서 프롬은 불교를 최고의 인본주의적 종교로 격찬하고 있다.

프롬은 자신의 종교사상을 집약한 『너희도 신처럼 되리라 *You shall be as Gods*』를 비롯한 여러 책에서 종교를 권위주의적 종교와 인본주의적인 종교로 대별하고 있다. 우리는 흔히 종교에 대해서 논할 때 그것이 인격신을 믿는지 아닌지 혹은 유일신교인지 다신교인지라는 관점에서 논한다. 그러나 프롬은 종교를 논할 때 중요한 문제는 그와 같은 것들이 아니라고 본다. 중요한 것은 어떤 종교가 그 종교를 신봉하는 사람의 정신적인 성장을 돕는지 아닌지라는 것이다. 다시 말해 그 종교가 인간이 지혜나 사랑과 같은 자신의 본질적인 능력들을 성숙시키는 데 도움이 되는지 아니면 방해가 되는지가 가장 중요하다. 인간의 정신적 성장을 억압하고 방해하는 종교가 권위주의적 종교이고, 정신적 성장을 돕는 종교가 인본주의적 종교다.

어떤 종교가 권위주의적인 종교인지 인본주의적 종교인지는 그 종교가 인격신을 믿는지 아닌지와는 상관이 없다. 인격신을 믿는 종교라고 해서 권위주의적인 종교는 아니며, 인격신을 믿지 않는다고 해서 인본주의적인 종교는 아니다. 유대교 신비주의나 그리스도교 신비주의 그리고 이슬람 신비주의는 인격신을 믿어도 인본적인 성격을 갖고 있다. 아울러 인격신을 인정하지 않는 종교라 할지라도 불교처럼 인본주의적인 성격을 가질 수도 있지만, 나치즘이나 스탈린주의나 모택동주의 혹은 김일성주의 같은 세속적인 유사종교들처럼 권위주의적인 성격을 가질 수 있다.

종교에서는 신이란 관념이 중심적인 지위를 갖지만 프롬은 신이란 관념은 인간이 추구하는 최고의 가치를 상징한다고 말하고 있다. 따라서 사람들이 무엇을 최고의 가치로 여기느냐에 따라 신이란 개념은 다른 의미를 가질 수 있다.

권위주의적 종교에서 신은 특정한 교리를 맹목적으로 믿고 일정한 예식을 충실하게 준수하는 사람들만을 사랑하고 구원하는 신이다. 따라서 권위주의적인 종교에서는 비이성적이고 자의적인 권력이 최고의 가치로 간주되고 있으며, 신은 이러한 자의적인 권력을 갖는 전지전능한 존재로 여겨지고 있다. 이에 반해 인간은 무력한 존재로 간주된다. 나치즘이나 스탈린주의와 같은 권위주의적인 세속종교들에서도 총통이나 '인민의 아버지'라고 불리는 지도자는 전지전능한 신적인 존재로 여겨지는 반면에, 일반 대중은 무력한 존재로 간주된다. 권위주의적 종교에서 신은 자의적인 권력이라는 가치의 상징이다.

이에 반해 인본주의적 종교에서는 그리스도교와 같은 유신론적인 형태에서든 불교와 같은 무신론적인 형태에서든 무조건적인 사랑이 최고의 가치로 여겨진다. 유신론적이면서 인본주의적인 종교에서 신은 이러한 가치를 상징하며 인간 모두를 아무런 조건 없이 사랑하고 구원하는 신으로 여겨진다. 인본주의적인 종교에서 인간은 자의적인 무한한 권력을 지닌 신에게 자신을 내맡기는 것이 아니라 신처럼 무조건적인 사랑을 구현하려고 한다. 신의 속성인 무조건적인 사랑은 인간의 본질적인 능력으로 간주된다.

권위주의적 종교는 특정한 교리나 예식체계 등을 종교의 핵심으로 보기 때문에, 신자들에게 특정한 교리를 맹목적으로 믿거나 특정한 예식체계를 무조건적으로 준수할 것을 요구한다. 따라서 권위주의적 종교를 믿으면 믿을수록 사람들은 비판적인 사고능력을 비롯한 지혜를 상실하게 된다. 더 나아가 자신들의 교리나 예식체계만을 절대적인 진리라고 생각하는 독선에 사로잡히면서 다른 종교들을 이단시하고 배척하게 된다. 종교들이 자신들의 종교만을 절대적인 진리라고 간주하는 한, 종교는 전쟁의 원인이 될 가능성을 항상 갖고 있다.

이에 반해 인본주의적 종교는 지혜와 자비심과 같이 인간에게 원래 존재하는 훌륭한 잠재능력을 온전히 개화시키는 것을 목표한다. 따라서 인본주의적 종교의 이념에 충실할수록 사람들은 비판적인 사고능력을 비롯한 지혜를 더욱 성숙시키게 되며, 모든 생명과 사물에 대해 공감과 애정을 갖게 된다.

권위주의적 종교냐 인본주의적 종교냐라는 차이에 비하면, 유신론이냐 아니냐, 유일신론이냐 다신론이냐와 같은 문제는 비본질적이고 부차적이다. 나 역시 종교에 대한 프롬의 이러한 문제의식이야말로 우리가 종교에 대해서 논할 때 가장 염두에 두어야 하는 것이라고 생각한다. 프롬의 문제의식을 불교에 적용하면, 불교의 어떤 흐름이 붓다의 원래 가르침을 그대로 반영하고 있는지가 아니라 그것이 사람들의 행복과 성장에 더 도움이 되는지가 더 중요하다는 것이 될 것이다.

최근에 우리나라에서는 남방불교가 적극적으로 도입되면서 일부 남방불교 신봉자들이 대승불교 비불론非佛論을 주창하고 있다. 그러나 프롬은 이렇게 다른 불교 사조를 부처의 원래 가르침과 어긋나는 것으로 배격하는 태도야말로 일종의 근본주의로 보면서 경계할 것이다. 프롬에게는 남방불교든 북방불교든 그것들에서 중요한 것은, 어떤 것이 붓다의 원래 가르침을 잘 간직하고 있느냐가 아니라 어떤 것이 사람들이 무아를 깨닫고 탐진치라는 삼독에서 벗어나게 하는 데 얼마나 도움이 되느냐다.

프롬은 불교를 인류 역사에 나타났던 모든 종교 중에서 가장 우상파괴적이고 인본주의적인 종교라고 본다. 불교는 자신의 교리나 예식을 무조건적으로 믿고 따라야 할 것으로 보지 않고 깨달음을 위한 방편으로 간주한다. 따라서 만약에 그것들이 깨달음을 방해한다면 언제든지 폐기되어도 좋다고 본다. 이 점에서 프롬은 불교야말로 철저하게 우상파괴적인 종교라고 본다.

또한 불교는 종교의 목표를 오직 인간에게 이미 존재하는 지혜와 사랑과 같은 잠재능력들을 온전히 개화한다는 데서 찾고 있다는 점에서 인본주의적인 성격을 갖는다. 불교의 가르침에 따르면, 인간은 자신의 한계를 깨달아야 하는 한편 자신 안에 있는 능력도 자각해야만 한다. 깨달은 자의 마음 상태인 열반은 지혜와 사랑과 같은 인간의 본질적인 능력들을 최고도로 실현한 상태다.

따라서 불교는 니체가 말하는 것처럼 내면적인 정적 속에만 빠져 있을 것을 권장하는 것이 아니라 오히려 자기중심적인 자아를 버린 가운데 모든 생각과 행위를 하라고 말하고 있다. 즉 불교는 모든 마음의 움직임이나 행위를 중단할 것을 촉구하는 것이 아니라, 금강경에서 말하는 것처럼 '그 어떤 것에도 머무르지 말고, 즉 집착하지 말고 마음을 내라'(應無所住而生起心)고 말하고 있다. 깨달은 자는 자신의 에너지를 자기중심적인 생각들을 키우고 강화하면서 그것들을 세상에 관철하는 데 사용하지 않는다. 그는 자신이 처해 있는 모든 상황에서 자신과 아울러 다른 모든 사람이 정신적으로 성장할 수 있는 방향으로 생각하고 행동한다.

프롬은 불교야말로 자신이 알고 있는 한에서는 가장 세련된 반反이데올로기적이고 이성적인 체계라고 말한다. 그것은 '비종교적' 종교('nonreligious' religion)를 발전시키고 있다. 이 경우 '비종교적' 종교라는 것은 선불교가 그리스도교나 이슬람처럼 인격신이나 특정한 교리와 예식체계를 무조건적으로 신봉하는 종교가 아니라, 위에서 언급한 것처럼 철저하게 인본주의적 종교라는 것을 의미한다. 따라서 프롬은 쇼펜하우어와 마찬가지로 불교가 서양의 지식인들 사이에서 열렬한 관심을 불러일으켜 서양 세계에 지대한 영향을 미치게 될 것이라고 보았다.

프롬은 불교와 달리 그리스도교에는 권위주의적 성격과 인본주의적 성격이 혼합되어 있다고 보았다. 그리스도교는 한편으로는 '예수가 하느님의 독생자로서 인류의 죄를 대신하여 십자가에 못 박혀 죽었다'는 교리를 무조건적으로 믿을 것을 주장한다는 점에서 권위주의적 종교의 성격을 갖는다. 그러나 다른 한편으로 그리스도교는 하느님을 무조건적인 사랑의 하느님으로 보면서, 하느님에 다가가는 참된 길을 다른 인간들에 대한 무조건적인 사랑에서 찾고 있다는 점에서 인본주의적 성격을 갖는다.

6) 성성적적惺惺寂寂의 상태로서의 신비체험

프롬은 불교뿐 아니라 노장사상 그리고 이사야, 예수, 소크라테스, 스피노자, 유대교 신비주의와 그리스도교 신비주의, 프랑스 혁명 당시의 이성 종교 등을 인본주의적 종교의 예로 들고 있다. 이와 관련하여 프롬은 프로이트나 마르크스를 종교의 적으로 보는 통상적인 견해에 대해서도 이의를 제기한다.

흔히들 프로이트는 종교를 부정한 반면에, 융은 종교에 우호적이었다고 생각한다. 그러나 프롬은 인본주의적 종교를 기준으로 볼 때는 프로이트 역시 매우 종교적이었다고 본다. 프로이트는 인본주의적 종교를 대표하는 불교와 마찬가지로 인간을 갖가지 환상과 미망에서 해방함으로써 더 지혜롭고 행복한 사람으로 성장하게 하는 것을 목표한다는 것이다.

프로이트에 의하면, 종교, 특히 인격신을 믿는 종교는 아버지에 대한 소아小兒적 의존상태를 성인이 되어서도 반복하는 것에 지나지 않는다. 우리가 어린아이였을 때 아버지는 자신이 소망하는 것을 다 이루어주는 전지전능한 존재로 나타난다. 아버지의 명령에 따르고 아버지가 금하는 것을 위반하지 않으면, 그 대가로 아버지는 우리가 원하는 것을 사준다. 그러나 우리가 성인이 되면 아버지가 더 이상 전지전능한 존재가 아니라는 사실을 깨닫게 된다. 이때 우리는 아버지를 대신하는 존재로서 전지전능한 신을 상상으로 만들어내고 자신이 부딪히는 문제들을 이러한 신에게 의지하여 해결하려고 한다.

따라서 프로이트에 의하면 종교란 성인이 된 상태에서도 어린아이 시절의 경험을 반복하는 것이며 소아적인 의존상태로 '퇴행'하는 것에 지나지 않는다. 소아기의 실제적인 아버지를 이제는 허구적인 신이 대신하고 있다는 점이 다를 뿐, 아버지에 의존하는 소아의 태도와 신에게 귀의하는 성인의 태도 사이에는 본질적인 차이는 없다. 프로이트의 관점에서 볼 때, 신에게 기도하는 행위는 사실은 어린아이가 아버지에게 자신이 원하는 것을 사달라고 조르는 것이나 본질적으로 동일한 행위다. 프로이트는 인간이 완전한 성인이 되기 위해서는 이러한 종교적인 의존상태에서 벗어나지 않으면 안 된다고 말한다.

프로이트의 종교비판은 포이어바흐나 마르크스의 종교비판과 매우 유사하다. 포이어바흐와 마르크스는 신이란 관념은 인간이 갖는 자신의 본질적 능력들을 투사한 것에 불과하다고 한다. 이들에 따르면 인간은 지혜나 사랑과 같은 능력들을 상상의 존재인 신에게 귀속시키면서 자신은 유한하고 죄로 가득찬 존재로 생각한다. 우리 인간은 허구적인 존재인 신에게 귀속시킨 이러한 본질적인 능력들을 다시 우리 자신에 속하는 것으로 간주하면서 그러한 능력들을 주체적으로 육성하려고 노력해야 한다.

프로이트, 포이어바흐, 마르크스가 종교비판을 통해서 실현하려고 하는 가치는 근대계몽주의가 주창한 가치들과 동일하다. 그리고 포이어바흐와 마르크스 그리고 프로이트의 이상은 실질적으로 인본주의적 종교의 창시자들인 붓다와 예수, 공자와 노자 및 구약성서의 예언자들이 지향하는 이상과 다를 바가 없다. 그들은 인간 삶의 목적이 이성, 사랑, 행복, 독립성 및 책임감과 같은 가치들의 성취에 있다고 본다.

프로이트는 인본주의적 종교들의 이러한 윤리적 핵심에 대해서 반대하는 것은 아니다. 프로이트가 비판하는 것은 종교가 갖는 유신론적이고 초자연적이고 권위주의적인 측면뿐이다. 프로이트는 종교의 이러한 측면들이 인류가 발전하는 데 일정한 단계까지는 필요했지만, 인류의 정신적 능력이 성숙한 현재는 더 이상 필요하지 않을 뿐 아니라 인류가 더욱 성숙하는 것에 방해가 된다고 본다. 인간은 어릴 때의 아버지를 대신하는 존재인 신에 대한 환상을 버리고 자신의 이성에 의지해야 한다. 그렇지 않고 종교에 의존할 때는 심리적인 평안은 얻을지 모르지만, 우리는 종교의 특정한 교리나 예식 그리고 신을 대변한다고 자처하는 성직자들에 예속된다. 프로이트는 만약 인간이 자신의 힘 외에는 그 어느 것에도 의지할 수 없다는 사실을 안다면 자신의 힘을 강화하고 올바르게 발휘하는 법을 배울 것이라고 보았다.

융의 종교관은 프로이트의 종교관과는 거의 모든 면에서 정반대다. 융은 종교적 체험이나 관념 그리고 예식의 본질적 특성들을 파악하려고 할 뿐 그것들이 참인지 아닌지는 문제 삼지 않았다. 예를 들어, 융은 예수가 동정녀에서 탄생했다는 관념에 대해서도 그러한 관념을 분석하고 기술하는 것을 목표할 뿐이고, 그러한 관념이 참인지 아닌지는 문제 삼지 않는다. 융은 무의식과 신화를 지혜의 보고로 간주했으며, 그것들이 비합리적인 근원에서 비롯된 것이라는 이유만으로 합리적인 사고보다 우월한 것으로 간주했다. 융은 어떠한 체계나 신화도 동등한 가치를 갖는 것으로 보았으며, 이와 함께 어떤 종교가 참된 것인지에 대한 탐구를 포기하고 말았다.

이런 의미에서 프롬은 융의 입장을 비합리주의적인 상대주의라고 보았다. 그리고 프롬은 비합리주의는 그것이 어떠한 형태의 것이든 위험한 것으로 보았다. 물론 프롬은 근대의 합리주의가 갖는 문제점도 분명하게 인식하고 있다. 근대의 합리주의는 종종 이성을 과학적 이성과 동일시하면서 과학에 의해서만 인간의 모든 문제를 해결할 수 있다고 보는 과학주의에 빠지곤 했다. 프롬에 따르면, 이러한 합리주의의 문제점은 그것이 이성을 신뢰한다는 데에 있는 것이 아니라 이성을 지나치게 협소하게 파악했다는 데 있다. 그것은 이성을 과학적 이성과 동일시하면서, 이성이 갖는 예술적인 측면과 윤리적인 측면 그리고 종교적인 측면을 무시한다. 그러나 이러한 편협한 합리주의는 융의 반계몽주의적인 비합리주의를 통해서가 아니라 이성을 보다 포괄적이고 깊이를 갖는 것으로 보는 합리주의를 통해서만 극복할 수 있다.

아울러 종교적 체험의 본질에 대한 융의 정의는 그리스도교 신학자들 대부분의 견해와 마찬가지로 매우 권위주의적 성격을 띠고 있다. 융은 종교적 체험의 본질을 자기보다 높은 힘에 복종하는 것으로 본다. 인간은 그러한 힘의 주체라기보다는 그것에 의해 사로잡히게 된다는 것이다. 프롬은 종교적인 체험에 대한 융의 분석은 인간을 유한한 죄인으로 보고 신을 무한한 존재로 보면서 신과 인간 사이의 절대적 거리를 강조하는 루터의 프로테스탄티즘이나 칼뱅주의에 대해서는 타당할 수 있다고 본다. 그러나 그러한 분석은 불교와 같은 종교에 대해서는 타당하지 않다.

프롬은 융의 입장은 표면적으로 볼 때는 종교에 대해서 프로이트보다 우호적인 것처럼 보이지만 불교는 물론이고 유대교나 그리스도교 내의 인본주의적 흐름과는 근본적으로 대립한다고 본다. 이러한 종교들은 거짓된 종교와 참된 종교가 있다고 본다. 또한 그것들은 진리의 추구를 인간의 기본적인 덕과 의무로 보며, 자신들의 교리는 임의적인 것이 아니라 신의 계시에 의한 것이든 이성이 통찰한 것이든 진리라고 주장한다.

프로이트는 이성적인 윤리의 이름으로 종교에 반대하지만, 그의 윤리적인 입장은 인본주의적 종교들이 표방하는 윤리적 입장과 동일하다는 점에서 '종교적'이라고 말할 수 있다. 이와 반대로 모든 종교적 체험을 동등한 가치를 갖는 것으로 보는 융의 입장은 자신들이야말로 참된 종교라고 주장하는 인본주의적 종교들과 대립한다. 프롬은 정신분석학이 철학적·윤리적·종교적 문제들과 밀접하게 연결되어 있음을 보여주었다는 점에서 융을 높이 평가한다. 그러나 융이 프로이트를 능가하는 심리학이나 종교 분석을 제시하지는 못했다고 본다.

그렇다고 해서 프롬이 종교를 윤리와 동일시하는 것은 아니다. 프롬은 윤리적인 차원을 초월하는 종교적인 체험이 존재한다고 생각한다. 따라서 프롬은 마르크스와 프로이트 그리고 루소나 칸트와 같은 계몽주의자들처럼 인간의 윤리적 이성에 호소하는 사람들과 윤리적 차원을 넘어서는 종교적인 체험을 지향하는 붓다나 마이스터 에크하르트 등과 같은 종교인들을 전적으로 동일시하지 않는다.

프롬은 진정한 의미의 종교적인 체험을 전체(the All)와의 합일이 이루어지면서도 통찰력이 더욱 각성되는 사건이라고 본다. 종교적 체험에서는 명징한 의식과 함께 자신이 우주와 하나가 되어 있다는 안정과 평화가 동시에 존재한다. 그것은 선불교에서 말하는 성성적적의 상태, 즉 마음이 밝게 깨어 있으면서도 고요한 상태다. 프롬은 이러한 상태는 불교가 추구하는 상태였을 뿐 아니라 그리스도교나 유대교의 신비주의가 추구하는 상태였다고 본다. 이런 의미에서 프롬은 이러한 종교적인 체험을 신비체험이라고 부른다.

신비체험에 대해서 프롬은 프로이트와 전적으로 다른 입장을 취한다. 프로이트는 신비체험을 세상과 자아 사이의 분열이 아직 일어나지 않은 유아적인 상태로의 퇴행이라고 보았다. 말하자면 그것은 젖을 먹고 싶어 울던 유아가 엄마의 젖을 먹으면서 황홀해하는 상태와 유사하다. 유아는 세상이 자기 뜻대로 되는 것이 아니라는 것을 자각하지 못하기 때문에, 자신의 욕망이 충족되지 못하면 자신의 욕망이 충족될 때까지 울부짖는다. 유아는 세상과 자신을 구별하지 못하고 세상이 자신을 위한 것이라고 여기는 것이다. 그러다 자신의 욕망이 충족되면 아이는 세상과 자신 사이의 분열을 아직 모르기 때문에 다시 아무런 걱정도 불안도 없이 황홀한 행복에 빠진다.

프로이트는 종교적인 체험을 이렇게 세상과 구별되는 자아에 대한 의식이 깨어나기 전의 유아적인 상태로 퇴행한 것으로 본다. 프로이트는 신비체험을 대양감정이라고 부른다. 대양감정이란 모든 것과 융해되어 이성적인 자각이 사라진 상태로서, 일종의 병리 현상, 즉 유아적인 '무한한 자기도취' 상태로의 퇴행이다.

종교적인 체험에 대한 프로이트의 연구는 동양의 종교적인 체험을 아우를 만큼 넓지는 않았다. 프로이트가 신비체험에 관심을 갖게 된 것은 인도의 종교가들인 비베카난다와 라마크리슈나의 제자였던 로맹 롤랑(Romain Rolland)의 영향 때문이라고 한다. 로맹 롤랑은 자신의 신비체험에 관해 쓴 편지를 프로이트에게 보낸 적이 있었다. 이 편지에 대해 프로이트는 이렇게 말했다.

"나는 그에게 종교를 환상으로 다루고 있는 내 작은 책을 보냈다. 그는 종교에 대한 나의 판단에 전적으로 동의하지만, 종교적인 감정 (religious sentiment)이 어디서 오는지 내가 제대로 알아보지 못하는

점은 유감이라고 회신을 보내왔다. 그는 종교적인 감정의 원천이
어떤 특별한 느낌에 있다며, 자신은 그러한 느낌을 한시도 갖지
않은 적이 없고, 다른 많은 이들도 자신과 같음을 확인했고, 수백만
명 안에 같은 느낌이 존재할 것으로 추측한다고 말했다. 롤랑이
'영원함의 감각'이라고 부르고 싶어 하는 이 느낌은 한도 없고 끝도
없는 '대양감정'이다. 그는 또한 이 느낌이 자신이 직접적으로 경험한
것이고 한갓 믿음에 불과한 것이 아니라고 덧붙였다. 즉 이 느낌이
개인의 불멸에 대한 확신을 주지는 않지만, 종교적 에너지의 원천이
고, 다양한 교회와 종교 조직들이 이 에너지를 장악하여 특정한
방향으로 유도한다며, 결국 이러한 에너지를 고갈시키는 것도 말할
필요 없이 그들이라고 설명했다."[17]

신비체험을 유아기적인 자기도취 상태로 보는 프로이트의 이러한
해석은 신비체험을 세상에서 도피하는 비합리적인 도취 상태로 보는
통상적인 해석과 맥을 같이 한다. 프로이트에 반해 프롬은 신비체험이
야말로 인간의 정신이 최고도로 성숙하게 된 상태로서 고도의 합리성
을 갖는다고 본다. 그것은 인간이 모든 것과 하나로 느끼는 상태이면서
도 지혜가 가장 원숙하게 된 상태이기도 하다.

신비체험을 통해서 우리의 이성은 약화되는 것이 아니라 오히려
강화된다. 우리는 인생에서 참으로 중요한 것과 중요하지 않은 것을
자각하게 되며, 부와 명예와 같은 무상한 것들을 착취하고 지키기

---

17 S. Freud, *Civilization and its Discontents*, 64쪽(액셀 호퍼 외 지음, 『프로이트의
의자와 붓다의 방석』, 윤승희 옮김/윤희조 감수, 2018, 172쪽에서 재인용).

위해서 노심초사하지 않는다. 이 경우 이성은 감정을 결여한 냉정한 이성이 아니라 사랑으로 충만한 이성이다. 그것은 자신의 이해를 따지는 타산적인 이성도 아니며 자연의 객관적인 법칙을 파악함으로써 자연을 이용하려고 하는 과학적인 이성도 아니다.

신비체험을 경험한 사람은 이렇게 이성이 강화되어 더욱 지혜롭게 되기에, 모든 것과 하나라고 느끼면서도 모든 것의 차이를 인식하면서 모든 것의 고유한 성질에 적절하게 응한다. 예를 들어 그는 동물의 각 종이 갖는 특성을 존중하며, 또한 사람들의 다양한 근기와 개성을 고려하여 그들 각각에 맞게 말하고 행동한다.

신비체험은 자기 자신이 완성되었음을 느끼는 자긍심의 경험이면서도, 자신의 개별화된 자아는 우주라는 베 안의 한 올의 실에 지나지 않는다고 느끼는 겸손의 경험이기도 하다. 우리는 자신의 개별화된 자아를 생명의 무한한 양상 중의 하나로서 체험한다. 이는 마치 대양의 물방울이 다른 물방울들과 별개의 것이면서도 그것들과 동일한 것과 같다. 그것들 모두는 동일한 대양의 특수화된 양상에 지나지 않는 것이다. 프롬이 말하는 신비체험에 대해 우리는 다음과 같이 말할 수도 있을 것이다.

"유대교의 신비주의 교리인 '카발라'는 우리 한 사람 한 사람을 그릇에 비유한다. 일생이라는 짧은 시간 동안 우리는 저마다 독특한 우주의 기운, 우주의 불꽃을 한 조각씩 품는다. 그런데 우리 각자의 그릇은 조금씩 깨져 있어서 이 불꽃을 담기에 부적합하다. 이 생에서 우리가 할 일은 타인과의 관계를 통해 이 그릇을 고쳐서 우주의 기운, 우주 그 자체를 담기에 적합하게 만드는 것이다."[18]

신비체험은 불교식으로 말해서 탐진치가 지멸된 상태의 경험이다. 탐진치가 사라지면 마음속의 불안이나 증오나 시기처럼 우리 마음을 어둡고 무겁게 만드는 모든 요소가 사라지면서 마음이 청정해진다. 따라서 신비체험은 단순히 황홀한 체험이 아니라 모든 탐욕과 이기주의가 극복되고 모든 생명에 대한 자애심과 각성된 지혜로 충만해지는 사건이다.[19]

이러한 신비체험은 인간 외부에 존재하는 어떤 신적인 힘이 인간에게 자신을 개시한 것이 아니다. 그것은 폐쇄적이고 자기중심적인 자아를 부수면서 우리가 그동안 의식하지 못했던 우리의 무한하고 선한 잠재력이 터져 나오는 사건이다. 이때 우리는 그동안 은폐되어 있었던 자신의 신적인 본질을 깨닫게 되면서 이것이야말로 실은 자신의 진면목이었다는 사실을 자각하게 된다. 이와 동시에 우리는 자신에 대해서 무한한 긍지와 함께 기쁨을 느끼면서도 모든 것에 대한 사랑으로 충만하게 된다.

신비체험에 대한 프롬의 해석은 불교에서 말하는 깨달음의 체험에 입각해 있다고 할 수 있다. 참선을 직접 수행했기 때문에 프롬은 신비체험의 본질을 인간의 본질적인 능력인 사랑과 지혜가 최고도로 일깨워지는 상태로 분명하게 해석할 수 있었다.

프롬은 불교에서 말하는 열반과 다른 인본주의적인 종교들에서

---

18 액설 호퍼 외 지음, 위의 책, 214쪽.
19 에리히 프롬 외 지음, 『선과 정신분석』, 김용정 옮김, 원음사, 1992, 51쪽 참조.

말하는 신비체험이 본질적으로 동일하다고 본다. 즉, 프롬은 유신론적 신비주의와 비유신론적인 신비주의는 본질적으로 동일하다고 보는 것이다. 유신론적 신비주의에서도 궁극적 실재로서의 신은 이름 지을 수도 개념적으로 파악될 수도 없으며 신과의 합일이라는 신비적 경험을 통해서만 이해될 수 있다. 이는 불교에서도 궁극적인 체험은 말로 전할 수 없는 것과 같다.

그러나 우리는 불교가 다른 유신론적이면서 인본주의적인 종교들과 다른 점들이 있다는 사실을 간과할 수 없다. 모든 유신론적 종교는 심지어 신비주의적 흐름조차도 인간을 초월해 있는 신의 존재를 상정하고 있다. 이에 반해 불교는 인간을 초월해 있는 신을 인정하지 않는다. 따라서 유신론적 관점과 비유신론적 관점의 본질적인 동일성을 설파하면서도 정작 프롬은 유신론적 관점보다는 비유신론적 관점을 수용하면서 신비체험의 본질을 서술하고 있다. 이는 프롬이 유신론적 관점보다는 비유신론적 관점이 사태의 실상을 제대로 파악하고 있다고 보았기 때문일 것이다. 그리고 프롬이 이러한 비유신론적 관점의 대표적인 것으로 불교를 염두에 두고 있다는 것은 부인할 수 없다.

신비체험과 관련하여 불교가 가지고 있는 특징은, 불교는 신비체험의 본질을 가장 분명히 파악했을 뿐 아니라 그러한 신비체험을 지속시킬 수 있는 '방법'을 발견했다는 것이다. 불교는 프롬이 말하는 신비체험의 본질을 탐진치가 온전히 사라진 무아의 상태로 본다. 따라서 불교는 신비체험을 인격신의 은총에 의한 것으로 설명하는 것과 같은 방식으로 신비하게 파악하지 않는다. 그런데 신비체험은 보통 오래 지속되지 않으며, 그러한 상태가 사라지면 우리는 다시 탐진치에 사로잡힌다.

물론 불교에서는 탐진치를 완전히 지멸한 사람들이 있다고 보았으며 이들을 아라한(arahat)이라고 불렀다. 아라한의 경지는 탐진치 지멸의 상태가 일시적으로 일어나는 것이 아니라 하나의 성품으로까지 완숙해진 상태다. 이러한 상태는 무의식에서까지 탐진치가 완전히 사라졌기에 더 이상 닦을 것이 없는 상태다.[20] 그러나 이러한 아라한의 경지에 도달하기 위해서는, 우리는 무아를 깨닫고 매사에 무아의 상태에서 생각을 내고 행동을 하는 수행을 해야만 한다.

이는 우리가 무아의 이치를 제대로 깨치지 않는 한, 신비체험이 우연히 일어나는 것에 그치고 또한 오래 지속되기 어렵다는 것을 의미한다. 불교가 아닌 다른 종교들에서는 신비체험을 한 사람들이라도 무아를 깨닫지 못한 경우가 많기에, 그들에게서 신비체험은 우연히 찾아오는 것에 그쳤을 뿐 아니라 오래 지속되지 못한다. 이에 반해 불교는 무아를 깨닫고 매사에 무아의 상태로부터 생각을 내고 행동을 할 수 있는 방법을 발견했다. 이러한 방법이 바로 위빠사나라고 할 수 있다. 불교의 명상법은 우리가 앞에서 본 것처럼 사마타와 위빠사나, 즉 정신집중과 마음챙김으로 나뉘지만, 엡스타인 같은 사람은 위빠사나야말로 불교 특유의 명상법이라고 본다.

정신집중은 호흡과 같은 어떤 대상에 정신을 집중하는 훈련이다. 이렇게 정신이 집중되면 평온함과 무아지경과 같은 지복감을 느낄 수 있다. 정신집중은 자아를 자신이 집중하는 대상에 용해시킴으로써 유아기적 자기도취 상태와 유사한 지복감 속에서 대상과 하나가 되게

---

20 안옥선, 「불교 덕 윤리」, 『인간 · 환경 · 미래』 5, 인제대학교 인간환경미래연구원, 2010, 82쪽 참조.

한다.[21] 엡스타인은 대부분의 종교는 이러한 집중 수행의 형태를 띤다고 말한다. 예를 들어 그리스도교 신자도 주의를 신에게 모음으로써 무아지경의 지복감을 느낄 수 있다.

앞에서 말한 것처럼 불교식으로 말하면 이러한 무아지경은 마음이 일시적으로 탐진치를 벗어난 상태이지만, 이러한 상태는 무아를 체득하지 못한 상태에서 우연히 찾아온 것이기에 지속되기 어렵다. 따라서 엡스타인은 최면과 몰입을 기본으로 하는 전통적인 명상문화에 대해서 불교적인 수행법이 갖는 독특함은 마음챙김에 있다고 본다.[22] 마음챙김은 생각, 느낌, 이미지, 감각, 욕망이 계속해서 일어났다가 사라지는 것을 관찰하는 것이다. 마음챙김을 꾸준히 하다 보면 마음에서 일어나는 모든 것이 세계로부터 분리된 고정불변의 주체로서의 이른바 자아에게서 나오는 것이 아니라 인연에 따라서 끊임없이 생기고 사라진다는 것을 알게 된다. 이와 함께 우리는 모든 생각과 욕망의 주체로서의 자아라는 것이 존재하지 않는다는 것, 즉 무아를 깨닫게 된다. 또한 우리는 마음에서 오고 가는 감정들과 생각들 그리고 욕망들 대부분이 자만심과 이기심에 의해 오염된 것이라는 사실을 알게 된다. 즉 우리는 세계로부터 분리된 자아는 존재하지 않고 자기도취적이고 이기적인 생각들과 느낌들, 욕망들이라는 유령들만이 오고 간다는 사실을 알게 되는 것이다.

바로 이렇게 마음챙김을 중시한다는 점에서 붓다는 단순히 우주와 하나가 되는 듯한 황홀한 체험을 경계한다고 할 수 있다. 붓다 역시

---

21 마크 엡스타인, 『붓다와 프로이트』, 52쪽 참조.
22 마크 엡스타인, 위의 책, 238쪽 참조.

독자적인 깨달음을 갖기 전에는 외도들에게서 명상을 배우면서 이러한 황홀한 체험을 수없이 경험했다. 그러나 붓다는 이러한 체험에서 깨어나면 다시 번뇌가 밀려오는 것을 경험했다. 이러한 황홀한 체험도 탐진치가 일시적으로 사라진 상태이긴 하지만, 이러한 상태는 무아에 대한 참된 체득에 입각한 것이 아니기에 우연히 찾아 온 것이며 또한 오래 지속될 수 없는 것이다.

더 나아가 이러한 체험은 사람들의 자만심을 더 강화할 수 있다. 사람들은 자신들이 남들이 하기 어려운 특별한 체험을 했다고 생각하기 때문이다.[23] 그러나 불교가 지향하는 것은 바로 이러한 자만심의 극복이다. 자만심은 어떤 종류의 자만심이든 간에 그것은 자신의 체험을 자신의 소유로 갖는 고정불변의 자아가 있다는 착각에 입각해 있기 때문이다. 따라서 불교가 목표하는 것은 허구적인 자아에 대한 집착을 버리고 이와 함께 모든 종류의 탐욕과 분노에서 벗어나는 것이다. 불교에서 깨달음의 기준은 황홀경을 체험했느냐가 아니라 탐진치에서 얼마나 벗어났느냐인 것이다. 따라서 깨쳤다고 주장하지만, 탐욕과 분노가 여전한 사람을 불교의 입장에서는 깨달았다고 볼 수 없다.

이렇게 불교는 신비체험의 본질을 탐진치가 사라진 성성적적의 상태로서 파악하고 이러한 상태를 일상생활에서도 지속적으로 유지할 수 있는 방법을 발견했다는 점에서 다른 종교와 다르다고 할 수 있다.

---

23 액설 호퍼 외 지음, 『프로이트의 의자와 붓다의 방석』, 179쪽 참조.

7) 무의식에 대한 프롬과 불교의 견해

프롬은 종교적인 신비체험을 인간이 자신의 폐쇄적이고 이기적인
자아를 부수고 무의식에 존재하는 인간의 본질적인 능력들과 접촉하는
체험으로 해석하고 있다. 프롬이 말하는 무의식은 프로이트나 융의
무의식과 동일한 것이 아니다. 프로이트에서 무의식은 문명과 모순되
는 비합리적이고 본능적인 욕망들과 충동들로 가득차 있는 것이었다.
프로이트와는 정반대로 융에게 무의식은 숭고한 계시와 지혜의 원천이
었다.[24]

프롬은 무의식에 대한 프로이트와 융의 견해는 무의식이 가지고
있는 측면 중의 하나만을 강조한 것이라고 본다. 프롬은 무의식이란
개념을 우리의 의식 표면 위로 올라오지 않은 모든 것을 가리키는
의미로 사용한다. 어떤 생각이나 감정이 무의식에 속하게 될 것인지
의식에 속하게 될 것인지는 무엇보다도 사회구조와 그것이 허용하는
사고와 감정의 패턴에 의해 결정된다. 우리는 사회가 허용하는 것만을
의식 속에 받아들이고 사회가 허용하지 않는 것은 억압하는 경향이
있다. 따라서 어떤 것이 무의식의 내용이 되는지는 고정되어 있지
않다. 분명한 것은 무의식의 내용은 인간이 갖는 선악의 모든 가능성을
모두 포함하고 있다는 점이다. 무의식은 인간의 모든 것이며, 전체로서
의 인간에게서 사회적으로 용인되는 부분을 뺀 것이다.

의식은 우리가 우연히 내던져져 있는 사회적 조건에 의해서 제한된
다. 이에 반해 무의식은 우주에 뿌리박은 보편적 인간 또는 인간성

---

24 에리히 프롬, 『선과 정신분석』, 38쪽 이하 참조.

전체를 포함한다. 그것은 인간 존재의 탄생에서부터 시작되는 인간의 과거를 포함하기에 인간 속에 있는 식물, 동물, 정신을 포함한다. 또한 그것은 인간이 사랑과 지혜와 같은 자신의 본질적인 능력들을 완전히 실현하는 인간의 미래도 포함한다.

인간이 자신의 무의식 속에 깃들어 있는 지혜와 사랑과 같은 자신의 본질적인 능력들을 완전히 실현한다는 것은 외국인 혐오나 민족주의나 국가주의처럼 사회가 인간들 사이에 구축한 장벽을 제거하는 것을 의미한다. 따라서 무의식의 영역에 접근할 때 우리는 그것을 융에서 보는 것처럼 우리가 모셔야 할 신으로 대하거나 또는 프로이트에서 보는 것처럼 우리가 죽여야만 하는 용으로 대해서는 안 된다. 우리는 어떠한 외경이나 공포에 사로잡히지 않고 의식 이면에 있는 것들을 있는 그대로 볼 수 있어야 한다.

우리는 자기에 대한 미화와 합리화를 통해서 자신의 의식이 무의식 속으로 쫓아버린 것들, 즉 온갖 이기적이고 탐욕스러운 욕망들과 불안과 초조를 통찰해야 한다. 우리는 보통은 이런 것들을 타인에게서는 예리하게 발견하지만, 자신에게서는 보지 않으려고 눈을 돌린다. 그러나 무의식에는 또한 지혜와 사랑과 같은 선한 잠재적 능력들도 존재한다.

프롬이나 프로이트가 무의식이라고 부르는 것을 유식불교에서는 아뢰야식이라는 것으로 사유했다. 프로이트의 무의식은 우리가 일생 동안 경험하는 지식, 감정, 경험들을 포함하는 것에 그치지만, 프롬과 불교가 염두에 두고 있는 무의식은 훨씬 더 포괄적인 것이다. 그것은 프롬이 말하는 것처럼 인간 존재의 탄생에서부터 시작되는 인간의

78

과거를 포함하기에 인간 속에 있는 식물, 동물, 정신을 포함한다. 또한 그것은 인간이 사랑과 지혜와 같은 자신의 본질적인 능력들을 완전히 실현하는 인간의 미래도 포함한다.

불교는 우리가 오랜 세월에 걸쳐서 윤회를 거듭하는 동안 우리가 짓는 행위는 흔적도 없이 사라지는 것이 아니라 업력業力이라는 에너지 의 형태로 아뢰야식이라는 무의식 속에 저장된다고 말한다. 이러한 업력을 유식불교에서는 종자라고 부른다. 뭇 생명에는 무한한 전생의 행위들이 남긴 종자가 숨겨져 있다. 이러한 종자들은 우리가 지각하고 의식하는 모든 물질현상과 정신현상을 낳는 에너지다. 이렇게 모든 물질현상과 정신현상이 종자에서 생겨나는 것이기 때문에, 우주 전체 의 역사가 각 중생의 아뢰야식 안에 정보 에너지로 내재해 있다고 할 수 있다. 우주 전체의 정보가 종자로서 아뢰야식에 남겨지고, 그 종자의 에너지와 정보를 따라 다시 우주 전체가 만들어지는 것이다.[25]

종자들은 무질서하게 존재하는 것이 아니라 하나의 패턴을 형성하고 있다. 우리는 앞에서 위빠사나 수행을 할 때 우리의 무의식에서 올라오 는 온갖 상념들이 우리의 의식을 사로잡는 에너지를 갖는다는 사실을 보았다. 우리의 의식은 보통은 이러한 에너지에 사로잡혀서 기존에 생각하고 욕망해 온 대로, 즉 습관적으로 생각하고 욕망하게 된다. 종자들이 갖는 이러한 습관적인 패턴은 무시 이래의 오랜 세월에 걸쳐서 형성되어 온 것이다. 이러한 습관적인 패턴에 따라서 각 중생의 신체가 형성되고 또한 그 중생이 사는 세계가 형성된다.

25 한자경, 『심층마음의 연구 - 자아와 세계의 근원으로서의 아뢰야식』, 서광사, 2016, 61쪽 참조.

  지렁이의 신체와 지렁이가 사는 세계가 인간의 신체와 인간이 사는 세계와 다른 것은 각각의 아뢰야식에 담겨 있는 종자들이 갖는 습관적인 패턴이 다르기 때문이다. 종자들이 갖는 이러한 습관적인 패턴을 우리는 일상적으로는 보통 성격이라고 부른다. 우리의 통상적인 의식은 이러한 성격은 신체나 세계와는 상관이 없다고 생각한다. 그러나 우리가 일상적으로 경험하는 성격도 아뢰야식이라는 심층무의식 속에서 무시 이래의 무한한 세월에 걸쳐서 형성되어 온 종자들이 갖는 습관적인 패턴에서 비롯된 것이며, 이러한 습관적인 패턴에서 신체도 세계도 비롯된 것이다.

  종자들은 뭇 생물의 개별적 신체와 성격을 만드는 종자들과 각각의 종에 속하는 생물들이 모두 동일하게 경험하는 세계, 즉 기세간器世間을 만드는 종자들로 나뉠 수 있다. 지렁이가 사는 세계가 다르고 인간이 사는 세계가 다른 것은 이렇게 각각의 아뢰야식 안에 담겨 있는 종자들이 다르기 때문이다. 그런데 우리의 의식은 이렇게 심층무의식인 아뢰야식이 낳은 신체와 세계가 우리에게서 독립해서 그 자체로 존재한다고 생각한다. 그리고 자신의 신체를 중심으로 세계를 자신에 속하는 것과 속하지 않는 것으로 나누면서 자신에 속하는 것은 중시하고 그렇지 않은 것은 무시하는 방식으로 분별한다.

  아뢰야식에서 종자들은 습관적인 패턴을 갖지만 그렇다고 해서 아뢰야식이 불변의 것은 아니다. 아뢰야식은 현재의 생각이나 행동이 새로운 종자가 되기 때문에 순간순간 변하고 있다. 아울러 그것은 선한 종자들과 악한 종자들 그리고 선도 악도 아닌 종자들 모두를 포함하고 있다. 즉 그것은 악한 종자, 즉 자기중심적으로 느끼고 생각하고 욕망하는 종자인 유루종자有漏種子 외에도 지혜와 사랑의 능력인 무루종자無漏種子를 포함하고 있는 것이다.

II. 프롬의 인간관과 불교의 인간관

1. 인간과 동물

우리는 위에서 소유양식과 존재양식에 대한 프롬의 사상을 중심으로 프롬의 사상을 불교와 비교하는 것과 함께 프롬의 불교관을 살펴보았다. 그런데 칸트가 말했듯이 철학의 모든 문제는 결국 '인간이란 무엇인가?'라는 문제로 귀착된다. 따라서 프롬의 사상과 불교관도 프롬의 인간관에 입각해 있다. 여기서는 프롬의 인간관을 불교의 인간관과 비교하면서 서로 간의 대화를 매개하고자 한다. 프롬의 인간관은 불교의 인간관과 일맥상통하지만, 양자는 서로를 보완하는 면이 많다고 여겨진다.

최근에는 진화론이 득세하면서 동물과 인간 사이에는 본질적인 차이가 없다는 견해가 철학에서 힘을 얻고 있다. 그러나 프롬은 동물과 인간이 본질적으로 다르다고 본다. 일단 프롬은 인간의 신체적 조건부터 동물과 다르다는 사실에 주목한다. 동물들은 자연에 적응할 수 있는 신체적 조건을 타고난다. 예를 들어 새는 날개를, 독수리는 날카로운 발톱을 가지고 태어나는 것이다. 이러한 신체적인 조건과 함께 동물은 또한 자연에 적응할 수 있는 본능적인 능력을 타고난다. 지렁이가 시궁창에서 사는 방법을 본능적으로 터득하듯, 대부분의 동물이 살아가는 방법을 본능적으로 터득한다.

이에 반해 인간은 신체적인 조건도 훨씬 불리하며 자연에 대한 본능적인 적응능력도 크게 약화되어 있다. 인간은 살아가는 방법을 가족과 사회에서 상당한 기간 동안 습득해야 한다. 그러나 이렇게 본능이 약화된 대신에 인간은 이른바 생각하는 능력, 즉 이성을 가지고 태어났다. 인간은 자신의 이성을 사용하여 삶을 개척해 나가야 한다. 인간은 이렇게 자신의 이성을 통해서 삶을 개척해 나가는 것과 함께 자기의식을 갖게 된다. 즉 인간은 세계에 대해서 자신의 생각과 뜻을 관철하려고 하면서 세계와 분리된 자기를 의식하게 되는 것이다.

인간은 이성을 통해서 삶을 스스로 개척해 나가야 하기 때문에, 자신이 거주하는 세계를 동물과는 전혀 다르게 경험하게 된다. 인간은 세계를 고정된 것이 아니라 변화 가능한 것으로 본다. 이와 함께 인간은 자연을 자신이 살 만한 세계로 변형하려고 한다. 따라서 인간은 동물처럼 고정된 자연환경 안에서 사는 것이 아니라 자연을 독자적으로 변형시킨 문화적·역사적 세계 안에서 산다. 인간의 사고와 행동은 성욕이나 식욕과 같은 생리적인 본능의 영향도 받지만, 자신이 사는 사회의 규범과 관행에 의해 크게 규정된다. 인간은 심지어 성욕이나 식욕을 충족시키는 성행위와 식사와 같은 행위도 사회적으로 승인된 습관에 따라서 한다.

더 나아가 인간 개개인의 삶은 자신이 속하는 사회에 의해서 철저하게 규정되는 것은 아니다. 인간은 사회적 규범과 관습에 저항할 수 있다. 이렇게 자신의 삶을 스스로 개척하면서 인간은 자신이 자기 삶의 주인이라는 사실에 기쁨을 느낄 수도 있다. 그러나 다른 한편으로 인간은 자신의 삶을 궁극적으로 책임져야 할 사람은 자기 자신이지만 세계가 자신의 뜻대로 움직이지는 않는다는 사실 앞에서 고독감과 함께 무력감을 느낄 수도 있다.

이러한 고독감과 무력감은 우리가 죽음을 의식할 때 가장 첨예해진다. 인간은 철이 들면서부터는 자신의 삶이 죽음으로 끝난다는 사실을 자각한다. 그리고 인간은 죽음 앞에서 자신이 철저하게 무력한 존재이며 또한 자신의 죽음은 어느 누구도 대신해 줄 수 없고 자신이 홀로 짊어져야 한다는 사실을 의식한다. 아울러 우리는 죽음을 생각하면서 우리의 삶은 그 모든 노력에도 불구하고 결국은 죽음으로 끝나는 허망한 것이라고 여기면서 허무감에 빠질 수 있다.

흔히들 인간의 본질이나 본성을 정의할 때 인간의 본성은 선이나 악이라고 규정하곤 한다. 그러나 프롬은 인간의 본질은 선이나 악, 사랑이나 증오라고 하는 특정한 성질에 의하여 정의할 수는 없다고 본다. 이는 인간은 그 모든 성질을 다 가지고 있기 때문이다. 인간이 갖는 독특한 본성은 오히려 본능적인 힘의 약화와 함께 이성과 자기의식을 갖게 되면서 야기된 세계와 자아 사이의 분열에 의해서만 정의할 수 있다.

인간이 자기의식과 이성을 갖게 되면서 처하게 되는 상황은 모든 인간에게 동일한 욕망을 낳는다. 인간의 근원적 욕망은 인간이 본능의 약화와 함께 자기의식과 이성을 갖게 되면서 낯설게 나타나게 된 세계와의 새로운 조화를 회복하는 것이다. 그러나 인간은 자신의 자기의식과 이성을 포기하고 동물의 상태로 돌아가는 방식으로 세계와의 분열을 극복할 수는 없다. 인간이 인간으로 존재하는 한, 그것은 불가능하다. 인간은 오히려 자기의식과 이성을 발전시키고 심화시킴으로써 세계와의 새로운 결합을 발견하는 방식으로 고독감과 무력감과 허무감을 극복해야 한다.

2. 프롬의 욕망론

인간의 삶은 이성과 자기의식을 갖는 존재로서의 인간만이 빠져들 수 있는 고독감과 무력감 그리고 허무감에서 벗어나 자신의 삶을 모든 것과의 일체감과 활기와 의미로 가득 차 있는 삶으로 만들려는 몸부림이다. 이 점에서 인간의 삶을 근본적으로 규정하는 것은 식욕이나 성욕이 아니라 다음과 같은 욕망들이다.

　　첫째, 고독감에서 벗어나기 위해서 결합과 합일을 구하는 욕망
　　둘째, 무력감에서 벗어나기 위해서 활기와 힘을 느끼고 싶어 하는 창조와 초월을 향한 욕망
　　셋째, 허무감에서 벗어나기 위해 자신의 삶에 공고한 의미와 가치를 부여할 수 있는 지향의 틀과 헌신의 대상을 구하는 욕망이다.

이 세 가지 근본욕망은 각기 다른 욕망들인 것처럼 보이지만 서로 긴밀하게 결합되어 있다. 예를 들어 우리는 어떤 종교집단에 가입하여 다른 사람들과 동일한 사상과 생활방식을 공유함으로써 결합과 합일을 향한 욕망을 충족시키는 동시에 지향체계와 헌신의 대상을 구하는 욕망을 충족시킬 수 있다. 또한 이 종교집단이 믿는 신이 자신을 보호해 준다고 믿음으로써 초월과 창조를 향한 욕망, 즉 무력감을 극복하려는 욕망도 충족시킬 수 있다.

이렇게 이 세 가지 욕망은 서로 분리될 수 없지만, 아래에서는 이러한 욕망 각각에 대해서 살펴볼 것이다.

1) 결합과 합일을 향한 욕망

인간은 고독감과 무력감을 극복하기 위해 다양한 방법을 개발해 왔다. 사람들이 술에 만취하거나 마약을 복용하는 것도 결국은 이러한 고립감과 무력감을 극복하기 위한 것이다. 그러나 마약이나 알코올에 의해 이루어지는 도취적 합일은 일시적인 것에 지나지 않는다. 또한 그것은 인간의 이성적인 능력의 마비를 초래하는 등 인간을 병들게 하는 합일이다.

고독감에서 벗어나기 위해서 사람들이 실질적으로 가장 많이 시도하는 방법은 어떤 특정한 집단과 그것이 따르는 관습이나 이념에 자신을 예속시키는 것이다. 이러한 집단은 혈연사회나 지연사회일 수도 있고 국가나 종교공동체일 수도 있다.

특히 종교는 인간의 삶과 세계에 의미와 목적을 제시하면서 인간과 세계의 분열을 극복할 수 있는 궁극적인 해답 같은 것을 주는 것이기 때문에, 인간은 다른 사람들과 특정한 종교적인 교리나 예식을 공유함으로써 강력한 합일감을 경험하게 된다. 따라서 아무리 저급하기 짝이 없는 종교라도 다른 사람들과 하나가 되는 경험을 제공함으로써 삶에 안정감을 제공할 수 있다. 이 경우 프롬은 종교라는 말을 포괄적인 의미로 사용하고 있다. 그것은 인격신을 믿는 유신론적인 종교뿐 아니라 나치즘이나 마르크스주의처럼 사람들의 삶에 일정한 목표와 의미를 제공하는 모든 사상을 가리킨다.[1]

사람들이 사회에서 금기시되고 있는 감정이나 사상을 스스로에게 허용하지 않는 근본적인 이유는 처벌에 대한 두려움 이전에 고독에 대한 두려움 때문이다. 그러나 이렇게 집단에 자신을 예속시킴으로써 얻은 합일은 독립성과 양심의 상실을 초래할 수 있다. 또한 집단에 예속되면서 합일을 획득하는 방식은 그 집단을 절대시하면서 다른 집단을 무시하고 지배하려는 태도를 낳으며, 이와 함께 집단들 간의 갈등과 투쟁을 야기한다. 이 점에서 그것은 사이비 합일에 지나지 않는다.

프롬은 고독감을 극복할 수 있는 가장 완전한 해결책은 '사랑'이라고 말하고 있다. 진정한 의미의 사랑에서 두 사람은 하나가 되면서 동시에 둘로 남아 있는 역설적 현상이 생겨난다. 그리고 이러한 사랑은 결코 한 사람에게 제한되지 않는다. 프롬이 말하는 사랑은 '한' 사람 내지 '하나의' 대상에 대한 관계가 아니라 세계 전체와의 관계를 결정하는

---

1 에리히 프롬 외 지음, 『선과 정신분석』, 29쪽 참조.

'지속적인 태도' 곧 '특정한 성격'이다. 만일 내가 참으로 한 사람을 사랑한다면, 나는 모든 사람을 사랑하고 세계를 사랑하고 삶 자체를 사랑하게 된다. 이러한 의미의 사랑은 사랑하는 자의 생명과 성장에 대한 보호와 관심, 책임과 존경이라는 성격을 갖는다.

2) 초월과 창조를 향한 욕망

인간은 무력감에서 벗어나기 위해서 자신이 무언가를 할 수 있고 누군가를 움직일 수 있으며 누군가에게 인상을 줄 수 있는 능력을 갖고 있다는 것을 확인하고 싶어 한다. 이러한 능력에 대한 욕망을 프롬은 초월과 창조를 향한 욕망이라고 부르고 있다.

초월과 창조를 향한 욕망은 많은 경우 부정적인 형태로 나타난다. 그것은 자신의 명성을 드높이려는 명성에 대한 욕망이나 다른 사람들을 지배하려는 권력에 대한 욕망 혹은 사물들을 소유함으로써 자신의 힘을 확인하려는 재물에 대한 탐욕으로 나타난다.

초월과 창조를 향한 욕망이 생산적이고 긍정적으로 나타날 경우, 인간은 단순히 생존을 위해서 노동하고 먹는 것을 넘어서 세계와 창조적인 관계를 맺으려고 한다. 생존을 초월하려는 활동을 프롬은 유희라고 부른다. 이러한 의미의 유희는 예술 행위뿐 아니라 종교적인 행위까지도 포함하며, 노동도 단순히 생존을 위한 것이 아니라 자신의 능력을 확인하기 위한 것일 경우에는 노동까지도 포함한다. 우리가 이러한 유희에 몰입해 있을 때, 세계는 우리에게 무력감을 느끼게 하는 낯선 세계가 아니라 흥미롭고 경이로운 세계로 나타난다.

3) 지향의 틀과 헌신할 대상에 대한 욕망

인간은 본능의 구속에서 벗어나 이성을 갖고 있기 때문에, 세계가 덧없이 생성 소멸하고 있으며 자신은 아무 근거도 이유도 없이 이 세계에 던져져 있다는 사실을 발견하게 된다. 인간은 이렇게 낯선 세계에 던져져 있으면서도 이 세계를 자신이 살아야 할 세계로서 인수하지 않으면 안 된다. 이러한 상황에 직면하여 인간은 세계와 자신이 존재하는 의미와 자신이 어떻게 살아야 하는지에 대한 의문에 사로잡히게 된다. 다시 말해서 인간은 세계와 자신의 존재의미를 밝혀주고 자신이 세계에서 어떻게 살고 행동해야 할지를 지시하는 지향의 틀을 갖고자 하는 것이다.

그런데 여기서 말하는 지향의 틀이란 한갓 머릿속에 머무르는 관념체계가 아니다. 만약 인간이 육체를 소유하지 않고 순수하게 지성만을 가지고 있다면 하나의 포괄적인 관념체계에 지나지 않는 지향의 틀만으로도 충분할지 모른다. 그러나 인간이 정신과 아울러 육체를 갖는 존재인 한, 사고뿐 아니라 행동이나 감정의 차원에서도 인간을 강력하게 사로잡을 수 있는 지향의 틀이 필요하다. 이렇게 사고뿐 아니라 인간의 존재 전체를 사로잡는 지향의 틀은 보통 절대적이고 무한한 존재를 중심축으로 갖는다.

이는 인간은 삶의 무상함과 자신의 무력함을 의식하면서 자신의 삶이 영원성과 충만한 힘을 갖기를 바라기 때문이다. 인간은 절대적이고 무한한 존재에 귀의함으로써 영원성과 함께 그 어떤 상황에서도 흔들리지 않는 충만한 힘을 가지려고 하는 것이다. 따라서 모든 지향체계는 이러한 절대적이고 무한한 존재를 체계의 중심에 가지며 이러한 존재에 대한 헌신을 요구한다. 이런 의미에서 프롬은 무의미에서 벗어나 삶에 의미를 부여하고 싶어 하는 열망을 지향체계와 헌신의 대상에 대한 열망이라고 부른다.

인간에게 헌신의 대상을 지시하는 지향체계는 세계의 근거와 의미 그리고 세계 안에서 인간이 차지하는 위치에 대한 이해를 제공해야만 한다. 세계 전체에 대한 이러한 이해를 마련해주는 것은 보통 종교였다. 앞에서 언급한 것처럼 이 경우에도 프롬은 종교라는 단어를 극히 넓은 의미로 사용하고 있다. 그것은 '집단이 공유하는 사상과 행위의 체계로서 개인에게 지향체계와 헌신의 대상을 제공하는 모든 것'을 가리킨다.

이런 의미에서 종교는 인간과 문화가 존재하는 모든 곳에서 존재하며, 심지어 무신론이 지배하는 곳에서도 존재한다. 그 경우 사람들은 동물이나 나무, 씨족이나 부족, 민족이나 인종 그리고 어떤 특정한 계급, 눈에 보이지 않는 신, 고상한 인물, 악마와 같은 지도자들, 돈이나 성공을 헌신의 대상으로서 숭배한다. 이러한 대상들은 인간의 독립과 성장을 돕는 것일 수도 있는 반면에, 인간을 예속하고 그의 성장을 막는 우상일 수도 있다.

지향체계와 헌신의 대상을 발견하는 것과 관련하여, 인간에게 일차적으로 문제가 되는 것은 불안의 해소이지 진리의 확보가 아니다. 따라서 인간은 불합리한 정치적인 교리나 종교적인 교리에 쉽게 빠지게 된다. 그러한 교리를 신봉하지 않는 사람들의 눈으로 보면 터무니없는 것임에도 불구하고 그것은 얼마든지 사람들을 사로잡을 수 있다. 사람들은 지도자들의 암시적인 영향력이나 암시에 걸리기 쉬운 인간의 성질에서 그러한 경향의 원인을 찾는다. 물론 그것들이 원인이기도 하지만 원인의 전부는 아니다. 지향체계와 헌신의 대상에 대한 욕망이 본래 강렬하지 않다면, 인간은 그렇게 쉽게 암시에 걸리지도 않을 것이다. 그러한 욕망을 충족시키기 위해서 사람들은 사이비 종교가들이나 선동적인 정치가들이 내세우는 거짓된 지향체계도 덥석 물게 된다.

3. 실존적 욕망들의 의의

오늘날에도 여전히 19세기 유물론의 철학적 전제가 상당한 영향력을 갖고 있다. 이러한 전제란 모든 정신현상을 '생리적인' 것 내지 신체적인 것에 뿌리박고 있는 것으로 보는 것이다. 프로이트만 해도 이러한 유물론적인 전제를 받아들이면서 모든 정신현상의 기초가 되는 것을 성적인 욕망에서 찾았다. 이는 성적인 욕망은 단순히 정신적인 것에 그치지 않고 생식기라는 확실한 생리적인 기층을 갖고 있기 때문이다. 그러나 우리가 위에서 살펴본 인간적인 욕망들, 결합이나 초월과 창조 그리고 지향의 틀과 헌신의 대상에 대한 욕망들에 상응하는 생리적 기층은 존재하지 않는다. 식욕은 위장과 결부되어 있고 성욕은 생식기와 결부되어 있지만, 그러한 욕망들에 상응하는 생리적인 기관은 존재하지 않는 것이다.

그러한 욕망들에 상응하는 기층은 생리적인 것이 아니고 인간의 존재 전체다. 하이데거는 인간은 동물과 달리 내가 어떻게 살아야 할 것인가를 문제 삼는 존재방식을 갖는다고 보았다. 이러한 존재방식을 하이데거는 실존이라고 불렀다.[2] 프롬 역시 하이데거와 마찬가지로 인간을 실존적 동물로 본다. 인간은 자신이 고독하고 무력하게 낯선 세계에 던져져 있다고 생각하면서 어떻게 살 것인지를 고뇌하는 존재라는 것이다.

이 경우 이러한 고뇌는 자신이 경험하는 고독감과 무력감 그리고 허무감을 어떻게 극복할 것인지에 대한 고뇌다. 결합과 합일을 향한 욕망과 초월과 창조를 향한 욕망 그리고 지향의 틀과 헌신할 대상에 대한 욕망은 인간이 실존적 존재이기에 갖게 되는 욕망이다. 따라서 우리는 그러한 욕망들을 실존적 욕망이라고 부를 수 있다.

진화론적 철학은 인간의 모든 욕망을 궁극적으로 생존욕망인 식욕과 종족번식욕망인 성욕으로 환원될 수 있다고 본다. 그러나 실존적 욕망들은 실존적인 존재로서의 인간 존재에서 비롯되는 열망이기에 식욕이나 성욕처럼 다른 동물들도 갖고 있는 욕망들로 환원될 수 있는 것이 아니다. 오히려 인간의 경우에는 식욕이나 성욕과 같은 생리적인 욕망들도 실존적인 욕망과 긴밀하게 얽혀 있으며 실존적인 성격을 띠고 있다. 사랑이 없는 섹스는 쓸쓸함을 남기고, 먹기 위해서 산다는 느낌은 우리의 삶을 공허 속에 빠지게 한다.

따라서 이러한 실존적인 욕망들은 인간 존재의 근저에서 인간의 모든 사고와 행동을 근본적으로 규정하는 것이다. 실제로 사람들은 단순히 성적 만족을 얻을 수 없거나 굶주림에 시달려서 자살하는 경우는 거의 없다. 오히려 실존적 욕망들을 충족시키지 못하고 고독감

---

2 M. Heidegger, *Sein und Zeit*, Tübingen 1972, 42쪽 이하 참조.

과 무력감 그리고 허무감에 시달리게 될 때 자살을 택해 왔다.

프롬은 실존적 욕망들은 긍정적이고 생산적인 형태로 나타날 수 있지만, 부정적이고 비생산적인 형태로도 나타날 수 있다고 본다. 그러한 욕망들이 긍정적이고 생산적인 형태로 나타날 때 그것들은 사랑, 친절, 연대, 자유, 그리고 진리를 구하려는 욕망으로 나타난다. 우리는 이러한 욕망들을 건강한 욕망이라고 부를 수 있다. 그러나 그것들이 부정적이고 비생산적인 형태로 나타날 때는 편협한 이기주의나 지배욕과 소유욕 혹은 광신적인 민족주의나 인종주의와 같은 이데올로기나 광신적인 종교에 자신을 예속시키고 싶어하는 욕망으로 나타난다. 우리는 이러한 욕망들을 병적인 욕망이라고 부를 수 있다. 건강한 욕망들은 더욱 큰 힘, 기쁨, 자아의 통합, 활력의 감각을 낳는 반면에, 병적인 욕망들은 생명력의 저하, 슬픔, 분열과 파괴를 낳는다. 따라서 전자는 생명지향적인 것인 반면에, 후자는 생명을 파괴하는 성격을 갖는다.

플라톤 이래로 서양의 전통철학은 욕망과 이성을 서로 대립하는 것으로 보는 경향이 있었다. 이에 반해 프롬은 욕망과 이성이 서로 대립되는 것이 아니라고 본다. 오히려 많은 욕망은 이성적이다. 이 경우 이성적이라는 것은 한 개인의 성장과 발달을 증진하는 성격을 갖는 것을 의미한다. 그리고 비이성적이라는 것은 식물이든 사람이든 개체의 성장과 발달을 저해하거나 파괴하는 성격을 갖는 것이다. 프롬은 병적인 이성과 건전한 이성이 있다고 생각하며, 병적인 욕망과 건전한 욕망이 있다고 생각한다. 병적인 이성과 욕망은 자신의 성장과 행복에 방해가 되는 것을 선호한다. 이에 반해 건전한 이성과 욕망은 자신의 성장과 행복에 도움이 되는 것을 선호한다.

　이런 의미에서 프롬은 우리 내면에서는 병적인 이성과 욕망에 입각한 병적인 실존에의 경향과 건전한 이성과 욕망에 입각한 건강한 실존에의 경향이 서로 싸우고 있다고 본다. 프롬은 그러한 병적인 실존을 소유지향적인 삶 내지 죽음지향적인 삶(Nekrophile)이라고 부르는 반면에, 건강한 실존을 존재지향적인 삶, 또는 생명지향적인 삶(Biophile)이라고 부르고 있다.

4. 프롬의 인간관과 실존철학

인간을 동물과 본질적으로 다른 존재로 보면서 인간에게만 고유한 욕망들이 있다고 보는 프롬의 인간관은 키르케고르나 니체 그리고 야스퍼스와 하이데거의 실존철학의 영향을 받았다. 실존철학은 인간이 처해 있는 근본적인 삶의 상황을 니힐리즘의 상황이라고 본다. 인간이 처한 삶의 실상에 입혀진 종교적·철학적 관념들을 비롯한 온갖 관념을 다 걷어내고 볼 때, 삶의 실상은 우리 인간이 덧없이 생성 소멸하는 세계에 던져져 있는 것으로 나타난다. 이러한 세계에서는 모든 것이 아무런 의미도 목적도 없이 생겨나서 사라진다.

　동물은 자연에 의해서 주어진 본능적인 삶에 파묻혀 있기 때문에, 이러한 삶의 실상을 의식하지 못한다. 동물은 자연과 삶의 흐름에 내맡겨져 있을 뿐이다. 이에 반해 인간은 이렇게 모든 것이 덧없이 생성 소멸하는 세계를 자신 앞에 보면서 자신이 그러한 세계에 내던져져 있다는 사실을 발견하면서 경악한다. 사람들은 이렇게 경악하면서 자신 앞에 펼쳐져 있는 삶과 세계의 실상 앞에서 불안에 떤다. 그러나 동시에 사람들은 바로 이것이야말로 삶과 세계의 실상이었다는 사실을 절실히 깨닫는다. 이러한 실상은 전통적인 종교를 비롯하여 우리가 어린 시절부터 가족과 사회에서 주입 받아 온 갖가지 신념에 의해서 그동안 은폐되어 있었을 뿐이다.

이렇게 자연과 우리의 삶 전체가 덧없이 생성 소멸하는 낯선 것으로 나타날 때 우리는 자기 자신을 가장 강하게 의식하게 된다. 우리는 그렇게 낯선 세계에 자신이 홀로 던져져 있다고 생각하게 되는 것이다. 프롬도 모든 전통적인 종교가 많은 사람에게 설득력을 상실한 오늘날의 상황에서, 사람들은 실질적으로 이와 같은 니힐리즘이란 나락에 떨어져 있다고 본다.

따라서 프롬은 니체나 키르케고르 그리고 하이데거나 야스퍼스와 같은 실존철학자들과 마찬가지로 오늘날 우리가 직면하는 갖가지 병적인 현상들, 나치즘이나 볼셰비즘과 같은 광신적인 정치이데올로기의 대두나 섹스 중독이나 마약 중독 그리고 소비 중독 등과 같은 갖가지 중독 증세도 사실은 니힐리즘에서 벗어나기 위한 몸부림이라고 본다. 더 나아가 프롬은 전통 종교에 사람들이 여전히 매달리는 것도 전통 종교가 진리이기 때문이 아니라 니힐리즘의 심연을 들여다보는 것을 두려워하기 때문이라고 본다.

프롬의 이러한 사상은 키르케고르와 니체 그리고 야스퍼스와 하이데거를 비롯한 실존철학자들의 사상과 상통한다. 프롬의 철학적 전제는 19세기의 유물론이나 진화론과 같은 생물학주의가 아니라 실존철학인 것이다. 물론 프롬은 자신이 실존철학의 영향을 받았다고 명시적으로 말하지는 않는다. 그럼에도 불구하고 그의 저작들에서는 니체와 하이데거와 같은 사람들의 철학적 작업이 자신과 본질적으로 동일한 사태를 지향하는 것으로서 가끔 언급되고 있다.

자기의식과 이성을 갖게 됨으로써 우리가 삶에서 느끼게 되는 고독감과 무력감과 허무감은 짊어지기 어려운 무거운 짐과 같다. 사람들은 그 짐에 짓눌려 정신이상에 빠지기 쉽다. 사실 정신적으로 온전히 건강한 사람을 찾아보기는 쉽지 않다. 사람들은 정도 차이는 있지만, 고독감과 무력감 그리고 허무감에 시달리고 있는 것이다.

따라서 인간의 영혼 속에는 비극적인 부조화가 존재한다. 식욕이나 성욕과 같은 본능적 욕망이 충족되고 자신을 괴롭히는 일이 없을 때도, 인간은 세계와 자아의 분열에 대해 불안을 느낀다. 이런 맥락에서 프롬은, 정신분석학은 '사람들은 왜 정신이상이 되는가?'라고 묻지만 참된 질문은 '무엇 때문에 사람들 대부분이 정신이상이 되지 않는가?'라는 물음이라고 말한다.[3] 자아의식과 이성을 갖게 되면서 인간이 처하게 되는 상황은 인간을 해결할 수 없는 수수께끼 앞에 직면케 하면서 미치게 만들 정도의 상황이기 때문이다. 인간의 모든 열정과 노력은 광대한 세계 앞에서 자신이 처한 고독하고 무력하고 허망한 상황 앞에서 광기에 빠지는 것을 피하기 위한 몸부림이라고도 말할 수 있다.

프롬은 사람들이 삶에서 고독감과 무력감 그리고 허무감에 시달리면서도 정신이상이 되지 않는 이유는 그러한 부정적인 감정들에서 벗어

---

3 에리히 프롬 외 지음, 『선과 정신분석』, 78쪽 참조.

날 수 있는 출구들을 나름대로 갖고 있기 때문이라고 본다. 이러한 출구들은 결국은 자신과 세계의 분열을 극복하고 자신과 세계의 합일을 마련해 주는 것들이다. 그것들은 크게 둘로 나뉜다.

그 하나는 세계와 분열된 자기에 대한 의식, 즉 자기의식이 싹트기 전의 상태인 유아기적인 상태로 되돌아가는 것이다. 다시 말해 그것은 인간이 경험할 수 있는 가장 편안한 상태인 '어머니의 자궁 속에 있던 상태'나 어머니의 젖꼭지를 자신의 소유물로 여기는 상태로 돌아가는 방식으로 자신과 세계의 분열을 극복하는 것이다. 다른 하나는 모든 것을 사랑하면서 모든 것과 하나가 되는 방식으로 세계와의 분열을 극복하는 것이다.

프롬에 따르면, 프로이트의 중요한 발견 중의 하나는 인간에게는 자궁, 어머니의 유방과 무릎, 확실한 것, 보호해 주는 것, 자신에게 결정을 강요하지 않는 것과 같은 것으로 복귀하고 싶다는 강력한 욕망이 존재한다는 것이다. 이것은 남자에게든 여자에게든 누구에게나 똑같이 존재하는 욕망이다. 그것은 어머니 혹은 '어머니의 기능'을 가진 인간이나 집단이 자신을 따뜻하게 감싸주고 보호해주고 사랑해주는 상태 속으로 도피하고 싶은 욕망이다.

아버지나 어머니의 보호를 필요로 하지 않는 성인이 되어서도 충분히 독립적인 존재로 성숙하지 못한 사람들은 어머니와 같은 안내자나 보호자에 의지하면서 편안함을 느끼고 싶어 한다. 따라서 이들은 자신이 의지할 우상을 갈구하고 우상을 만들어낸다. 이 경우 우상은 인격신과 같은 허구적인 존재나 정치지도자나 종교지도자를 비롯한 특정한 사람들이나 독일 민족이나 프롤레타리아와 같은 집단일 수도 있다. 그러나 우상으로의 이러한 도피는 인간의 완전한 성장과 발달을 막는다. 인간은 이러한 도피로 인해 독립적인 존재가 되지 못하고 우상에 예속되는 것이다.

프롬은 전이轉移 현상에 대한 프로이트의 학설도 궁극적으로는 우상숭배라는 현상을 염두에 두고 있다고 본다. 전이 현상이란 환자가 어린 시절에 아버지나 어머니처럼 자신에게 중요했던 사람들에게 가졌던 기대나 욕망을 정신분석가에게 투사하는 현상을 가리킨다.[4] 그러나 프롬은 프로이트의 전이 개념은 너무 협소하다고 본다. 전이 현상은 환자와 정신분석가 사이에서만 일어나는 것이 아니라 우상숭배라는 형태로 극히 광범하게 일어난다는 것이다.

세계와의 분열을 극복하는 또 다른 방식은 인간이 모든 종류의 우상숭배를 버리고 자신의 본질적인 능력인 지혜와 사랑을 성숙시킴으로써 모든 것과 하나가 되는 것이다. 이런 사람은 어머니나 집, 혈육, 지역에 대한 고착을 극복한 독립적인 인간이 되면서도 뭇 생명과 하나라고 느낀다.

고독감과 무력감 그리고 허무감을 벗어나는 방식에 이렇게 크게 두 가지가 있게 되는 것은 세상과 분열된 자기에 대한 의식이 일깨워지는 동시에, 사랑과 정의, 공정과 같은 가치를 지향하는 보편적인 이성도 함께 일깨워지기 때문이다. 세계와 분리된 자기에 대한 의식의 각성은 선악을 분별하는 의식이 깨어나는 사건이기도 한 것이다. 따라서 자기의식이 일깨워지기 이전의 상태로 돌아가는 것은 자기의식과

---

4 에리히 프롬 외 지음, 『선과 정신분석』, 54쪽 참조.

98

함께 일깨워진 보편적인 이성의 힘을 약화하고 마비시키는 것이다.

자기의식이 싹트기 전의 상태로 돌아가는 것은 인간 개개인의 관점에서 보면 자기의식을 갖지 못한 유아기적 상태로 돌아가는 것이다. 그것은 인류 역사의 관점에서 보면, 자신을 아직 식물이나 동물 등과 다른 존재로 보지 못하고 그것들과 자신을 동일시하고 심지어는 그것들을 신적인 것으로 숭배하는 토테미즘의 정신상태로 돌아가는 것이다. 나치의 갈색 셔츠당, 즉 돌격대에 가담하는 사람들은 자신을 곰과 같은 광폭한 맹수와 동일시하면서 자신의 인간성을 포기하려고 한다. 이와 관련하여 프롬은 이렇게 말하고 있다.

"우리 서양문화에서 거의 모든 사람은 자신이 그리스도교나 유대교적인 답변이나 계몽주의적인 무신론의 답변에 따라서 산다고 믿고 있다. 그러나 만약 그들의 정신을 X광선으로 비춰 볼 수 있다면, 식인주의나 토템 숭배자, 또는 여러 종류의 우상 숭배자들이 훨씬 많고 정작 그리스도교도나 유대교도 혹은 불교도나 도교도의 수는 훨씬 적다는 사실을 발견하게 될 것이다."[5]

인간이 건설한 모든 문화란 자아와 세계의 분열이라는, 인간이 처해 있는 근원적인 문제상황에 대한 해답을 얻기 위한 체계다. 그리고 종교야말로 이러한 문제상황에 대한 궁극적 해답을 제공하는 것이기 때문에 모든 문화는 종교적인 성격을 갖는다. 심지어 자본주의처럼

---

5 에리히 프롬 외 지음, 위의 책, 29쪽(번역을 약간 수정했음.)

사람들이 물질적인 부에 매달리는 문화조차도 물신物神이라는 신을 숭배하는 종교적 성격을 갖는다.

프로이트는 종교와 예술을 리비도라는 성적인 에너지의 승화라고 본다. 이에 반해 프롬은 종교와 예술의 배후에 도사리고 있는 그 무서운 에너지를 단순히 성적인 에너지로 환원시켜서는 안 된다고 본다. 종교와 예술은 인간과 세계의 분열을 어떻게 극복할 것이라는 근본적인 물음에 답하려는 시도다.

"원시적 종교나 유신론적 종교 혹은 무신론적 종교 모두가 인간의 존재 문제에 대해서 해답을 얻기 위한 시도이다. 가장 야만적인 문화도 최고의 문화와 동일한 기능을 갖는다. 차이는 다만 주어진 해답이 더 좋으냐 나쁘냐 하는 것이다."[6]

'자아와 세계의 분열을 어떻게 극복할 수 있는가'라는 문제에 대해서는 단지 몇 개의 답변만이 존재할 수 있다. 사람들은 자각하지는 못하지만 이러한 답변 중의 하나에 따라서 살고 있을 뿐이다. 그것은 어머니의 자궁으로 회귀하거나 아버지에게 복종하는 방식으로 안전을 찾는 것이 되거나, 이성과 사랑과 같은 우리 내부의 생산적인 능력들을 발달시킴으로써 세계와 새로운 조화를 찾는 것일 수 있다.

인본주의적인 종교들이 추구하는 자아와 세계의 합일은 자기의식과 이성이 싹트기 이전의 상태로 돌아가는 퇴행적 합일이 아니라 고도로

---

6 에리히 프롬, 『건전한 사회』, 김병익 역, 범우사, 1975, 38쪽 참조.

성숙한 이성을 통해서 이루어지는 새로운 합일이다. 유대교나 그리스도교의 인본주의적 흐름과 불교는 모두 인간이 세계에 대해서 자신을 주장하는 의지를 버려야 한다고 주장한다. 선불교식으로 말해서 인간은 자기중심적인 모든 욕망에서 벗어나 공空이 되어야 하며, 그리스도교식으로 말하면 자신을 무조건적인 사랑의 존재인 신에게 내맡겨야 한다는 것이다. 이 경우 인간은 자신을 세계와 대립되는 자아로 생각하지 않고 뭇 생명과 하나인 자아로 본다.

그러나 그리스도교는 인본주의적인 흐름조차도 신을 인간 외부에 존재하는 인격적인 존재로 보는 경향이 있기 때문에 자칫 자신의 이성적 능력을 포기하고 비합리적인 신에게 예속될 수 있다. 다시 말해 그것은 권위주의적인 종교로 전락할 수 있다. 이에 반해 선불교에서 말하는 공이란 개념은 인간을 보살피는 아버지라는 우상 숭배적인 존재로 퇴행할 위험성을 갖지 않는다.[7]

5. 불교의 입장에서 본 프롬의 인간관

프롬의 인간관은 앞에서 본 것처럼 무엇보다도 실존철학적인 인간관에서 가장 큰 영향을 받았지만, 나는 프롬의 인간관은 불교의 인간관과도 상통한다고 생각한다.

그런데 사람들은 프롬의 인간관은 동물과 인간 사이의 본질적인 차이를 인정하기 때문에, 불교의 인간관과 대립한다고 생각할지도

---

7 에리히 프롬 외 지음, 『선과 정신분석』, 36쪽 참조.

모른다. 예컨대 안옥선은 동물과 인간 사이의 본질적인 차이를 인정하는 입장을 이렇게 비판하고 있다.

"인간과 동물은 본질적으로 다른 존재라서 양자 사이에 경계가 있다는 입장에서는 동물을 대상화/타자화하고 수단화한다. 이에 반해 양자의 질적 차이보다는 유사성을 인정하여 양자 사이에 경계가 없다는 입장에서는 인간과 동물의 궁극적 동일시를 지향한다. 전자의 경우 대상화의 극단은 이용의 수준을 넘어선 학대이며, 후자의 경우 동일시의 이상형태는 인간과 같이 존중하는 것이다."[8]

그러나 나는 안옥선이 말하는 두 가지 입장, 즉 인간과 동물의 차이를 인정하여 동물을 무시하는 입장과 인간과 동물의 동일성을 주장하면서 동물을 존중하는 입장 외에 또 하나의 입장이 가능하다고 본다. 그것은 인간과 동물 사이의 본질적인 차이를 인정하지만 동물을 차별하지 않는 입장이다. 위 인용문이 실려 있는 안옥선의 글도 결국은 이 세 번째 입장으로 귀착하고 있다. 즉 안옥선은 고통을 느끼는 능력이란 면에서 볼 때 동물과 인간은 본질적으로 동일하다고 보면서도, 이는 동물과 인간을 똑같이 대우해야 한다고 말하는 것은 아니라고 말하고 있는 것이다. 안옥선은 인간은 인간의 본성에 따라 동물은 동물의 본성에 따라 대우해 줘야 한다고 말한다.[9] 사실 소가 사는

---

8 안옥선, 「인간과 동물간 무경계적 인식과 실천: 불교와 동물해방론의 경우」, 『범한철학』 31집, 범한철학회, 2003년 가을, 233쪽.

9 안옥선, 위의 글, 250쪽 참조.

방식이 다르고, 개가 사는 방식이 다르며, 인간이 사는 방식이 다르다. 안옥선도 인간의 본성이 다르고 동물의 본성이 다르다는 것을 인정하는 것이다.

따라서 인간이 동물보다 우월하다고 보는 차별화가 문제이지 인간과 동물의 차이를 인정하는 것은 문제가 되지 않는다. 프롬 역시 인간이 본능이 약화되고 이성을 갖게 되었다고 보지만, 그렇다고 해서 인간이 동물보다 우월하다고 주장하지는 않는다. 사실 우월성이라는 것은 무엇을 기준으로 삼느냐에 따라서 달라진다. 시궁창에서 맨몸으로 사는 능력을 기준으로 할 때 인간은 지렁이보다 비교가 안 될 정도로 열등한 존재다.

이 점에서 인간과 동물의 본질적인 차이를 말하는 프롬의 입장이 불교의 입장과 대립하지 않는다고 생각할 뿐 아니라, 양자는 여러 면에서 서로를 보완할 수 있을 정도로 상통한다. 더 나아가 나는 프롬의 인간관이 말하려고 하는 것을 불교의 인간관에 입각하여 보다 사태에 부합되게 말할 수 있다고 생각한다. 불교는 인간이 고독감과 무력감 그리고 허무감과 같은 부정적인 감정들에 시달리는 이유를 무아를 깨닫지 못하고 세상과 분리된 독자적인 자아가 존재한다고 생각하는 데서 찾는다. 나는 인간에 대한 프롬의 분석을 불교의 이러한 인간 이해에 입각하여 보완할 수 있다고 생각한다.

프롬은 인간이 처한 근본적인 상황, 즉 본능이 약화됨으로써 이성에 의해서 자신의 삶을 개척해 나아가야 한다는 상황으로부터 인간 특유의 실존적인 욕망들이 나타난다고 보았다. 즉 우리는 본능이 약화되고 이성을 가지고 있기 때문에 우리가 낯선 세계에 고독하게 던져져 있다는 사실을 자각하면서 이러한 실존적 욕망들을 갖게 된다는 것이다.

그러나 우리는 인간이 처한 근본적인 상황에 대한 프롬의 서술이 과연 정확한 것인지에 대해서 의문을 가질 수 있다. 우리는 프롬이 말하는 것처럼 항상 자신이 낯선 세계에 고독하고 무력하게 던져져 있다고 느끼는 것은 아니다. 오히려 우리는 우선 대개는 친숙한 사회에 던져져 있다. 따라서 우리는 어떤 상황에서 어떻게 행동하고 무엇을 추구하면 되는지를 이미 숙지하고 있다. 사실 우리의 사고방식이나 행동방식을 본능 대신에 일차적으로 규정하는 것은 이성이라기보다는 사회적인 관습이나 규범이다.

그러나 우리는 성장해 나가면서 어느 순간, 불교가 말하는 무상감과 같은 것을 느낄 때가 있다. 이때 우리는 세계와 우리의 삶이 아무런 의미도 목적도 없이 덧없이 생성 소멸하는 것으로 느끼게 된다. 그리고 우리는 우리가 본능 대신에 의존해 온 사회적 가치관이나 관습에 대해서 회의를 느끼면서 갑자기 자신이 낯선 세계에 던져져 있는 것으로 느끼게 된다.

프롬은 인간이 이성을 갖게 되면서 느끼게 되는 부정적인 감정들인 고독감과 무력감 그리고 허무감을 단순히 병치시키면서 허무감이 갖는 독특한 성격에는 주의를 기울이지 않고 있다. 고독감이나 무력감은 우리가 사회적인 가치관이나 관습에 대해 회의를 느끼지 않을 때에도 느끼는 감정들이다. 예를 들어 자본주의사회에서는 부富가 높은 가치로 인정을 받는다. 그런데 우리는 다른 사람들과 마찬가지로 부를 좇다가 좌절을 경험할 수 있다. 이때 우리는 고독감과 무력감을 경험할 수 있다. 이 경우 우리는 부라는 세간적인 가치에 대해서 회의를 느끼지는 않는다. 그러나 허무감은 부나 명예와 같은 세간적인 가치들을 덧없고 무의미한 것으로 느끼는 기분이다.

따라서 우리는 강도의 차이는 있지만, 고독감과 무력감은 자주 느끼지만 허무감은 그렇게 자주 느끼는 것은 아니다. 그리고 고독감과 무력감은 인간이 아닌 동물들도 느끼는 것이라고 여겨진다. 어미개를 잃은 어린 개도 고독감과 무력감을 느낄 것이다. 그러나 삶이 아무런 의미도 목표도 없이 흘러간다고 느끼는 허무감은 인간만이 가질 수 있는 것이다.

불교에서 말하는 무상감은 이러한 허무감에 통한다. 그러나 불교는 이러한 무상감을 단순히 우리가 극복해야 할 부정적인 감정으로만 보지는 않는다. 불교는 무상감을 우리가 세간적인 가치들에 대한 집착을 넘어서 깨달음을 추구하게 되는 동인이 될 수 있다고 본다.

나는 기본적으로 프롬의 인간관을 받아들인다. 그러나 허무감이 고독감과 무력감에 대해서 갖는 독특한 특성에 주목하면서 그의 인간관을 보다 정치하게 다듬을 필요가 있다고 생각한다. 그리고 나는 이와 관련하여 불교의 인간관이 도움이 될 수 있다고 여겨진다. 여기서는 무엇보다도 원효가 『대승기신론소·별기』에서 개진하고 있는 인간관에 의거하여 프롬의 인간관을 보다 사태에 맞게 보완하고자 한다.[10]

---

10 나는 졸저 『하이데거와 원효의 비교연구』(서강대출판부, 2010)와 『쇼펜하우어와 원효』(세창출판사, 2020)에서 하이데거와 쇼펜하우어의 사상을 원효의 사상과 상세하게 비교한 바 있다. 원효의 사상에 대한 자세한 설명에 관해서는 이 책들을 참조하기 바란다.

우리는 앞에서 프롬이 말하는 소유지향적인 삶과 존재지향적인 삶 각각에는 탐진치에 사로잡혀 있는 삶과 탐진치를 지멸止滅한 삶이 대응한다고 보았다. 탐진치에 사로잡혀 있는 삶을 원효는 생멸심이라고 부르고, 탐진치를 지멸한 삶을 진여심이라고 부른다. 생멸심은 아직 깨닫지 못한 중생들의 마음이라는 의미에서 중생심이라고도 부를 수 있다.

생멸심은 세간적인 가치들을 가능한 한 많이 소유함으로써 사회 내에서 자신의 지위를 높이는 데 몰두하는 삶이다. 생멸심은 다른 인간들과 끊임없이 경쟁하면서 세간적인 가치들을 더 많이 소유하게 되면 기뻐하고, 잃게 되면 슬퍼하는 등 끊임없이 요동치는 마음이다. 이에 반해 진여심은 세간적인 가치들에 대한 탐욕과 집착에서 떠나 있기에 다른 인간들과의 다툼에서도 벗어나 있는 맑은 마음이다. 진여심은 우리 마음에 원래부터 존재하는 깨달음의 가능성인 불성을 실현한 마음이다. 이러한 불성은 자성청정심이라고도 불리고 여래장 이라고도 불린다.

최근에 자성청정심이나 여래장, 불성과 같은 대승불교의 개념은 브라만교의 아트만이란 개념에 상통하는 것으로서 참된 불교적인 개념이 아니라는 견해가 남방불교 연구자들에 의해서 제기되고 있다. 초기불교에서 자성청정심이나 여래장을 언급하지 않는 것은 사실이다. 그러나 초기불교 역시 깨달음에 대해서 말하면서 사람들에게 깨침을 촉구하기 위해서는 깨달음을 가능하게 하는 어떤 능력이 인간에게 존재한다고 상정하지 않을 수 없다.

진여심은 무아를 깨달은 마음인 반면에, 생멸심은 아직 무아를 깨닫지 못하고 세계로부터 분리된 고정적 실체로서의 자아가 있다는 착각에 사로잡혀 있는 삶이다. 이러한 착각을 불교에서는 무명이라고 부른다. 『대승기신론소·별기』에서 원효는 무아의 이치를 유식불교에 입각하여 설명하고 있지만, 여기서는 초기불교의 입장에서 간략하게 설명할 것이다.

우리 중생들은 흔히 세계에서 분리된 고정적 실체로서의 자아가 있어서 몸과 마음을 자신의 것으로 소유하며 모든 생각과 욕망 그리고 행동을 낸다고 생각한다. 즉 우리는 '나는 이렇게 생각하고 이렇게 행동한다'고 말하면서 생각과 행동을 주체적으로 일으키는 자아가 있다고 생각하는 것이다. 이렇게 생각하는 중생으로서의 우리를 아래에서는 원효의 용어를 빌려 생멸심이라고 부를 것이다. 세계로부터 분리된 고정적 실체로서의 자아는 허구이지만, 마음은 실재한다. 생멸심으로서의 마음이 세계로부터 분리된 고정적 실체로서의 자아라는 관념을 만들어내고 그것에 집착하는 것이다.

초기불교는 생멸심이 집착하는 '나'라는 것은 색수상행식色受想行識이라는 오온五蘊의 화합물에 불과하다고 본다. 오온 중 색, 즉 인간의 물질적인 부분인 신체는 지수화풍地水火風이라는 물질적인 요소들로 구성되어 있다. 5온 중에서 수상행식, 즉 느끼고 생각하고 무엇인가를 의도하고 분별하는 작용들이 마음을 구성한다.

이러한 오온은 세계로부터 분리된 고정적 실체로서의 자아에 속하는 것이 아니라 인연에 따라서 생기고 인연에 따라서 소멸한다. 몸이 자아의 소유물이 아니라 인연에 따라 생겨서 인연에 따라서 사라지는 것처럼, 마음작용들도 인연에 따라서 생기고 인연에 따라서 사라진다.

우리는 흔히 자유로운 주체로서의 자아가 어떤 생각을 일으킨다고 생각하지만 우리는 우리의 생각을 마음대로 통제하지 못한다. 어떤 생각을 털어버리고 싶지만 오히려 그 생각이 우리를 계속해서 사로잡는 경험은 누구나 했을 것이다.

색은 물론이고 수상행식도 인연에 따라 발생하고 잠시 머물렀다가 소멸하는 것이지만, 생멸심은 오온이 귀속되는 통일적이고 자유롭고 고정된 실체로서의 자아가 있다고 생각한다. 그리고 생멸심은 이러한 자아야말로 세상에서 가장 존귀한 것으로 생각한다. 이와 함께 생멸심은 마음에서 일어나는 모든 생각이나 욕망을 이러한 자아의 자발적인 생각이고 욕망이라고 보면서 그것들에 집착하며 그러한 생각과 욕망을 세상에 관철하기 위해서 모든 에너지를 쏟아붓는다. 그러고서는 생멸심은 자신의 생각과 욕망이 세상에서 받아들여지지 않으면 분노한다.

불교는 우리가 통상적으로 몸과 마음의 주체로서의 나라고 생각하는 것은 하나의 상상물에 지나지 않는 것으로 본다. 그것은 인간처럼 기뻐하고 화를 내기도 하는 인격신이라는 존재가 하나의 상상물에 불과한 것처럼 하나의 상상물에 불과하다. 인격신을 믿는 사람들은 자신들이 믿고 따르는 교리나 계율을 신이 내렸다고 생각한다. 그러나 그러한 교리나 계율은 사실은 인간 자신이 만들어낸 것이다. 그럼에도 인격신을 믿는 사람들은 그것들이 가장 존귀한 존재인 신이 내려주었다고 생각하면서 그것들에 집착한다. 이와 마찬가지로 우리는 마음에서 일어나는 갖가지 생각이나 느낌 그리고 욕망이 인연에 따라서 생겼다 사라지는 것이라는 사실을 깨닫지 못하고, 그것들이 세계로부터 분리된 고립적 실체로서 세상에서 가장 고귀한 자아에게서 비롯되었다고 생각한다.

이와 함께 생멸심은 오온의 손상을 존귀한 자아의 손상과 동일시하면서 애를 끓인다. 생멸심은 몸이 다치면 자아의 몸이 다쳤다고 안타까워하고 또한 의견이 공격받으면 그러한 의견의 주인인 자아가 공격받았다고 생각하면서 분노한다. 이는 인격신을 믿는 사람들이 다른 사람들이 신의 계율을 어기는 것을 신을 모욕하는 것으로 간주하는 것으로 보면서 분노하는 것과 흡사하다.

생멸심이 자유롭고 통일적이며 고정된 자아라고 생각하는 것은 사실은 신체, 이름, 사회적 지위, 지식, 소유물, 자신에 대한 이미지와 타인이 자기에 대해 갖기를 바라는 이미지, 특정한 성격과 가치관, 갖가지 느낌과 생각 그리고 의지 등으로 이루어져 있다. 생멸심은 자아가 자유롭고 통일적인 주체로서 이것들을 자신의 소유물로서 갖고 있고 자기 마음대로 통제할 수 있다고 생각한다. 그러나 그것들은 실은 생멸심이 통찰하지 못하는 복잡한 인연에 의해서 규정되어 있고 생멸심의 통제를 벗어나 있다.

생멸심은 허구적인 자아에 집착하면서 그러한 자아를 다른 사람과 비교한다. 그러나 고정된 실체로서의 자아란 사실은 하나의 인연화합물에 불과하기 때문에, 생멸심이 비교하는 것은 그러한 화합물을 구성하는 특정한 요소들, 예를 들어 바로 위에서 거론한 것과 같은 어떤 신체적인 특성이나 정신적 자질, 지위나 소유물 등이다. 생멸심은 이것들이 다른 사람들의 것보다 우월하다고 생각하면 교만에 빠지고, 못하다고 생각하면 열등의식에 빠진다.

생멸심은 고정된 자아가 있다고 생각하면서 이것이 끊임없이 변화하는 인연의 큰 물결 속에서 휩쓸려 내려갈까 두려워한다. 따라서 생멸심은 자아를 공고하게 만들 수 있다고 생각하는 것들에 집착한다. 자아를 공고히 만드는 것은 자아가 소유하는 부나 권력이나 명예일 수도 있고 세상을 관장하는 신일 수도 있다.

더 나아가 생멸심은 자신의 존귀한 자아가 사후세계에서도 영원불변하기를 바란다. 그러나 죽음과 함께 몸이 소멸한다는 것은 부정하기 어렵다. 따라서 생멸심은 사후에도 영원히 존재하는 영혼이라는 것을 고안해내고 그것이야말로 자아의 본질이라고 본다. 그리고 모든 생각과 욕망이나 느낌은 이러한 고정불변의 영혼에서 비롯된 것이라고 본다. 또한 생멸심은 영혼뿐 아니라 영혼이 사후에도 존속할 수 있는 피안세계를 상상해내면서 현세가 아니라 그것이야말로 진정한 실재라고 믿는다.

생멸심이 이렇게 하나의 자유롭고 고정된 실체로서의 자아에 집착하는 것을 불교에서는 아집我執이라고 부른다. 그러나 자유롭고 고정된 실체로서의 자아란 존재하지 않기 때문에 실질적으로 우리가 집착하는 것은 그것이 자아에 속한다고 보는 것들이다. 즉 몸과 재산이나 부나 명예와 같은 것들이다. 우리는 이러한 소유물들이 영원히 존재할 것처럼 생각하면서 그것들에 집착한다. 또한 우리는 자신의 자아에 속하는 것들과 속하지 않는 것들을 나누면서 자신의 자아에 속한다고 생각하는 것은 소중히 생각하지만 그렇지 않은 것들은 소중하게 생각하지 않는다. 이렇게 우리가 사물들을 분별하고 차별하는 것을 불교에서는 법집法執이라고 부른다.

흔히 불교를, 세상을 고통의 바다, 즉 고해苦海라고 보는 염세주의라고 비판하지만, 불교는 모든 것이 인연에 따라서 생성 소멸하고 부침하는 현실 자체가 고통의 원인이라고 보지 않는다. 오히려 불교는 우리 인간이 현실 전체와 대립되고 다른 인간들과 비교되는 자아가 있다고 착각하면서 그것에 집착하는 것이 모든 고통의 원인이라고 본다. 그러한 자아를 공고하게 만드는 모든 것을 더 많이 소유하고자 하는 갈애가 고통의 원인이라고 보는 것이다.

단적으로 말해 생멸심은 허구적인 자아에 집착하면서 그것을 세상에 관철하려고 노심초사하는 마음이다. 그러나 생멸심은 고정된 실체로서의 자아란 없다는 사실에 대한 무지, 즉 무명에서 비롯되는 것이기에 무명에서만 벗어나면 생멸심은 사라진다. 이렇게 무명에서 벗어난 마음을 원효는 진여심이라고 부른다. 원효는 생멸심은 무명이 진여심을 가린 것이기에 원래 존재하는 것은 진여심뿐이라고 부른다.

생멸심과 진여심의 관계를 원효는 파도와 바다에 비유한다. 생멸심은 바다에서 이는 파도 하나라고 볼 수 있다. 그런데 이 파도는 자신을 다른 파도들로부터 분리된 실체로 생각하면서 다른 파도들과 자신을 견주면서 자신이 더 크다든가 작다든가라고 분별한다. 그러나 이 파도는 사실 독자적인 실체가 아니고 바다에서 비롯된 것이며 바다에 의지하고 있다. 생멸심으로서의 파도가 진여심이라는 바다가 자신의 근원임을 알고 이것으로 되돌아가 다른 파도와 자신이 다른 것이 아님을 아는 것이 불교에서 말하는 깨달음이다.

생멸심이 자신을 고립된 실체로 생각하는 파도와 같은 것이고 진여심이 그것의 근원으로서의 바다와 같은 것이라면, 생멸심은 진여심의 왜곡된 모습이다. 그리고 깨달음이란 생멸심이 자신의 참된 모습을 되찾은 것이다. 따라서 진정으로 존재하는 것은 사실은 진여심뿐이며, 생멸심과 생멸심의 온갖 번뇌와 망상은 독립된 존재를 갖지 않는다.

우리는 우선, 대개는 생멸심으로 산다. 그럼에도 불구하고 우리가 무명을 벗어날 수 있는 것은 생멸심과 진여심이 서로 무관한 것이 아니라 불일불이不一不二의 내밀한 관계를 갖고 있기 때문이다. 생멸심은 진여심이 현실화되는 것을 막지만, 진여심은 그럼에도 불구하고 생멸심에 끊임없이 자신을 고지한다. 즉 진여심은 우선 생멸심이 허무감 내지 무상감을 느끼게 하는 형태로 생멸심에 자신을 고지한다. 생멸심은 어느 날 불현듯 자신이 집착하는 모든 세간적인 가치가 허망하다고 느끼는 동시에 세간적인 가치들을 둘러싸고 다른 인간들과 다투어 온 그간의 삶에 대해서 염증을 느끼게 된다.

이러한 무상감은 생멸심이 일으키려고 해서 일으키는 것이 아니고 불현듯 생멸심을 엄습하는 것이다. 그리고 그것은 어떤 특별한 조건에 의해서 생기는 것이 아니다. 그것은 우리가 늘 하듯이 학교에 가거나 직장에 출근하는 길에 우리를 엄습할 수 있다. 바로 이러한 사실이 진여심이 생멸심의 이면에 항상 존재하면서 생멸심에게 말을 걸어온다는 사실을 입증한다. 진여심은 생멸심에 이렇게 말을 걸면서, 세간적인 가치에 집착하면서 일희일비하는 삶에 염증을 느끼게 하면서 참된 평화와 행복을 구하게 한다. 다시 말해서 생멸심으로 하여금 깨달음의 길을 걷도록 자극하는 것이다.

따라서 우리는 프롬이 거론하는 세 가지 부정적인 감정 중 허무감 내지 무상감은 진여심이 자신을 개시하는 사건이라고 볼 수 있다. 우리가 그동안 집착했던 세간적인 가치들에 의해서 은폐되어 있던 우리의 참된 본성이 세간적인 가치들을 허망한 것으로 드러내는 방식으로 자신을 고지하는 것이다.

진여심의 소리에 대해서 생멸심이 보이는 반응을 우리는 크게 네 가지로 나눌 수 있다.

첫 번째로, 생멸심은 진여심의 소리에 귀를 닫아버리면서 자신이 평소에 집착하던 것들에 계속해서 매달릴 수 있다. 이 경우 생멸심은 허무감이나 무상감과 같은 것은 세간에서의 성공을 방해하는 것으로 무시해 버린다.

두 번째로, 생멸심은 자신의 삶에 고상한 의미를 부여하는 것 같은 종교적인 교리나 정치이데올로기 등에 빠질 수 있다. 생멸심은 이제 신을 위해서 혹은 고귀한 민족이나 민중을 위해서 헌신하기로 결심한다.

세 번째로, 생멸심은 니힐리즘과 염세주의에 빠질 수 있다. 이 경우 생멸심은 자신이 경험하는 허무감 내지 무상감을 깨달음을 위한 동력으로 발전시키지 못하고, 그것들에 압도되어 버린다. 생멸심은 세상은 아무런 의미도 목표도 없이 덧없이 흘러가는 것이고, 삶은 무의미한 고통일 뿐이라고 생각하면서 절망에 빠진다.

언뜻 보기에 니힐리즘과 염세주의는 모든 것의 무상함을 말하면서 이 모든 것에 대한 집착에서 벗어나 있는 것처럼 보인다. 그러나 그것들은 실은 아직 세계로부터 분리된 고정적 실체로서의 자아와 자아의 소유물에 대한 집착은 버리지 못하고 있는 상태다. 그것들은 자신이 집착하는 세간적인 가치들이 죽음과 함께 소멸할 허망한 것이라고 느끼기는 하지만, 그것들에 대한 집착을 놓지 못했기에 삶이 허망하다고 생각하는 것이다. 니힐리즘과 염세주의는 자아와 소유물에 대한 집착을 버리지 못한 채로 세상이 자아의 뜻에 반해 허망하게 흘러간다고 생각하면서 짜증을 내는 상태다.

니힐리즘과 염세주의는 모든 불행의 원인이 세계가 무의미한 투쟁과 고통으로 점철되어 있기 때문이라고 생각한다. 그것은 모든 불행을 세상 탓으로 돌리는 것이다. 그러나 불교는 인간의 모든 불행은 세상에서 분리해 있는 고정된 자기가 있다는 착각과 이러한 착각에서 비롯되는 탐욕과 집착에서 비롯된다고 본다.

인간이 이러한 착각과 탐욕과 집착에서 벗어날 때 세상은 니힐리즘이나 염세주의에 빠져 있을 때와는 전적으로 다르게 나타난다. 무의미하게 생성 소멸을 거듭하던 세계가 의미와 아름다움으로 충만한 세계로 나타나는 것이다. 니힐리즘과 염세주의는 세상이 덧없이 생성 변화한다는 것에 대해서 한탄한다. 그러나 진여심에게는 이 세계는 고정되어 있지 않고 오히려 생성 변화하기에 더욱 아름답고 소중한 것으로 나타난다. 사실 모든 것이 고정되어 변하지 않는 세계에서 우리는 아무 것도 아름답고 소중한 것으로 느끼지 못하면서 극심한 권태를 느끼게 될 것이다.

네 번째로, 생멸심은 진여심의 소리에 귀를 기울이면서 고립된 자아에 대한 집착과 탐욕을 버리는 길로 나설 수 있다. 이러한 길은 생멸심이 진여심의 말걸음에 응하면서 자신을 진여심이 실현되는 장으로 만드는 길이다.

탐진치가 소멸된 진여심에서는 생멸심이 겪었던 동요가 없어지고 적멸부동寂滅不動의 상태가 들어선다. 이 경우 적멸부동은 마음이 흡사 죽은 상태처럼 모든 움직임이 정지하는 상태가 아니다. 그것은 세계에 대해서 자신의 욕망을 관철하려고 하지 않기에 모든 번뇌가 사라져 마음이 평온하게 된 상태다. 진여심에게도 모든 것은 인연에 따라서 변화하고 생성하지만, 그러한 변화와 생성에 대해서 자신의 욕망을 맞세우려고 하지 않기 때문에 세상과의 투쟁과 갈등은 사라진다. 따라서 마음에는 항상 적연부동寂然不動의 평온과 기쁨이 자리하게 된다.

진여심은 모든 것을 걸림이 없이 여실하게 받아들이는 무한한 허공과 같은 것이다. 이러한 상태를 불교는 무심이라고 말하고 공이라고도 말하지만 이 경우 무심이나 공은 마음이 사라지거나 아무것도 없는 상태를 의미하지 않는다. 그것들은 마음에서 모든 오염이, 즉 자기도취적이고 이기적인 모든 생각과 욕망이 사라졌다는 것을 의미할 뿐이다.

이러한 무심의 상태는 언뜻 보기에는 세계를 수동적으로 관조하는 상태로 여겨질 수 있다. 진여심은 인연에 거슬리지 않고 인연에 따르지만, 이 경우 인연에 따른다는 것은 인연의 흐름에 체념하면서 맡긴다는 것이 아니다. 인연은 고정불변의 것이 아니라 항상 변하는 것이며 인간이 일정한 영향을 미칠 수 있는 것이다.

진여심은 다른 인간들과 다른 존재자들의 성장을 도우려는 자비심과 또한 그것들의 근기를 잘 살피면서 적절하게 도울 수 있는 지혜로 충만해 있다. 따라서 진여심은 모든 것에게 존재하는 깨달음의 가능성, 즉 불성을 일깨우고 실현시키는 방향으로 작용한다. 모든 것은 자신의 불성을 실현하려는 열망을 암암리에 갖고 있기에 진여심의 이러한 작용은 다른 것들에게 자신의 욕망을 강압하는 것이 아니다. 진여심은 오히려 다른 것들이 자신의 본질을 구현하도록 돕는다.

진여심은 인연을 모두에게 좋은 인연으로 만들어 가기에 진여심은 다른 것들과 다툴 것이 없다. 진여심은 매 상황을 자신을 포함한 모든 것이 행복한 상황으로 창조하는 것이다. 이런 의미에서 진여심은 창조적인 정신이지만, 또한 유희의 정신이기도 하다. 진여심은 세계에 대해서 자신의 허구적인 자아를 주장하려는 집요함과 초조함에서 벗어나 넉넉한 마음으로 매사에 임하기 때문에 아무런 걸림 없이 유희하듯이 산다. 유희가 진정한 의미의 유희일 경우에는 어떤 성과가 중요한 것이 아니라 유희를 함께 하는 존재자들과 하나가 되는 유희의 과정 자체가 중요하다. 진여심은 세계에 자신을 내세우면서 세계를 거슬리는 것이 아니라 세계가 펼치는 선한 가능성의 파도를 타면서 그러한 가능성이 온전히 구현되도록 돕는 정신이기에 세계와 공명하는 정신이며 세계와 함께 춤추면서 유희하는 정신이다.

진여심은 죽음도 넉넉한 마음으로 받아들인다. 이는 진여심은 죽음 앞에서 자신이 지켜야 할 고정된 실체로서의 자아가 없다고 생각하기 때문이다. 생멸심이 죽음에 대해서 느끼는 공포란, 사실은 죽음 자체에 대한 공포가 아니라 허구적인 자아와 그러한 자아의 소유물을 잃는 것에 대한 공포에 지나지 않는다. 따라서 우리가 자아와 소유물에 대한 집착을 버리게 되면 죽음에 대한 공포는 사라진다. 이는 우리가 잃어버릴 것이 아무것도 없기 때문이다.

우리가 생로병사를 두려워하는 것은 생로병사가 세계로부터 분리된 고정적 실체로서의 '나의' 생로병사라고 여기기 때문이다. 그러나 '태어나서 늙고 죽는 어떤 실체로서의 자아가 존재한다'는 생각이 망상이라는 사실을 깨달을 때, 우리는 '태어난 나'도 없고 '늙는 나'도 없으며 '죽는 나'도 없다고 생각하게 된다. 이렇게 생각하게 될 때 우리는 생로병사에 대해서 초연한 자세로 임하게 된다. 이렇게 생사에 얽매이지 않게 되면서 우리는 영원한 현재의 충만한 평정과 기쁨을 경험하게 된다.

생멸심이 자신이 원했던 것이 생기면 좋아하고 사라지면 싫어하는 방식으로 어떤 것의 생멸을 느끼는 것은 무상한 것들을 인연에 따라서 흘러가게 두지 않기 때문이다. 생멸심은 무상한 것들을 자신의 욕망대로 조작하려고 한다. 그리고 이러한 작업이 여의치 않을 때 생멸심은 슬퍼하고 우울해한다. 이에 반해 그 어느 것에도 집착하지 않으면 무엇이 사라지는 것에 대한 아쉬움은 물론이고 사라졌다는 생각조차도 여의게 된다. 이와 함께 마음은 항상 평정을 유지하게 된다.

단적으로 말해서 진여심은 상常·락樂·아我·정淨을 특징으로 갖는다. 진여심은 생멸심과 비교할 때 불생불멸이라는 의미에서 상常이다. 이 경우 불생불멸이라는 것은 진여심이 고정불변의 것이라는 것을 의미하지 않는다. 그것은 생멸에 매이지 않는다는 의미에서 불생불멸이다. 또한 진여심은 마음에서 괴로움이 완전히 사라지고 항상 즐겁다는 의미에서 락(樂)이다. 생멸심이 집착하는 세간적인 가치들은 인연에 따라서 곧 사라지는 덧없는 즐거움을 제공할 뿐이다. 이에 반해 진여심은 인연이 어떻게 변화해도 그러한 인연을 흔연히 받아들이기에 항상 기쁨을 잃지 않는다. 또한 진여심은 외적인 인연들에 의해서 흔들리지 않고 도처에서 주인으로 존재한다(隨處作主)는 의미에서 아我다. 이 경우 아라는 것은 생멸심에서처럼 세계와 분리된 고정적 실체로서의 아를 의미하지 않는다. 그것은 어떠한 상황에서도 흔들리지 않고 진여심의 본질적인 덕인 지혜와 사랑을 구현한다는 의미에서다. 또한 진여심은 모든 오염이 사라지고 청정하다는 의미에서 정淨이다.

프롬에서 존재양식의 실현도 외부세계로부터 자신의 고립된 내면세계로 도피하는 것이 아니라 무상한 존재자들에 빠져 있는 소유양식의 정화淨化이자 변용이다. 이와 마찬가지로 진여심과 생멸심은 별개의 것이 아니라 생멸심이 정화된 상태다. 따라서 진여심은 우리의 일상적인 삶과 분리된 내면의 세계에 몰입하는 것이 아니라 다른 사람들 및 다른 존재자들과 진실되면서도 충만한 관계를 맺는 것을 의미한다. 따라서 진여심은 적연부동하면서도 가장 활발하게 깨어 있다. 진여심은 청정한 자성을 깨쳐서 그러한 자성으로부터 사유하고 행위하는 것이다.

이러한 사실은 붓다가 행동 자체를 부정하는 것이 아니라 모든 집착에서 벗어나 항상 여여하게 깨어 있는 평온한 마음으로 분별하고 행동할 것을 촉구하는 데서도 드러난다.

"여섯 가지 떳떳한 행(常行)이 있다. 어떤 것을 여섯이라 하는가. 만일 비구가 눈으로 색을 보고 괴로워하지도 않고 즐거워하지도 않고, 평정한 마음에 머물러 바른 생각과 바른 지혜를 가지며 귀로 소리를, 코로 냄새를, 혀로 맛을, 몸으로 촉감을, 의지로 법을 분별할 때 괴로워하지도 않고 즐거워하지도 않고 평정한 마음에 머물러 바른 생각과 바른 지혜를 가지면, 이것을 비구들의 여섯 가지 떳떳한 행이라 하느니라."[11]

진여심에서는 연기 세계의 실상이 드러난다. 이러한 세계에서는 모든 것이 시시각각으로 변하면서도 서로 긴밀하게 얽혀 있다. 생멸심은 억지로 이러한 생성의 흐름을 멈추려고 하면서 고정된 주체와 객체를 만들려고 한다. 따라서 생멸심은 끊임없이 요동하며 세계도 시끄러워진다. 또한 생멸심에게 세계는 생멸심이 집착하는 고립되고 고정된 자아를 위협하는 낯선 세계로 나타난다. 따라서 생멸심을 근저에서 규정하는 것은 세계에 대한 두려움과 불안이다.

그러나 이러한 자아에 대한 집착을 버릴 때 우리는 세계와 하나가 되고 세계의 아름다움과 성스러움을 경험하게 된다. 이러한 세계에서는 고립된 사물들이 서로 투쟁하고 갈등하는 것이 아니라 서로 조응하고 호응하는 하나의 전체적인 흐름 속에서 적연寂然하게 운행하는 것으로 나타난다. 이러한 세계에서 우리는 모든 것에서 발하는 성스러운 빛을 보면서 그 모든 것에 대해서 경이와 신비로움 그리고 감사함을 느끼게 된다. 이 경우 마음은 세계의 모든 것을 다 감싸 안는 광대한 것이 된다.

또한 진여심은 더 이상 자신이 집착하는 자아를 기준으로 하여 존재자들을 아름다운 것이나 추한 것으로 혹은 탁월한 것이나 열등한 것으로 차별하지 않는다. 따라서 진여심에게는 모든 존재자가 평등한 것으로 나타난다. 더 나아가 존재자들은 단순히 평등하게 나타나는

11 『한글 아함경』, 고익진 편역, 동국대학교 출판부, 1996, 317쪽.

것이 아니라 성스러운 것들, 즉 불성을 간직한 것들로서 나타난다. 그렇다고 해서 모든 것이 똑같은 것으로 나타나는 것은 아니다. 모든 것은 각자의 특성을 갖는 것으로 나타난다. 꽃은 꽃으로, 나무는 나무로, 소는 소로, 개는 개로 나타나는 것이다. 모든 것은 상호의존하면서도 각자의 고유한 특성을 갖는 것으로 나타나는 것이다.

이러한 것들은 고정된 실체가 아니라 인연에 따라서 생겨나서 사라진다. 그러나 고정불변의 실체가 아니라 이렇게 생겼다 사라지는 유일무이의 것들이기에 진여심은 그것들을 더 아름답고 소중한 것으로 경험하게 된다. 이러한 경험과 관련하여 엡스타인은 자신이 명상을 배웠던 태국의 유명한 선지식인 아잔 차(Ajahn Chah) 스님의 가르침을 소개하고 있다. 이 스님은 한쪽에 있던 유리잔을 가리키면서 이렇게 말했다고 한다.

"나는 이 유리잔을 사랑합니다. 기가 막히게 물을 담고 있잖아요. 햇빛이 들면 이 유리잔은 아름답게 빛을 반사하지요. 톡 건드리기라도 하면 어여쁜 소리를 내죠. 그러나 내게 이 유리잔은 이미 깨진 것입니다. 바람이 이걸 넘어뜨리거나, 그게 놓여 있는 선반을 팔꿈치로 툭 치면 이건 땅에 떨어져 깨져 버리겠죠. 그럼 나는 '당연한 일이지'라고 하겠죠. 하지만 이 유리잔이 이미 깨져 있다는 것을 내가 알고 있다면 이 유리잔과 함께 있는 모든 순간이 소중한 거죠."[12]

이렇게 사라지는 것의 소중함과 아름다움을 느낄 때만 우리는 허무

---

12 마크 엡스타인, 『붓다와 프로이트』, 14쪽.

주의에 빠지거나 물질주의에 빠지지 않을 수 있다. 엡스타인은 불교의 본질은 이렇게 사라지는 것들에 대한 긍정적인 태도에 있다고 말한다.[13] 우리 자신 역시 인연의 화합과 해체에 따라서 생겼다가 사라질 존재라고 느낄 때 우리는 자신에 대한 집착을 버릴 수 있지만 다른 한편으로는 나의 육신과 인생의 소중함도 경험할 수 있다.

나는 이상에서 프롬의 인간관을 염두에 두면서 불교의 인간관을 조명해 보았다. 나는 불교의 인간관은 프롬의 인간관과 기본적으로 상통하지만 그것을 일정 부분 수정 보완하는 데 도움이 된다고 생각한다.

프롬은 고독감과 무력감 그리고 허무감은 이성을 통해서 자신의 삶을 개척해 나가야 하는 인간의 실존적 조건에서 비롯되는 인간 특유의 부정적 감정들이라고 보았다. 프롬이 말하는 것처럼 이러한 감정들이 인간에게서 유난히 강한 형태로 나타난다는 것은 사실이다. 그러나 나는 고독감과 무력감은 인간이 아닌 개나 원숭이처럼 어느 정도의 지능이 있는 동물들도 경험하는 감정이라고 본다. 이러한 동물들도 우울증이라는 형태로 고독감과 무력감에 빠질 수 있는 것이다. 이에 반해 허무감은 인간에게만 존재하는 감정이라고 생각한다.

그리고 나는 허무감이 인간에게 존재하는 감정인 것은 인간에게 진여심이 끊임없이 자신을 고지하기 때문이라고 보았다. 우리가 이 세상과 자신의 삶을 덧없고 무의미한 것으로 느끼는 것은 바로 일상적인 삶의 세계가 우리의 본질적인 능력인 지혜와 사랑을 실현하지

---

13 마크 엡스타인, 위의 책, 15쪽 참조.

않은 거짓된 세계이기 때문이다. 프롬은 허무감의 기원도 이성을 통해서 자신의 삶을 개척해야만 하는 인간의 실존적 조건에서 찾았다. 이에 반해 불교는 우리는 원래 지혜와 사랑을 자신의 본질로 갖는 참된 본성을 구현하고 싶어 하는 욕망을 갖고 있기에, 일상적인 삶의 세계를 허망한 것으로 경험할 수 있다고 본다. 따라서 이러한 허무감은 우리가 우리의 참된 본성을 찾아 실현해 나가는 동력으로 작용할 수 있다.

물론 허무감은 고독감과 무력감과 분리된 감정은 아니다. 우리는 허무감과 아울러 고독감과 무력감도 함께 느낀다. 우리는 자신이 무의미하게 생성 소멸하는 세계에 무력하게 홀로 내던져 있다고 느끼는 것이다. 그럼에도 불구하고 나는 허무감은 고독감과 무력감과는 다른 독특한 위상을 갖는다고 보았으며, 이러한 독특한 위상을 설명하는 데는 불교의 인간관이 도움이 된다고 보았다.

동물에게는 자아의식이 없다고 하지만 동물도 자신을 보존하려는 강한 욕망을 가지고 있다. 따라서 동물도 자신을 보호해 줄 어미나 동료들이 없을 때 무력감과 고독감을 느낄 수 있다. 그러나 인간은 자타분리와 주객분리를 넘어선 상태, 즉 진여심에 대한 예감이 있기에 고독감과 무력감도 다른 동물들에 비해 더 강하게 그리고 더 자주 느낀다고 할 수 있다. 이는 인간이 완전함에 대한 관념을 갖기에 자신의 불완전함을 느낄 수 있는 것과 마찬가지다.

프롬처럼 인간의 실존적인 욕망이 인간 특유의 존재조건에서 비롯된다고 보면, 실존적인 욕망이 병적으로 실현될 경우에 우리는 왜 우리 자신의 삶에 만족할 수 없는지는 설명되지 않는다. 우리는 권위주의에 빠지거나 파괴성에 호소함으로써 합일에의 욕망이나 초월과 창조를 향한 욕망 그리고 지향체계와 헌신의 대상에 대한 욕망을 병적으로 충족시킬 수도 있을 것이다. 그러나 우리가 이러한 병적인 방법에 만족하지 못하는 것은 우리에게 이미 진여심이 존재하기 때문이다. 우리가 다른 동물에 비해 무력감과 고독감을 강하게 느끼는 것은 프롬이 말하는 것처럼 이성의 힘에 의해서 자신의 삶을 개척해 나가야 하기 때문이기도 하다. 그러나 그것은 그에 못지않게 우리가 진여심을 우리가 실현해야 할 가능성으로서 예감하고 있고 진여심이 우리에게 말을 걸고 있기 때문이다.

프롬의 소유양식과 존재양식에는 생멸심과 진여심이 대응하는 것이지만, 프롬은 소유양식과 존재양식을 병치시키고 있을 뿐 그것들 사이에 성립하는 길항관계에 대해서는 언급하고 있지 않다. 이 점에서 불교의 인간관이 프롬의 인간관을 보완할 수 있다.

6. 인간의 과제로서의 나르시시즘과 이기주의의 극복

동물은 본능에 따라서 움직이기 때문에 목전에 위협이 닥치지 않으면 불안도 공포도 느끼지 않는다. 그러나 인간은 본능이 약화되어 있고 이성을 갖고 있기 때문에 목전에 위협을 느끼지 않아도 세계가 항상 자신을 위협할 수 있다는 것을 알고 있다. 따라서 인간은 가능한 위협에 대해서 불안해하면서 여러 가지 방책을 강구한다.

인간은 이성을 갖고 있기 때문에, 세계와 자아 사이의 분리를 항상 의식한다. 이 때문에 인간은 동물과 달리 특별히 고독감이나 무력감을 느낄 이유가 없는 상황에서도 고독감이나 무력감을 느낄 수 있다. 더 나아가 결국은 자신의 죽음으로 끝난다는 사실 앞에서 허무감까지도 느낄 수 있다. 그러나 이성으로 인해서 인간은 이렇게 고독감과 무력감 그리고 허무감이란 부정적인 감정에 엄습되기 쉽지만 그렇다고 해서 이성을 포기할 수는 없다. 이는 이성 자체가 고독감과 무력감 그리고 허무감의 원인은 아니라는 것을 의미한다. 오히려 우리는 이성의 심화와 성숙을 통해서 고독감과 무력감 그리고 허무감을 극복할 수도 있다.

고독감과 무력감 그리고 허무감의 궁극적인 원인은 이성 자체가 아니라 오히려 우리 마음속에 뿌리 깊이 박혀 있는 자기도취와 자기중심주의라고 할 수 있다. 동물 역시 자신의 생명을 가장 소중하게 여긴다는 점에서 이러한 자기도취와 자기중심주의를 갖는다고 할 수 있다. 그러나 동물의 경우 자기중심주의는 보통은 생존을 위해 다른 동물을 공격하거나 목숨이 위협받는 순간에 나타난다. 이에 반해 인간은 자신과 세계의 분리를 항상 의식하면서 자기 자신을 세계에 대해서 내세우려고 한다. 이 점에서 인간의 경우에는 자기도취와 자기중심주의가 동물에 비해 훨씬 강하고 집요하다고 할 수 있다.

그러나 자기도취와 자기중심주의는 동물에게서도 보이는 것이기 때문에 이성이 그것의 원인이라고 볼 수는 없다. 이성은 자기도취와 자기중심주의를 강화할 수는 있지만 그것을 낳은 원인이라고 볼 수는 없다. 오히려 이성은 자신을 반성할 수 있기 때문에 자신이 자기도취와 자기중심주의에 빠졌음을 반성할 수도 있다. 그리고 이와 함께 자기도취와 자기중심주의에서 벗어나기 위한 수행을 하면서 자신 안에 진여심이 깃들게 할 수 있다.

위와 같이 프롬의 말이 애매한 점이 있지만 프롬도 결국은 불교와 마찬가지로 고독감과 무력감 그리고 허무감의 궁극적인 원인을 자기중심적이고 자기도취적인 자아의식에서 찾는다. 따라서 프롬 역시 그러한 부정적인 감정들을 극복할 수 있는 궁극적인 해법을 자기도취적이고 자기중심적인 자아에 대한 집착에서 벗어나는 것에서 찾는다. 더 나아가 프롬은 인간의 과제를 자기도취와 자기중심주의에서 벗어나는 것이라고 본다.

자기도취적인 사람, 즉 나르시스트는 자신이 세상에서 가장 객관적으로 사고하고 가장 고귀한 존재라고 생각한다. 나르시시즘은 문자 그대로 자기에게 도취한 상태이기에, 나르시스트의 모든 관심과 정열은 자신에게 향해 있다. 따라서 자기도취에 빠진 사람은 자신과 자신에게 관련된 것만을 현실적인 것으로 여기며 다른 것들에는 진지한 관심을 갖지 못한다. 그가 외부의 것에 관심을 가질 때는 그것이 '자기'에게 영향을 미칠 때뿐이다. 그는 외부의 사물과 사람을 피상적으로 지각하고 이해하는 데 그칠 뿐 그것들과 깊은 교감을 나눌 수 없다. 그에게는 자신이 전부이며 세상은 아무것도 아니다. 아니 그는 세계 그 자체다. 따라서 그는 사랑도 동정도 할 수 없으며, 합리적이고 객관적인 판단도 하지 못한다.

이러한 자기도취는 현실에 근거한 것이 아니기 때문에 자기도취에 빠진 사람은 자주 상처를 받을 수밖에 없다. 자기도취적인 사람은 특히 자신의 나르시시즘에 상처를 입는 것을 참을 수 없어 한다. 그는 다른 모든 것은 용서해도 나르시시즘에 상처를 준 것에 대해서는 결코 용서하지 못한다. 그러나 자기도취적인 사람은 자신에 대해 강한 확신을 갖고 있기 때문에 때로는 매우 매력적으로 보인다.

프롬은 나르시시스트의 극단적인 예로서 갓난아기와 광인狂人을 들고 있다. 이들에게는 객관성이 결여되어 있다. 이 경우 객관성이란 사람들과 사물들을 자신의 공포와 소망에 의해서 왜곡하지 않고 '있는 그대로' 보는 능력이다. 광인에게는 자신의 공포와 소망과 이것들이 만들어낸 환상들만이 존재한다. 정상적인 인간들도 꿈을 꿀 때는 광인과 유사하게 된다. 꿈속에서 우리는 우리의 공포와 소망에 따라 갖가지 사건을 만들어내면서 그것들이 실재한다고 믿는다.

유아나 광인은 아니더라도 나르시시즘이 병적으로 지나친 사람들이 있다. 이런 사람들은 물론 소수지만, 정상적인 성인들도 많건 적건 어느 정도는 자기도취에 빠져 있다. 다만 이들은 자신의 나르시시즘을 은폐하려고 할 뿐이다. 이러한 은폐는 유달리 겸손하게 군다든가, 또는 남들이 칭송하는 종교적인 일이나 정치적인 일을 위해 자신을 희생하는 것처럼 보이는 미묘한 형태를 취할 수 있다.

이른바 정상적인 인간들 역시 다소간은 나르시시즘에 빠져 있기 때문에 어느 정도는 정신이상에 걸려 있고 꿈꾸는 상태로 있다. 우리는 자신의 욕망과 이해관계에 따라서 다른 인간들이나 사물들을 파악한다. 예컨대 많은 성인이 자녀들이 무엇을 생각하고 어떻게 느끼고 있는가에 대해서 관심을 갖는 대신에, 자신들의 욕망에 따라서 자녀들을 판단하고 자녀들에게 자신의 욕망을 강요한다.

개인적인 나르시시즘 외에 집단적인 나르시시즘도 있다. 그것은 자신이 속한 집단, 즉 자신이 속한 민족이나 인종 혹은 정당이나

종교단체야말로 선과 진리를 구현하고 있다고 믿는 것이다. 집단적인 나르시시즘에 빠져 있는 사람들은 개인적인 나르시시즘에 빠져 있는 사람과 마찬가지로 자신에 대한 과대망상에 빠져 있지만, 정신적으로 가장 빈곤한 자들이다. 집단적인 나르시시즘은 자신에 대해서 열등감을 갖는 자들이 이른바 위대한 집단에 기대어 자부심을 얻으려고 하는 술책에 불과하다.

이런 의미에서 쇼펜하우어는 자랑할 만한 개인적인 자질이 없는 자들만이 자신이 어떤 민족에 속해 있다는 사실에 대해서 자부심을 갖는다고 말했다. 자신에 대해서 진정한 자부심을 가진 자라면 수백만의 사람이 공유하고 있는 자부심에 기대지 않을 것이라는 것이다. 그러나 이렇게 집단에 기대어 자부심을 얻으려는 술책은 흔히 조국이나 당 혹은 위대한 지도자에 대한 충성으로 미화된다.

개인적인 나르시시즘이 모든 정상적인 사람에게 다소간에 다 존재하는 것처럼 집단적인 나르시시즘도 그렇다. 사람들은 자기 민족은 모든 면에서 선량하고 고상하지만, 다른 민족은 악하고 비열하다고 생각하는 경향이 있다. 특히 적대관계에 있는 민족에 대해서 사람들은 편협하기 그지없다. 개인들 간의 관계에서 그리고 민족들 간의 관계에서 객관성은 예외적이다. 다소간의 차이는 있지만 자기도취적 왜곡이 통상적이다.

개인적인 나르시시즘과 집단적인 나르시시즘 외에 인류 차원의 나르시시즘도 있다. 이는 인간을 뭇 생명보다 우월한 존재로 보는 것이다. 우주적인 관점에서 볼 때 우리 인간은 한 포기 풀이나 다를 바가 없다. 한 포기 풀이 인연에 따라서 생겼다가 사라지듯이, 우리 인간도 인연에 따라 생겼다고 사라진다. 그러나 우리 인간은 자신이 뭇 생명보다 훨씬 존귀한 존재라고 생각하며 더 나아가 자신들이 사는 지구가 특별한 의미를 갖는 별이라고 생각한다.

이러한 사고방식은 그리스도교나 이슬람교처럼 인격신을 믿는 종교에서 가장 뚜렷하게 나타난다. 이러한 종교들은 철저하게 인간중심주의적이고 지구중심적인 종교다. 이들은 하느님이 다른 별들이나 다른 생명체들보다 특별한 관심을 갖고 지구와 인간을 창조했다고 믿는다. 이들은 또한 하느님이 인간을 특별히 사랑하여 자신의 독생자와 예언자들을 인간에게 보냈다고 믿는다. 그러나 우주의 관점에서 보면 인간은 물론이고 지구 역시 티끌에 지나지 않는다.

천동설이 이미 부정되었음에도, 심지어 이성적으로 사유한다는 철학마저도 그리스도교적인 지구중심주의와 인간중심주의에서 벗어나지 못하는 경우가 있다. 예를 들어 헤겔 같은 철학자는 자신이 절대정신이라고 불렀던 신이 인간을 통해서 자기 인식에 도달할 것이라고 주장한다. 그러나 헤겔은 왜 하필 지구상의 인간을 통해서만 신이 자기 인식에 도달하는지는 입증하지 못한다. 인간중심주의나 지구중심주의라는 사고방식 역시 인간 각 개인이 자신을 세계의 중심이라고 여기는 유아적인 자기도취의 연장에 불과하다.

이렇게 인간중심주의적이고 지구중심주의적인 종교들과 철학들에 비하면 불교는 성숙한 성인들의 종교라고 할 수 있다. 불교는 지구가 특별한 별이라고 생각하지도 않으며 인간이 특별한 존재라고도 보지 않는다. 불교에서 인간은 다른 생물들과 마찬가지로 인연에 따라서 생겼다가 사라지는 존재에 불과하다. 다만 불교는 인간에게는 이러한 사실을 깨달을 수 있는 능력이 있다고 볼 뿐이다. 그러나 이러한 사실을 깨달은 사람이야말로 오히려 인간이 뭇 생명보다 특별히 고귀한 존재라고 보지 않는다. 또한 그는 깨달을 수 있는 능력, 즉 불성도 인간에게만 존재한다고 보지는 않는다. 잠재적인 가능성으로서 뭇 생명에게 다 존재한다고 본다.

따라서 프롬은 우리가 인간을 비롯한 뭇 생명을 사랑하는 인간이 되기 위해서 가장 필요한 것은 '자기도취', 즉 나르시시즘을 '극복하는' 것이라고 본다. 이러한 자기도취에 결여되어 있는 것은 객관성이기에 자기도취를 극복한다는 것은 객관적으로 사고하는 이성적인 능력, 즉 지혜를 육성한다는 것을 의미한다. 이렇게 객관적으로 사고하는 이성의 배후에 있는 감정적 태도는 겸손이다. 겸손을 가장하지 않고 진정으로 겸손한 사람, 자신이 틀릴 수 있다는 것을 인정하면서 다른 사람들의 말에 귀를 기울일 수 있는 사람들만이 객관적으로 사고할 수 있다.

그리고 이렇게 겸손하게 다른 사람들의 말에 귀를 기울일 수 있는 사람들만이 다른 사람들을 사랑할 수 있다. 동일한 맥락에서 자기 민족이 혐오하는 다른 민족의 사람들을 객관적으로 대할 수 없는 사람은 자신의 가족에 대해서도 객관적일 수 없으며 이들을 제대로 사랑할 수 없다. 우리는 자신이 객관성을 잃고 있는지에 대해서 항상 민감하게 깨어 있어야 한다. 다시 말해서 우리는 자신에게서 일어나는 모든 종류의 합리화나 자기 미화를 통찰해야 한다.

그러나 다른 사람을 사랑하기 위해서는 나르시시즘 외에 소유지향적인 성향, 즉 자기중심주의도 극복해야 한다. 자기중심주의는 흔히 이기주의라고 불린다. 프롬은 이기주의는 나르시시즘과 비슷하면서도 사뭇 다르다고 본다. 이기적인 사람이 반드시 나르시시즘적이지는 않다. 이는 이기적인 사람은 외부의 현실에 대해서 객관적인 판단력을 가지고 있을 수 있기 때문이다. 그는 자신만이 잘났다고 생각하는 턱없는 자만심에 빠지지 않고 다른 사람들을 객관적으로 평가할 수 있다.

그렇지만 그는 남들에게 베풀고 남들과 함께 나누는 데서 즐거움을 느끼지 못한다. 그는 다른 사람들에게 문을 닫아걸고 그들을 의심하며 그들에게 주는 것을 싫어한다. 그는 다른 사람들과 진심으로 관계하지 않는다. 그의 모든 관심은 가능한 많이 소유하고 자신의 소유물을 안전하게 지키는 것에 쏠려 있다. 반면에 나르시시즘적인 인간은 반드시 이기적이거나 소유지향적이지는 않다. 오히려 그는 너그럽게 주는 것을 좋아하며 다른 사람들에게 다정할 수도 있다. 그는 이러한 행위를 통해 자신은 착한 사람이라고 믿고 싶어 하며 사람들의 찬사를 즐기고 싶어 한다.

그러나 나르시시즘과 이기주의가 분리되어 있는 경우는 매우 드물다. 이는 이기주의 역시 나르시시즘과 마찬가지로 자신이 세상에서 가장 존귀한 존재라는 생각에 입각해 있기 때문이다. 따라서 우리는 이 두 가지를 극복할 경우에만 원숙한 인격으로 성장할 수 있다.

이기주의를 극복하기 위해서는 무엇보다도 자신이 이기적인 인간이라는 사실을 깨닫는 것이 필요하다. 이것은 나르시시즘을 깨닫는 것보다 쉽다. 이기주의자의 경우 나르시시스트보다 판단력은 훨씬 덜 왜곡되어 있기 때문에 자신을 쉽게 합리화하거나 미화할 수 없기 때문이다.

그다음에는 자신이 소유지향적 삶을 살게 되는 근본적인 원인을 깨달아야 한다. 우리는 자신이 삶의 불확실성을 두려워하고 다른 사람들에 대한 불신에 사로잡혀 있기 때문에 자신도 모르게 소유에 집착한다는 사실을 자각해야 한다.

그다음에는 실제 행동이 따라야 한다. 무언가를 포기하고 나누어주어야 하며, 그동안 자신을 지탱해준다고 믿었던 물건들을 조금이라도 잃게 될 때 생기는 불안을 견뎌야 한다. 더 나아가 자신의 소유물을 베푸는 것을 넘어서, 자신의 지위나 다른 사람들에게 보여주고 싶은 자신의 이미지까지도 포기해야만 한다.

이렇게 훈련하는 과정에서 우리는 소유에서 느껴보지 못한 기쁨과 행복을 느낄 수 있다. 이것이 어떤 시점에 이르면 개인의 정체성에 대한 의식에서 변화가 일어나게 된다. 소유욕에 사로잡혀 있을 때 우리는 '자신의 가치는 자신이 소유하는 부나 명예에 의해서 결정된다'고 생각했지만, 이제 우리는 자신의 가치는 지혜와 사랑의 능력을 얼마나 구현하고 있는지에 의해서 결정된다고 생각하게 된다.

프롬은 우리가 나르시시즘과 이기주의를 극복하고 참된 사랑을 실천하기 위해서 절대적으로 필요한 요소로서 마지막으로 인간 모두에 대한 믿음을 들고 있다. 우리는 자신뿐 아니라 다른 사람들도 사랑할 수 있는 능력을 갖고 있다는 점을 확신하지 않으면 안 된다. 이러한 신앙의 바탕을 이루고 있는 것은 적절한 조건만 주어지면 인류가 사랑과 정의가 지배하는 사회를 건설할 수 있다는 믿음이다.

프롬과 마찬가지로 붓다도 자신뿐 아니라 타인들도 모든 것에 대해서 자비로운 마음을 갖고 있다고 믿어야 한다고 말한다.

"비구들이여, 그러므로 그대들은 (이렇게) 수행해야 한다. '[…]
우리는 자비의 마음으로 그리고 미움이 없는 마음으로 친절하고
자비롭게 생활할 것이다. 우리는 자비의 마음을 가진 사람들에 둘러
싸여 생활한다. 자비의 마음을 가진 사람을 시작으로 하여 우리는
적의 없고 악의도 없이 멀리까지 폭넓으며 측정할 수 없는 자비의
마음을 가진 세계에 둘러싸여 살고 있다.' 비구들이여, 너희들은
이렇게 닦아야 한다."[14]

물론 인간에 대한 이러한 믿음은 냉철한 통찰이라는 단단한 암반
위에 세워져야만 한다. 다시 말하면 그것은 파괴성과 이기심이 분명하
게 드러났을 때뿐만 아니라 그것들이 많은 변장을 하고 합리화되고
미화된 형태로 나타날 때도 꿰뚫어 볼 수 있는 지혜 위에 세워져야
한다. 우리는 인간 개개인과 집단에 존재하는 추악함과 사악함에
눈을 감으면서 인간의 선한 가능성만을 믿는 '순진한' 사람이 되어서는
안 된다. 이러한 사람은 자신의 순진함으로 인해 결국에는 현실에
대한 심한 실망감에 빠질 수밖에 없다. 우리는 다른 사람을 속이지
않지만, 다른 사람들에게 속아서도 안 된다.

프롬이 자기도취와 자기중심주의라고 부르는 것을 유식불교에서는

---

14 *Majjhima Nikāya* I, 126쪽(안옥선, 「자비의 윤리와 보살핌의 윤리의 비교 윤리학적
　고찰－양 윤리 체계의 유사성과 보살핌의 윤리의 한계에 관한 일고찰」, 『백련불교논집』
　Vol.7, 성철사상연구원, 1997, 232쪽에서 재인용)

말나식이라고 부른다. 우리는 보통 자신이 이성적이고 객관적으로 생각하고 행동한다고 생각하지만, 우리의 거의 모든 생각과 행동에는 많건 적건 간에 자기도취와 자기중심주의가 개입해 있다. 생각하는 능력인 이성 내지 의식을 불교에서는 분별식이라고 부른다. 이러한 분별식은 외부의 대상을 크다든가 작다든가, 좋다든가 나쁘다든가, 아름답다든가 추하다든가라고 분별하면서 자신이 좋고 아름답다고 느끼는 것은 집착하고 그렇지 않은 것은 멀리한다. 그것은 대상들이 자신과는 아무런 상관 없이 외부에 실재한다고 생각하면서, 자신의 분별이 주관적이고 자의적인 것이 아니라 대상을 있는 그대로 반영한다고 생각한다.

분별식은 대상들을 분별하는 의식이기도 하지만 자신을 대상세계와 구별되는 것으로서 의식하는 자아의식이기도 하다. 분별식은 항상 '나는 이렇게 생각하고 이렇게 느끼며 이렇게 욕망한다'고 말하는 것이다. 분별식은 보통 자신이 이성적이고 객관적으로 생각한다고 여긴다. 그리고 분별식은 자신이 자신의 모든 생각과 행동의 주체라고 생각하면서 얼마든지 자신의 생각과 행동을 바꿀 수 있다고 생각한다.

그러나 분별식의 사고와 행동은 분별식이 보통은 의식하지 못하는 자기중심주의적이고 자기도취적인 욕망에 의해서 규정되어 있다. 분별식은 자신이 이성적이고 객관적으로 사고한다고 여기지만, 이렇게 여기는 것도 사실은 이러한 자신이 가장 이성적이고 객관적으로 사고한다고 인정받고 싶어 하는 자기중심적이고 자기도취적인 욕망의 발현이다. 이렇게 분별식을 은밀하게 규정하는 자기중심적이고 자기도취적인 욕망이야말로 유식불교에서 말나식이라 부르는 것이다.

그것은 자신을 세상에서 가장 소중한 것으로 보존하고 강화하려는 욕망이자 본능이다.[15]

　분별식은 자신의 생각을 그럴듯한 논리로 정당화하지만, 이는 사실은 이기적인 욕망을 위장하는 술책인 경우가 많다. 이 점에서 분별식은 사실은 자기중심적이고 자기도취적인 욕망의 도구라고 볼 수 있다. 예를 들어 분별식은 부를 늘이거나 명성을 높이는 방법을 강구하고 그러한 방법을 관철하려고 하지만, 부나 명성에 대한 욕망은 분별식이 원하면 얼마든지 버릴 수 있는 것이 아니다. 많은 경우 분별식은 그러한 욕망을 통제하기보다는 오히려 이러한 욕망의 노예가 되어 그러한 욕망을 실현할 수 있는 방법들을 고안하는 데 몰두할 뿐이다.

　자기중심적이고 자기도취적인 욕망, 즉 말나식은 세계로부터 분리된 고정적 실체로서의 자아가 있다고 생각하는 것과 함께 이러한 자아를 세상에서 가장 존귀한 것으로 보면서 그것을 유지하고 강화하려는 욕망이다. 세계는 망해도 나는 살아남아야 한다는 자기중심주의가 말나식을 규정한다. 말나식은 죽음마저도 인정하려 하지 않는다. 말나식은 자신이 집착하는 자아를 세계의 중심으로 생각하기에, 죽음을 자아를 위협하는 낯선 적으로 생각한다. 따라서 분별식은 말나식의 이러한 자기중심주의에 사로잡혀 불로불사의 약과 같은 것을 찾거나 아니면 육신은 죽지만 영혼은 죽지 않는다는 사상을 만들어내는 등 죽음과 죽음에 대한 공포를 극복하기 위한 갖가지 방안을 강구한다.

　말나식은 자신이 집착하는 자아가 세상에서 가장 귀한 것이라고

---

15 한자경, 위의 책, 52쪽 참조

보는 점에서 나르시시즘, 즉 자기도취에 빠져 있으며 세계를 자신의 소유로 만들려고 한다는 점에서 이기심, 즉 자기중심주의에 빠져 있다. 유식불교에서는 말나식의 이러한 자기도취는 아만我慢이라고 부르며 자기중심주의는 아애我愛라고 부른다.

자기도취와 자기중심주의는 유아에게서 가장 현저하게 보인다. 성인이 되어서도 우리가 빠져 있는 자기도취와 자기중심주의는 사실은 유아에게서 보이는 자기도취와 자기중심주의의 연장이다. 유아에게 세계는 어머니의 젖이다. 유아가 배가 고파 울면 어머니는 젖을 즉시 물려준다. 따라서 유아는 세계를 자신을 위한 것으로 생각한다. 유아는 자신이 필요한 것은 무엇이든 어머니에 의해 마술처럼 너무나 쉽게 주어지기 때문에 자신이 전능한 것 같은 느낌을 갖게 된다. 그러나 어느 정도 철이 들면 우리는 세계가 자신을 위한 것이 아니고 자신이 통제할 수 없는 낯선 곳이라는 사실을 자각하게 된다. 이와 함께 우리는 세계가 자신과 대립해 있다고 생각한다.

이렇게 세계가 자신을 위한 것이 아니라는 사실과 함께 자신의 유한성도 깨닫게 되지만, 우리는 성인이 되어서도 유아기적인 자기도취와 자기중심주의를 떨쳐 버리지는 못한다. 오히려 우리는 성인이 돼도 여전히 자신을 세계의 중심으로 생각하면서 유아기에 경험했던 전능한 만족감을 갈망한다. 따라서 유아가 배가 고플 때 어머니의 젖을 먹지 못하면 짜증을 내고 울듯이, 성인이 되어서도 우리는 세상이 자기 뜻대로 되지 않으면 짜증을 내고 분노에 사로잡힌다.

우리는 자신이 세상에서 가장 존귀한 존재라고 생각하면서 사람들의 무조건적인 찬양과 사랑을 받고 싶어 하며, 뭇 사물들과 사람들이 자기를 떠받들고 위해야 한다고 생각하는 것이다. 그리고 우리는 사회적으로 실패하여 사람들의 무시를 받게 되면 열패감이나 열등의식에 빠진다. 이러한 열패감이나 열등의식은 자기도취와 자기중심주의에서 벗어난 것처럼 보이지만 사실은 좌절한 자기도취와 자기중심주의에 지나지 않는다.

이렇게 분별식은 말나식이라는 자기도취적이고 자기중심적 욕망에 의해 규정되어 있지만, 다른 한편으로는 분별식의 모든 사고와 행동은 사회가 어릴 적부터 우리에게 주입하는 가치관에 의해서 규정되어 있다. 분별식은 부나 명예와 같이 사회가 공인하는 가치들을 소유함으로써 말나식이 집착하는 자아의 지위를 공고히 하려고 한다. 그런데 이렇게 부와 명예를 중시하는 가치관은 분별식이 주체로서 만들어낸 것이 아니라 사회에 의해서 분별식에 주입된 것이다.

물질적인 부가 최고의 가치로 간주되는 자본주의사회에서 사람들은 물질적인 부를 추구한다. 그러나 국가를 위해서 희생하는 것을 최고의 가치로 간주하는 나치 체제에서 사람들은 조국의 영광을 위해 기꺼이 자신을 바친다. 따라서 분별식은 자신은 사회와 상관없이 객관적이고 합리적으로 사고한다고 생각하지만, 사실은 그것의 사고는 사회의 통념에 의해서 규정되어 있다.

이렇게 자기중심적이고 자기도취적인 욕망인 말나식이 분별식을 근본적으로 규정하고 있다면, 분별식이 나라고 생각하는 것도 사실은 분별식이 생각하는 것처럼 이성적이고 객관적으로 사고하는 주체로서의 내가 아니다. 그것은 사실은 말나식이 집착하는 자아에 지나지 않는다. 그런데 말나식이 집착하는 자아란 무엇인가? 말나식은 세상과 분리된 고정적 실체로서의 자아가 있다고 생각하면서 이 자아가 모든 생각과 행동의 주체라고 생각한다.

그러나 우리가 앞에서 초기불교의 무아론에서 보았듯이 이러한 자아는 존재하지 않는다. 말나식이 집착하는 자아라는 것은 사실은 우리의 과거의 기억과 경험이 축적된 것에 불과하다. 즉 말나식은 자아를 하나의 고정불변의 실체라고 생각하지만, 그러한 자아는 허구에 불과하고 그것이 집착하는 것은 사실은 끊임없이 변화하는 과정으로서의 자아다. 우리는 경험을 통해 환경에 어떻게 반응해야 하는지를 습득하지만, 이러한 반응양식들이 오랜 시간에 걸쳐 무의식 속에 축적되면 일련의 습관을 형성한다. 이러한 습관적인 반응양식이 우리의 의식적인 느낌과 생각 그리고 행동을 규정하지만, 이러한 의식적인 느낌과 생각 그리고 행동이 다시 습관적인 반응양식에 영향을 미친다. 따라서 자아라는 것은 끊임없이 미세하게 변화하는 일종의 패턴이다.[16]

불교에서는 이렇게 과거의 기억과 경험이 저장되어 있는 무의식을 아뢰야식이라고 부른다. 이러한 기억과 경험은 장기간에 걸쳐 축적되면서 습관적인 패턴을 갖게 된다. 이러한 습관적인 패턴을 우리는 흔히 성격이라고 부른다. 따라서 아뢰야식은 일차적으로 성격으로 나타난다. 분별식에서 일어나는 우리의 지각과 느낌과 생각 그리고 욕망은 자기도취적이고 자기중심적인 욕망인 말나식뿐 아니라 우리의 성격에 의해서도 규정된다. 이러한 성격에는 우리가 인류 전체와 공유하는 성격도 존재하지만, 개인적인 성격도 존재한다. 지각을 예로

---

16 액셀 호퍼 외 지음, 『프로이트의 의자와 붓다의 방석』, 143쪽 참조.

들자면, 우리 인류는 산이나 강을 서로 공통된 방식으로 지각한다. 인류가 산이나 강을 지각하는 방식은 벌이나 파리가 산이나 강을 지각하는 방식과 다르다. 이런 의미에서 유식불교는 우리가 사는 세계도 아뢰야식에 의해서, 다시 말해 우리가 인류와 공유하는 성격에 의해서 규정된다고 말한다. 그러나 다른 한편으로 우리는 세계를 각 개인의 성격에 따라서 다르게 지각한다. 예술적인 감수성이 풍부한 사람은 세계를 그렇지 않은 사람과는 달리 경험할 것이다. 특히 우리의 성격이 얼마나 탐진치에서 벗어나 있는지에 따라서 세계는 다르게 나타난다.

분별식은 자신이 객관적으로 생각하고 느끼고 욕망한다고 생각하지만, 그것은 자신이 의식하지 못하는 성격에 의해 규정되어 있기 때문에 시쳇말로 성질대로 생각하고 느끼고 욕망한다. 이런 의미에서 쇼펜하우어 같은 사람은 우리는 보통 '생각하고 느끼고 욕망하는 의식'을 자신의 자아로 생각하지만 사실은 진정한 자아는 성격이라고 말한다. 잠을 잘 때 우리의 의식은 잠들지만, 성격은 계속해서 깨어 있다. 이런 의미에서 쇼펜하우어는 어떤 사람의 정체성을 이루는 것은 성격이라고 말한다.

아뢰야식은 성격 외에 일차적으로 신체로 나타난다. 분별식은 자신이 독자적으로 사고한다고 생각하지만, 분별식의 지각과 사고 그리고 행동은 신체적인 조건의 영향을 또한 크게 받는다. 최근의 생물학에서는 각 개인의 성격적인 경향이나 생리적인 조건은 각 개인의 유전자에 의해서 규정된다고 보겠지만, 불교는 성격적인 경향뿐 아니라 생리적 조건 역시 수억 겁의 전생에서 쌓아온 생각과 행동에 의해서 규정된다고 본다.

아뢰야식은 불변부동의 실체는 아니기에 끊임없이 변하고 있지만 그럼에도 어떤 연속성을 가지고 있다. 따라서 우리는 어떤 사람을 오랜만에 만났을 때도 그 사람을 동일한 사람으로 인지할 수 있다. 이는 그 사람의 신체적인 조건이나 성격에는 일정한 연속성이 존재하기 때문이다. 그리고 분별식이 자신의 사고방식이나 행동방식을 바꾸기 어려운 것은 그것이 이렇게 일정한 연속성을 갖는 아뢰야식에 구속되어 있기 때문이다. 그러나 아뢰야식은 우리의 기억과 경험이 계속해서 쌓이는 방식으로 미세하게 끊임없이 변화하고 있다. 따라서 우리는 우리의 성격도 바꿀 수 있다.

말나식이 세상에 내세우고 싶어 하는 자아란 결국은 아뢰야식이다. 그러나 아뢰야식은 일차적으로는 신체와 성격으로 나타나는 것이기 때문에 말나식이 내세우고 싶어 하는 것도 자신의 신체와 성격이다. 말나식은 하나의 고정된 자아가 있다고 생각하면서 이러한 자아가 신체와 성격을 자신의 소유물로 갖는다고 생각한다. 말나식은 이러한 자아를 가장 존귀한 것으로 보기에 자신의 신체와 성격도 세상에서 가장 소중한 것으로 보면서 그것들에 집착한다. 더 나아가 말나식은 신체를 자신이 집착하는 자아와 세계가 분리되는 경계로 생각하면서 신체 안에서 일어나는 모든 생각과 욕망을 '자기 자신의' 생각과 욕망으로 간주한다. 그리고 이러한 생각과 욕망을 관철하기 위해 모든 에너지를 다 쏟는다. 즉 그것은 자신의 모든 에너지를 허구적인 자아의 유지와 강화를 위해서 쏟는 것이다.

유식불교는 말나식이 아견我見, 아치我癡, 아애我愛, 아만我慢이라는 성질들을 갖는다고 본다. 아견이란 말나식이 집착하는 '나'는 과거의 기억과 경험의 총체인 아뢰야식에 불과하지만, 이러한 사실을 깨닫지 못하고 다른 자아들로부터 고립되어 있고 그것들과 끊임없이 비교되는 고정불변의 '나'가 있다고 생각하는 그릇된 견해를 가리킨다. 아치는 아견으로 인해 '나'의 진상을 알지 못하는 것, 즉 무아를 깨치지 못하는 것이다. 아애는 실재하지 않는 허구의 '나'에 대해서 애착을 느끼는 것이고, 아만은 그러한 자아야말로 세상에서 가장 존귀한 존재라고 생각하는 나르시시즘, 즉 교만에 사로잡히는 것이다.

말나식이 갖는 아애我癡, 아견我見, 아애我愛, 아만我慢이라는 성격으로 인해 우리는 자신에 대한 나르시시즘적인 애착과 자만심에 빠져서 항상 타인들과 자신을 비교하면서 타인들보다 우월한 지위를 확보하려고 노력한다. 이러한 자기 애착과 자만심은 다른 사람과 관계할 때의 우리의 사고와 느낌 그리고 욕망을 규정한다. 예를 들어 우리가 다른 사람들에게 분노를 느낄 때 우리는 자신이 정당한 이유로 그렇게 분노한다고 생각하지만, 사실은 자신의 자만심이 상처를 입었기 때문인 경우가 많다.

이렇게 자아에 대한 집착이 모든 잘못된 생각과 행동의 근원에 해당하기에 불교에서 가장 경계하는 것은 말나식과 그것이 갖는 네가지 성질인 아치, 아견, 아만, 아애이다. 말나식은 항상 이 아치와 아견 그리고 아만과 아애라는 네 가지의 번뇌와 함께 기능한다. 이러한 말나식에 사로잡혀 있기 때문에 우리는 모든 일에서 항상 자신을 내세운다. 그리고 다른 사람과 자신을 비교하면서 자신이 우월하다고 생각하면 거들먹거리고, 그렇지 않다고 생각하면 의기소침해진다.

프롬 역시 말나식의 자기 애착과 자만심이 우리에게 얼마나 뿌리 깊이 박혀 있는지를 일상적인 예를 통해서 입증하고 있다. 즉 아무리 사회적으로 천시 받는 사람도 자신의 방구 냄새는 참을 만하다고 생각하지만, 남의 방구 냄새는 못 견뎌 하는 것이다.

자기중심적이고 자기도취적인 자기의식으로서의 말나식은 극히 집요하여 우리의 모든 생각과 행위를 오염시킨다. 간혹 착한 생각이 일어나더라도 이러한 생각은 말나식을 통해서 '나는 이렇게 착한 생각을 하니 다른 사람보다도 더 낫다'고 생각하는 아만과 아애와 결합된다. 남을 도울 때도 우리는 남이 자신을 선한 사람으로 찬양하기를 기대하거나, 자기 자신이야말로 가장 선한 사람이라고 생각하는 아만에 사로잡힌다. 불교에서 '베푼다는 의식 없이 베푼다'는 무주상보시無住相普施를 강조하고 예수가 '오른손이 하는 일을 왼손이 모르게 하라'고 말하는 것도 말나식의 이러한 오염작용을 경계하기 위한 것이다.

말나식은 우리의 생각과 느낌과 욕망을 오염시킬 뿐 아니라 우리가 지각하는 세계도 오염시킨다. 이는 우리가 지각하는 세계는 우리의 마음상태와 무관하게 독립적으로 존재하는 것이 아니라 우리의 마음상태에 따라서 달리 보이기 때문이다. 말나식은 대상들마저도 우리에게 유리한 것과 그렇지 않은 것으로 나눈다. 그것은 우리에게 유리한 것은 선하고 아름다운 것으로 보고, 우리에게 불리한 것은 악하고 추한 것으로 보며, 유리하지도 불리하지도 않은 것은 무덤덤하게 보게 한다. 다시 말해 말나식은 분별식뿐 아니라 색성향미촉, 즉 시각, 청각, 후각, 미각, 촉각이라는 우리의 오감조차도 규정한다. 따라서 우리의 오감은 대상을 있는 그대로 받아들이는 것 같지만 사실은 이렇게 자기중심적인 말나식에 의해 규정되어 있다.

분별식은 자신을 모든 생각과 느낌을 자유자재로 낼 수 있는 주체라고 생각한다. 그러나 분별식의 생각과 느낌과 욕망은 사실은 말나식의 필터를 걸쳐서 아뢰야식에서 비롯된 것이다. 따라서 분별식이 생각하는 합리적이고 자유로운 주체로서의 나라는 것은 결국은 분별식이 통제하지 못하는 자기중심적인 기억과 경험 그리고 생각이 끊임없이 잇달아 일어나는 것에 불과하다. 그러나 분별식은 그것들이 하나의 자유로운 실체로서의 자기 자신에서 비롯된다고 착각한다. 이와 함께 분별식은 그것들을 '자신의' 기억과 경험으로 간주하면서 그것들에 사로잡힌다.

그러나 분별식이 이렇게 말나식과 아뢰야식에 의해서 철저하게 규정되어 있다면 깨달음이라는 것은 가능하지 않을 것이다. 앞에서 언급한 것처럼 분별식은 자신에 대한 반성 능력이 있기 때문에 자신이 말나식과 아뢰야식에 의해 규정되어 있음을 깨달을 수 있다. 역설적이지만 분별식이 말나식과 아뢰야식의 지배에서 벗어나기 위해서는 우선 자신이 얼마나 자기도취적이고 자기중심적인 욕망과 성격에 의해서 지배되고 있는지를 철저하게 자각해야 한다.

보다 구체적으로 말해서 말나식과 아뢰야식에 의한 속박에서 벗어나기 위해서는 분별식은 자기 안에서 잇달아 일어나는 생각들이 자유로운 주체로서의 분별식에서 비롯되는 것이 아니라는 사실을 자각해야만 한다. 즉 그것들이 아뢰야식과 말나식에 의해서 규정되고 오감이 지각하는 대상 세계의 유불리에 따라서 끊임없이 일어났다 사라지면서 이어지는 것이라는 사실을 통찰하는 것이 필요하다. 이러한 사실을 통찰할 경우에만, 분별식은 그러한 생각들의 흐름에 사로잡히지 않을 수 있다. 즉 끊임없이 이어지는 생각의 흐름에 휩싸이지 않고 그러한 흐름에 대해서 거리를 취하고 관조할 수 있게 된다.

말나식은 자신이 집착하는 아뢰야식을 고정된 실체로 생각하지만, 아뢰야식은 어떤 고정불변의 실체로서 존재하는 것이 아니라 끊임없이 변한다. 따라서 흉악했던 사람도 성인이 될 수 있고 또한 성인도 악인으로 변할 수 있다. 아뢰야식이 이렇게 변할 수 있는 것은 분별식이 자신의 생각과 의지 등을 정화된 방식으로 냄으로써 아뢰야식에 영향을 미칠 수 있기 때문이다.

불교는 우리 마음에는 이기적인 성질과 번뇌에 물들지 않은 불성 내지 자성청정심도 존재한다고 본다. 자성청정심이란 붓다가 되는 것을 가능하게 하는 맑고 깨끗하며 성스러운 성질로서 지혜와 자비심과 같은 능력들을 가리킨다. 우리가 붓다의 청정한 가르침을 읽으면서 마음이 맑아지면서 그러한 가르침에 따라서 살고 싶다고 생각하게 되는 것은 우리 마음에 이미 자성청정심이 존재하기 때문이다. 그러한 가르침이 자아에 대한 말나식의 집착을 녹이면서 우리 속의 자성청정심을 일깨우는 것이다. 분별식은 이러한 자성청정심이야말로 자신이 의지해야 할 기반이라는 사실을 깨닫고 자성청정심으로부터 생각을 내고 행위를 해야 한다.

앞에서 보았듯이 원효는 자기도취적이고 자기중심적인 자아에 대한 집착에서 온전히 벗어난 마음을 진여심이라고 불렀다. 진여심에게는 모든 것이 다 존귀하게 드러나는 동시에 중중무진重重無盡의 연기관계 속에서 일체를 이루고 있는 것으로 나타난다. 따라서 원래 진여심이라는 하나의 마음밖에 없지만, 자기도취적이고 자기중심적인 자아의식, 즉 말나식이 자신이 집착하는 자아를 다른 것들과 구별하면서 자신의 자아만이 가장 존귀하다고 생각한다. 말나식은 이렇게 세상을 서로 고립되어 존재하는 실체들로 구성되어 있다고 생각하면서 그것들이 자신이 집착하는 자아에게 유리하게 반응하면 좋아하고 그렇지 않으면 불쾌해한다. 그러나 이렇게 서로 별 개로 나뉘어 존재하는 실체라는 것들은 사실은 말나식이 만들어낸 허상에 불과한 것이며, 분별식은 이러한 허상들에 일희일비하면서도 자신이 객관적으로 실재를 반영한 다고 생각한다.

분별식이 말나식이나 아뢰야식에 의해서 지배되던 상태에서 벗어난 다는 것은 말나식이나 아뢰야식이 완전히 사라진다는 것이 아니라 그것들의 성질이 변화된다는 것을 의미한다. 말나식은 자신이 집착했 던 자아가 허구라는 사실, 즉 무아를 깨달으면서 뭇 생명에 대한 자애심으로 변하게 된다. 말나식이 자애로운 마음으로 변하면서 아뢰 야식, 즉 나의 성격은 자성청정심으로 바뀌며 또한 나의 신체도 청정한 몸으로 전환한다.

말나식이 자기도취적이고 자기중심적인 욕망이 아니라 다른 모든 것에 대한 자애로운 마음으로 전환하는 것은 말나식의 이기적인 성질 자체가 결코 부정적인 역할만을 하는 것은 아니기 때문이다. 영원한 행복을 얻고 싶다는 말나식의 욕심 때문에 우리는 갖가지 우상숭배를 떨쳐 버리고 진정한 깨달음을 위해서 정진할 수도 있다. 따라서 우리가 말나식의 이기적인 마음을 악이라고 말할 수 있다면, 악으로서 작용했 던 힘 그 자체가 자신의 성질을 전환하여 자애의 마음으로 변화되는 것이다.

따라서 깨달은 마음, 즉 진여심은 이기심과 갖가지 번뇌에 시달렸던 생멸심과 본질적으로 다른 것이 아니라 생멸심이 전환된 것이다. 이를 초기불교식으로 말하자면, 열반은 오온, 즉 신체와 느낌 그리고 생각과 의지와 인식의 절멸이 아니라 그것의 정화다. 오온에서 온갖 자기중심적인 오염이 사라지고 오온이 맑아지는 상태가 열반인 것이다.

7. 자기애와 이타주의

존재양식의 삶은 우리에게 충만한 기쁨을 가져다준다는 점에서 프롬은 존재양식의 삶은 자신을 사랑하는 삶이라고 본다. 이러한 자기애는 흔히 생각하는 것처럼 다른 사람들에 대한 사랑과 모순되는 것이 아니다. 다른 사람들에 대한 참된 사랑은 다른 사람을 위해서 자신을 돌보지 않는 금욕주의적 이타주의와는 다르다. 그것은 오히려 자신을 돌보고 배려하는 자기애를 기반으로 한다. 자신을 돌보고 배려할 줄 아는 사람만이 남들도 돌보고 배려할 수 있다.

이런 의미에서 프롬은 자기애自己愛를 나르시시즘과 이기주의에 대해서 구별하고 있다. 특히 나르시시즘은 자신에 대한 참된 사랑, 즉 자기애와 혼동될 수 있다. 그러나 자기애는 자신뿐 아니라 다른 사람들도 사랑하는 반면에, 나르시시스트는 이기주의자와 마찬가지로 자신만을 사랑한다.

그러나 나르시시스트나 이기주의자가 자신만을 사랑한다고 해도,

이러한 사랑은 그릇된 자기 사랑이다. 참된 자기애가 자신의 전체적인 성장과 행복에 대한 관심인 반면에, 나르시시즘이나 이기심은 사회가 우리에게 요구하는 가치들을 추구하는 자로서의 자기 자신에 대한 관심에 지나지 않는다. 현대인들은 부나 명예와 같이 사회가 중시하는 가치들을 가능한 한 많이 소유하는 것에 모든 관심과 에너지를 쏟으면서, 이러한 가치들을 자신이 더 많이 소유하게 될 때 자신도 높아지고 풍요롭게 된다고 생각한다. 따라서 나르시시스트가 도취에 빠져 있는 자기란 사실은 자신이 소유하고 있는 이러한 세간적인 가치들이다. 그는 자신의 외모나 자신의 재능 혹은 자신이 성취한 업적이나 경력에 빠져 있다.

이런 의미에서 나르시시스트나 이기주의자가 보통 자신의 '자아'라고 생각하는 것은 '사회적' 자아다. 그들은 자신이 주체적으로 생각하고 행동한다고 생각하지만, 사실은 사회가 그에게 부여한 사회적 기능과 역할 그리고 가치관에 따라서 생각하고 행동할 뿐이다. 따라서 그들은 사회가 그들에게 요구하는 기능과 역할을 충족시키거나 사회가 중시하는 가치들을 소유하는 데 주로 관심을 쏟는다. 그리고 그러한 기능과 역할을 제대로 충족시키거나 그러한 가치들을 남들보다 더 많이 소유하면 자신에게 만족하지만 그렇지 못하면 자신을 비하하고 학대한다. 이렇게 자기 자신을 사회적 기능과 가치라는 면에서만 보면서 그들은 다른 사람들도 그런 측면에서만 본다. 그들은 다른 사람들이 그들에게 요구되는 사회적인 기능와 역할을 제대로 수행하거나 세간적인 가치들을 많이 소유하고 있으면 그들을 우대하지만, 그렇지 않을 경우에는 무시한다.

　나르시시스트나 이기주의자는 이렇게 자신을 자신의 사회적 역할이나 세간적인 가치들과 동일시하기 때문에 그러한 역할을 수행하고 세간적인 가치들을 소유하기 위해서 일생 동안 자신을 혹사한다. 그들은 언뜻 보기에는 자신을 가장 사랑하는 사람으로 보이지만, 사실은 자신을 세간적인 가치들의 노예로서 혹사할 뿐이다. 자신을 진정으로 사랑하는 사람은 자신을 긍정하고 자신의 삶에 대해 만족한다. 이에 반해 나르시시즘이나 이기주의에 빠져 있는 사람들은 자기 자신에 대한 사랑과 배려의 결여로 인해 내적인 불만과 공허감에 사로잡혀 있다. 나르시시스트는 이러한 불만을 자신에 대한 미화와 찬양을 통해서 극복하려고 하는 반면에, 이기주의자는 자신의 소유물을 증대시킴으로써 극복하려고 한다. 따라서 그들은 매우 탐욕스럽다.

　이들이 자기 미화와 소유물을 추구하는 것은 매우 불안하고 우울한 사람이 강박적으로 음식을 탐하는 것과 유사하다. 불안하고 우울한 사람은 음식을 섭취함으로써 불안과 우울에서 벗어나고 싶어 한다. 이와 마찬가지로 나르시시즘과 이기주의에 빠진 사람들도 자신의 내적인 공허를 자신에 대한 찬사와 소유물을 통해서 채우려고 한다. 그러나 이렇게 아무리 자신을 미화하고 찬양하고 아무리 많이 소유해도 탐욕만이 증대될 뿐 불안과 불만족은 사라지지 않는다.

　우리는 사랑과 지혜와 같은 인간의 본질적인 능력들을 발휘하고 실현할 경우에만 충만한 행복을 경험할 수 있다. 타인들을 참으로 사랑한다는 것은 자신 안에 존재하는 사랑의 능력을 구현하는 것이라는 점에서 자신을 사랑하는 것이기도 하다. 이렇게 자기를 사랑하는 사람은 타인을 사랑할 때 자신을 희생한다고 느끼지 않고 자신이 풍요롭게 되고 행복하게 되었다고 느낀다. 사랑이 다른 사람의 성장과 성숙에 대한 관심이라면 그러한 사랑은 자기 자신의 성장과 성숙에 대한 사랑과 모순되지 않으며, 오히려 양자는 서로를 요구한다.

우리는 흔히 자신에 대한 사랑을 타인들에 대한 사랑과 대립되는 것으로 보는 경향이 있다. 우리가 이렇게 보는 것은 궁극적으로는 사람들을 서로 무관한 고립된 실체로 보기 때문이다. 그러나 모든 인간과 사물들은 생명이라는 동일한 기반 위에서 서로 결합되어 있다. 따라서 우리가 다른 인간이나 다른 사물에 내재해 있는 '생명으로 향하는 힘'을 침해하면 우리 자신도 반드시 침해를 받게 된다. 우리 자신의 성장과 행복과 활력은 이렇게 모든 존재자에 내재하는 '생명지향적인 힘'에 대한 존중에 의거하고 있다.

프롬은 자기애와 관련하여 마이스터 에크하르트의 다음과 같은 말을 인용하고 있다.

"만일 그대가 그대 자신을 사랑한다면, 그대는 모든 사람을 그대 자신을 사랑하듯 사랑할 것이다. 그대가 그대 자신보다도 다른 사람을 더 사랑하는 한 그대는 정녕 그대 자신을 사랑하지 못할 것이다. 그러나 그대 자신을 포함해서 모든 사람을 똑같이 사랑한다면, 그대는 그들을 한 인간으로 사랑할 것이고 이 사람은 신인 동시에 인간이다."

이기주의와 자기애는 이처럼 본질적으로 다른 것이지만, 사람들은 보통 자기를 사랑하는 것을 이기주의와 혼동하면서 죄로 간주하는 경향이 있다. 프로이트만 해도 자기애를 나르시시즘, 즉 자기도취라고 본다. 프로이트는 사랑을 성적인 에너지인 리비도의 표현으로 보면서 리비도는 다른 사람을 향하거나(타인에 대한 사랑) 또는 자기 자신을 향한다(나르시시즘)고 가정한다. 이 경우 다른 사람들에 대한 사랑과 자기애는 한쪽이 많을수록 다른 쪽이 줄어드는 상호배타적인 것으로 파악되고 있다. 이러한 입장에서는 사랑과 자기애는 서로 모순되는 것이 될 수밖에 없으며, 금욕주의적으로 자신을 희생하는 것은 선이 되고 자기애는 악한 것이 될 수밖에 없다.

그러나 프롬은 나르시시즘과 이기주의도 경계하지만 자신의 행복을 돌보지 않는 이타주의도 경계한다. 만일 어떤 사람이 오직 다른 사람만을 사랑하고 있다면 그는 전혀 사랑할 줄 모르는 사람이다. 이러한 사람은 자신이 '자기 자신을 위해서는 아무것도 바라지 않고' '다른 사람을 위해서 살 뿐이며' 자기 자신을 소중하게 여기지 않는다고 자랑한다. 그러나 그는 자신의 희생적인 이타주의에도 불구하고 불행하다. 그는 사랑하는 능력이나 즐기는 능력이 마비되어 있고 삶에 대한 적의로 가득차 있다. 따라서 그의 희생적인 이타주의의 이면에는 타인들에 대한 미묘하지만 매우 강렬한 적대감이 숨겨져 있다.

프롬은 이러한 현상의 예로서 지나치게 자식을 걱정하는 어머니를 들고 있다. 이러한 어머니는 세상을 살기 험악한 곳으로 생각하면서 산다는 것을 혐오한다. 이렇게 삶을 사랑할 줄 모르는 사람이 아이라는 생명을 사랑하기는 쉽지 않다. 그러한 어머니는 자신의 아이를 사랑한다고 믿지만, 사실은 아이에 대해서 적의를 갖고 있다. 이러한 적의는 억압되어서 의식되지 않고 있을 뿐이다. 이러한 어머니는 아이를 지나치게 사랑하기 때문이 아니라 아이를 사랑할 능력이 전혀 없는 것을 보상하기 위해 아이에게 지나친 관심을 가질 뿐이다. 이 경우 아이들은 어머니의 기대에 따라서 살려고 애를 쓰며, 어머니의 비난을 두려워하고 비난을 받을까 봐 불안해한다. 이런 아이들은 삶에 대한 어머니의 적의에 의해 감염되어 삶에 대해서 부정적이 된다.

프롬은 희생적인 어머니가 아이에게 끼칠 수 있는 악영향이 이기적인 어머니가 끼칠 수 있는 악영향보다도 훨씬 더 나쁠 수가 있다고 본다. 이는 아이가 자신을 위해서 희생하는 어머니를 실망시켜서는 안 된다는 심리적인 압박을 받으면서 자신의 과오나 실패에 대해서 지나친 죄책감을 가질 수 있기 때문이다. 이와 함께 아이는 삶을 즐길 줄 모르게 된다. 자녀들이 사랑과 기쁨 그리고 행복이 무엇인가를 경험하게 되는 데는 자기 자신을 사랑하는 어머니의 사랑이 가장 큰 도움이 된다.

8. 프롬의 자기애와 불교의 자리이타

프롬 못지않게 불교도 인류의 과제를 나르시시즘과 이기주의의 극복에서 찾는다. 우리는 앞에서 유식불교에서는 나르시시즘을 아만이라 부르고 이기심을 아애라 부르는 것을 보았다. 불교는 우리가 아만과 아애를 극복하고 자비심으로 충만한 인간으로 변할 것을 요구한다.

언뜻 보기에 자비심으로 충만한 인간은 자신은 돌보지 않는, 남에게만 관심이 있는 인간으로 보인다. 그러나 자비심으로 충만한 인간이 된다는 것은 자신을 희생하는 것이 아니라 자신의 참된 본성인 진여심

150

을 구현하는 것이다. 따라서 진여심을 구현하는 과정에서 우리는
오히려 상락아정의 환희를 맛보게 된다. 불교에서 자비심을 낸다는
것은 자기희생이 아니라 자기를 사랑하는 행위인 것이다. 즉 그것은
자리이타自利利他의 성격을 갖게 되는 것이다. 사실 우리는 우리가
타인의 행복을 진심으로 바랄 때 마음이 확장되고 행복해지는 것을
경험한다.

　붓다는 자애를 실천하는 것이 우리 자신에게 얼마나 이로운지에
대해서 이렇게 말한다.

"비구들이여, 심해탈을 위한 자애를 실천하고, 수행하며, 많이 행하
고, 도구와 기반으로서 이용하며, 행하고, 익숙하게 하며, 그리고
완성하게 될 때, 여덟 가지 이로운 점이 기대된다. 무엇이 그 여덟
가지인가? 잠을 행복하게 자며, 행복하게 깨어나며, 나쁜 꿈을 꾸지
않으며, 사람들에게 사랑 받으며, 사람이 아닌 존재들에게도 사랑
받으며, 신들이 보호해 주며, 불, 독약, 무기 등이 해치지 못한다.
비록 높은 곳엔 도달하지 못할지라도 고귀한(brahma) 세계에는 도달
한다."[17]

　이와 동일한 맥락에서 붓다는 이기심에 사로잡혀 악한 마음을 먹거
나 악한 행위를 하는 것은 자기 자신을 사랑하는 것이 아니라 사실은
자신을 사랑하지 않는 것이라고 말한다.

『증지부 니까야 Aṅguttara Nikāya』 IV, 150쪽(안옥선, 「불교윤리에 있어서 자기애와
　타자애의 상호적 실천」, 『철학』 76, 2003, 91쪽에서 재인용)

"몸으로 나쁜 행위를 하고, 말로 나쁜 행위를 하고, 생각으로 나쁜 행위를 하는 사람들, 이들에게 자신들은 사랑스럽지 않습니다 (apiya). 비록 그들이 '자신들이 사랑스럽다'고 말한다고 해도 그들에게 자신들은 사랑스럽지 않습니다. 무슨 까닭에서입니까? 왜냐하면 사랑스럽지 않는 자가 사랑스럽지 않는 자에게 하는 것을 그들은 스스로가 스스로에게 하기 때문입니다. 그러므로 그들에게 자신은 사랑스럽지 않습니다. (그러나) 몸으로 착한 행위를 하고, 말로 착한 행위를 하고, 생각으로 착한 행위를 하는 사람들은, 이들에게 자신들은 사랑스럽습니다(piya). 비록 그들이 '자신들이 사랑스럽지 않다'고 해도 그들에게 자신들은 사랑스럽습니다. 무슨 까닭에서입니까? 왜냐하면 사랑스러운 자가 사랑스러운 자에게 하는 것을 그들은 스스로가 스스로에게 하기 때문입니다. 그러므로 그들에게 자신들은 사랑스럽습니다."[18]

우리는 보통 인간은 이기적인 존재이기 때문에 자신을 당연히 사랑할 것이라고 생각하는 경향이 있다. 그러나 우리는 많은 경우 의식적으로든 혹은 무의식적으로든 자기혐오와 자기학대에 빠져 있다. 우리는 남과 자신을 비교하면서 열등의식에 빠지고 자신의 무능력에 대해서 한탄한다. 아니면 우리는 엄격한 도덕적인 기준에 자신을 비추어 자신을 타락하고 악한 존재로 단죄한다. 우리는 이렇게 보통 자신을 사랑받을 가치가 없는 존재로 생각하는 것이다.

불교에서 남을 돕는다는 것은 다른 사람의 세간적인 욕구를 충족시

---

18 『상응부 니까야 Saṃyutta Nikāya』 I, 71-2쪽(안옥선, 위의 글, 83쪽에서 재인용)

켜서 고통을 덜어주는 것이 아니라 그 사람이 자신의 진여심을 구현하여 자신의 진정한 잠재적인 능력을 실현하게 하는 것이다. 물론 불교도 생존이 어려운 사람을 물질적으로 도울 것을 요구한다. 그러나 인간의 고통은 결국 무아를 깨치지 못한 데서 비롯되는 것이기 때문에, 불교는 다른 사람의 생존을 돕는 것도 그 사람이 깨달음을 향해 나아갈 수 있는 물질적 토대를 마련해 준다는 의미를 갖는다.

프롬과 마찬가지로 불교도 자신을 돌보고 사랑하지 않는 사람은 남을 돌보고 사랑할 수 없다고 본다. 진여심을 구현하여 자신의 본질적인 가능성을 온전히 실현하여 자신에 대해 아무런 불만이 없고 오히려 평정심과 기쁨으로 차 있는 사람만이 다른 사람들이 참된 행복을 구현하는 것을 도울 수 있다. 또한 그런 사람만이 아무런 대가를 바라지 않고 다른 사람들을 사랑할 수 있다. 자신이 충만하지 않은 상태에서 남을 도울 때는, 항상 자신이 남을 돕는다는 의식이 남으며 대가를 받고 싶어 하게 된다.

불교가 지향하는 덕은 네 개의 무량한 마음(四無量心)인 자慈·비悲·희喜·사捨이다. '자'는 뭇 생명이 행복하기를 바라는 자애의 마음이다. '비'는 뭇 생명이 고통에서 벗어나기를 바라는 연민의 마음이다. '희'는 다른 사람들의 기쁨을 함께하는 마음이다. '사'는 뭇 생명을 똑같이 존중하는 평등한 마음이다. 네 개의 무량한 마음은 사섭법四攝法이라는 말과 행동으로 나타난다. 즉 그것은 자신이 가진 것을 함께 나누는 보시布施, 친절하게 말하는 애어愛語, 타인을 이롭게 하는 이행利行, 다른 사람의 일을 자기 일처럼 여기면서 함께하는 동사同事다.[19]

불교가 말하는 자기애와 타자애의 상호성을 안옥선은 다음과 같은 실천적 격률로 표현하고 있다.

"온 힘을 다하여 올바르게 자신을 사랑함으로써 타인을 사랑하라. 마찬가지로 온 힘을 다하여 올바르게 타인을 사랑함으로써 자신을 사랑하라."[20]

불교의 자리이타 사상은 연기와 무아 그리고 자비에 관한 사상에 입각해 있다. 만물은 고립된 실체로서 서로 분리되어 있는 것이 아니라 중중무진의 연기를 통해 하나로 연결되어 있다. 따라서 타인에 대한 분노와 증오는 필연적으로 나 자신에도 해를 끼친다. 그리고 타인을 존중하고 만물에 자비심을 갖는 것은 나를 존중하고 돌보는 것이다. 이 점에서 연기사상과 무아사상 그리고 자비 사상은 서로 불가분하게 결합되어 있다. 무아가 탈에고적인 마음을 강조한다면 연기사상과 자비사상은 타아 배려적인 마음을 강조한다.[21]

프롬은 불교와 달리 무아나 연기와 같은 것들을 언급하지 않는다. 그러나 자기애에 대한 그의 사상은 그것이 가능하기 위한 필연적 전제로서 무아와 연기에 관한 사상을 요청할 수밖에 없다. 이 점에서 불교는 프롬의 사상을 크게 보완할 수 있다.

---

19 안옥선, 「불교 덕 윤리」, 86쪽 참조.

20 안옥선, 「불교윤리에 있어서 자기애와 타자애의 상호적 실천」, 101쪽.

21 안옥선, 「불교의 상호존중과·포용성」, 『철학』 63, 한국철학회, 2000, 25쪽.

9. 규범적 인간주의

인간은 자신의 협소한 이해관심과 관점을 떠나서 사물을 객관적이고 공정하게 보려고 노력해야 하며 다른 존재자들의 성장을 돕는 인간으로 성장해야만 한다. 프롬은 정신적으로 건강한 상태란 나르시시즘과 이기주의를 극복한 상태라고 규정하고 있다. 인간은 나르시시즘과 이기주의에서 벗어나면 벗어날수록 건강하다.

인간 개개인의 삶의 궁극목적이 이와 같이 나르시시즘과 이기주의를 극복하는 데 존재하는 것과 마찬가지로 인류의 역사가 추구해야 하는 방향도 모든 사람이 나르시시즘과 이기주의를 극복하는 데 있다. 그런데 프롬은 인류의 역사가 나아가야 할 방향이 이렇게 나르시시즘과 이기주의를 극복하는 것이라고 보는 것을 넘어서 인류의 역사에는 그러한 방향으로 나아가는 경향이 보인다고 말하고 있다.

물론 이러한 경향은 인간의 노력 없이 필연적으로 그렇게 나아가도록 결정되어 있는 경향은 아니다. 그런데도 프롬은 장기간의 인류 역사를 살펴보면 인류의 정신이 성숙해 왔음을 우리가 확인할 수 있다고 본다. 이러한 사실을 확인함으로써 프롬은 인류 모두가 나르시시즘과 이기주의에서 벗어나는 상태가 결코 허구적인 공상이 아니라 하나의 현실이 될 수 있다는 희망을 우리가 가질 수 있다고 보고 있다.

프롬은 무엇보다도 인류에게 삶의 의미와 방향을 제시하는 데 중추적인 역할을 해 온 종교의 발달과정에서 인류의 정신적 성숙과정을 볼 수 있다고 말하고 있다. 전통적으로 종교에서는 신이란 관념이

중심적인 역할을 해 왔지만, 그것은 각 시대마다 그리고 인류의 정신적인 성숙의 정도에 따라서 다른 의미를 갖는다.

인류 역사의 시초에 인류는 자연과 합일된 상태에서 벗어나 있기는 하지만, 여전히 이러한 원초적 합일에 집착한다. 인간은 자신을 여전히 자연의 일부라고 생각함으로써, 자신을 위협하는 낯선 자연에 대해서 느끼는 불안과 두려움에서 벗어나려고 하는 것이다. 프롬은 모든 종류의 토테미즘은 이러한 욕망의 표현이라고 본다. 인간의 정신이 성숙하면서 자연과 자신 사이의 거리를 좀 더 의식하게 되면 인간은 자신들이 만들어낸 것을 신으로 숭배한다. 이것은 점토, 은, 금으로 만든 우상을 숭배하는 단계이다. 더욱 발달된 단계에서는 인간은 신에게 인간의 형태를 부여한다.

인간의 형태를 띤 신은 처음에는 절대권력을 자의적으로 휘두르는 전제군주와 같은 형태를 띠다가 역사가 흐르면서 자애로운 아버지의 형태를 띠게 되고, 종국적으로는 정의와 진리와 사랑의 원리에 대한 상징으로 변한다. 신은 진리이고 정의 자체가 된다. 여기서 신은 이미 사람이나 남성이나 아버지가 아니고 현상의 다양성의 배후에 존재하는 통일적인 원리에 대한 상징이며, 이러한 통일적인 원리에 통하는 인간의 내면에 있는 위대한 잠재적 능력에 대한 상징이다.

프롬은 신을 사랑과 정의 그리고 이성의 상징으로 보는 신 관념은 야스퍼스가 말하는 차축시대에 나타난 종교와 철학, 즉 기원전 5세기경에 중국의 공자와 노자, 인도의 불타, 그리스의 철학자들, 팔레스타인의 예언자들, 그리스도교, 이슬람교 등에서 성취되었다고 보고 있다. 이런 의미에서 프롬은 유신론적인 그리스도교와 초기불교·도교·유교

등의 비유신론적 관점은 서로 다르기는 하지만 서로 싸울 필요가 없는 두 견해로 보고 있다.[22] 유대교 및 그리스도교와 불교·도교·유교는 인간이 갖는 두 가지 이상, 즉 다른 사람들이나 사물들과 친밀하게 결합하면서도 자유로운 존재로서 있고 싶다는 이상, 달리 말해서 전체의 일부이면서도 자신의 독립성을 보유하고 싶다는 이상을 동시에 실현하고자 한다.

프롬은 차축시대에 건립된 이상은 오늘날에도 각 개인과 인류 전체가 실현해야 할 이상이라고 본다. 프롬은 이렇게 개인과 전체로서의 인류가 실현해야 할 이상적인 삶의 모습이 있다고 보는 자신의 견해를 규범적 인간주의라고 부른다. 이러한 규범적 인간주의에 대립하는 것은 사회학적 상대주의다. 사회학적 상대주의는 인간의 의식은 백지이며, 이 백지 위에 사회적 조건이 인간이 실현해야 할 가치와 규범을 기입한다고 본다. 이러한 사회학주의적인 상대주의에서는 각 개인은 자신이 사는 사회의 가치와 규범에 잘 순응하는 한 정상적인 인간으로 간주되고, 그렇지 못할 경우에는 병적인 인간으로 평가된다.

그러나 이러한 사회학적 상대주의는 사회에 대한 순응만을 정상적인 것으로 간주하고 사회에 대한 비판을 허용하지 않음으로써 사회발전에 해로운 결과를 미치게 된다. 사회학적 상대주의에 반해 프롬은 인간이나 사회가 생산적인 것인지 비생산적인 것인지, 다시 말해서 건전한 것인지 병적인 것인지를 평가할 수 있는 객관적인 척도가 존재한다고 본다.

---

22 에리히 프롬, 『사랑의 기술』, 황문수 역, 문예출판사, 1979, 102쪽 참조.

　프롬은 개인들 간에 존재하는 차이에도 불구하고 사람들은 공통된 신체구조뿐 아니라 공통된 심리적·정신적 특성을 갖고 있으며 공통된 가치와 목표를 지향한다고 보고 있다. 바로 이러한 이유 때문에 비록 어떤 사회가 비인간적이 되고 대다수 사람이 그러한 사회에 순응하더라도, 그러한 사회에 대해서 저항하는 사람들이 있게 마련이다. 이는 인간은 단지 특정 사회의 일원일 뿐만 아니라 인류의 일원이기도 하기 때문이다.

　예를 들어 인간은 아무런 즐거움을 느낄 수 없는 노동을 지속적으로 할 수는 없다. 인간은 이러한 노동에 염증을 느끼면서 태업을 하든 우울증이 걸리든 어떤 방식으로든 그러한 노동을 거부하게 된다. 이 점에서는 인간은 다른 생물은 물론이고 심지어 무생물과도 전혀 차이가 없다. 어떤 종류의 동물은 자연 상태에서는 온순하지만 동물원에 갇히게 되면 포악해진다. 물을 어떤 온도 이상으로 끓이면 수증기로 변한다. 또한 어떤 온도 이하로 냉각시키면 고체로 변한다. 그러나 물의 온도를 내리면서 물을 수증기로 만들 수는 없다.

　인간의 역사도 인간에 대해서 할 수 있는 일과 '할 수 없는' 일을 보여주고 있다. 만일 인간이 자신이 사는 사회에 단순히 순응만 하는 존재라면 혁명과 같은 것은 결코 일어나지 않았을 것이다. 또한 사회나 문화의 변화도 없을 것이다. 인간은 사회와 자신의 인간적 욕망 사이의 대립을 참을 수 없게 되면 사회에 반항했다.[23]

　이와 함께 프롬은 사회 내재적 윤리와 보편적인 윤리를 구별하고

---

23 에리히 프롬 외 지음, 『선과 정신분석』, 88쪽 이하 참조.

있다. 사회 내재적 윤리는 특정한 사회와 그 안에서 사는 사람들이 생존하는 데 필요한 규범이나 미덕을 가리킨다. 예를 들어 용기나 지도력은 상무적尙武的인 사회에서는 가장 높이 평가되는 미덕이다. 이에 반해 현대 사회에서 근면과 유능함은 최고의 미덕으로 간주된다. 이는 현대의 산업체계가 유지되기 위해서는 사람들이 열심히 일하고 능률적으로 일해야 하기 때문이다.

사회 내재적 윤리에 반해 '보편적' 윤리는 인간의 성장과 발전을 목표로 하는 행동 규범을 가리킨다. 보편적인 윤리의 한 예는 '네 몸과 같이 이웃을 사랑하라'든가 '살인하지 말라'와 같은 규범이다. 불교문화, 그리스도교문화, 유교문화, 도교문화와 같이 각 개인과 인류 전체의 성장과 발전을 목표하는 훌륭한 문화들이 주창하는 윤리들은 놀라운 유사성을 보여준다.

우리는 한편으로는 우리가 속해 있는 사회 집단에서 고립되는 것을 두려워하기 때문에 사회 내재적 윤리에 따른다. 그러나 다른 한편으로는 자신의 내부에 깃들어 있는 보편적인 인간성으로부터 분리되는 것도 두려워하기 때문에 보편적 윤리에 따르려는 성향도 존재한다. 어떤 인간이 얼마나 인간적인지는 그가 자신이 속해 있는 사회의 한계를 초월하여 세계 시민이 될 수 있는지에 달려 있다. 어떤 사회가 인간적이면 인간적일수록 개인이 사회로부터 분리될 것인가 아니면 인류 전체의 인간성으로부터 분리될 것인가를 선택할 필요성이 적어진다. 이에 반해 사회와 보편적인 인간성의 갈등이 클수록 개인은 그것들 사이에서 고뇌하게 된다.

앞에서 차축시대의 이념을 살펴보았지만, 불교야말로 차축시대의 이념을 가장 명료하게 설파한 종교로 볼 수 있다. 불교는 우리가 모든 차별을 넘어서 뭇 생명을 사랑할 것을 요구한다. 이러한 인간상을 불교는 우리가 구현해야 할 인간상으로서 분명하게 제시한다. 이 점에서 불교도 프롬의 사상과 마찬가지로 사회학적인 상대주의를 넘어서 규범적인 인간주의를 표방할 뿐 아니라 규범적인 인간주의의 가장 전형적인 형태라고 볼 수 있다. 앞에서 보았듯이 그리스도교를 비롯한 다른 종교에는 권위주의적인 요소가 다소간 포함되어 있는 반면에, 붓다의 가르침은 철저하게 인본주의적인 성격을 갖고 있는 것이다.

III. 덕 윤리로서의 프롬의 윤리학과 불교의 윤리학

1. 성격과 윤리학의 근본문제

우리는 앞에서 불교의 인간관을 살펴보면서 우리의 일상적인 의식, 즉 분별식이 아뢰야식과 자기중심적이고 자기도취적인 말나식의 지배를 받는다는 사실을 보았다. 그리고 아뢰야식은 일차적으로 성격으로 나타난다는 사실을 보았다. 성격은 오랜 세월에 걸쳐서 쌓아온 경험과 기억이 축적되면서 생기게 된 사고와 느낌과 욕망 그리고 행동의 패턴을 가리킨다. 프롬이 말하는 소유양식과 존재양식은 삶의 방식이지만, 그것들이 장기간에 걸쳐서 삶의 패턴이 되면 소유지향적인 성격과 존재지향적인 성격이 형성되게 된다. 그리고 이러한 성격이 우리의 의식적인 사고와 행동을 규정하게 된다.

프롬은 성격이 사람들의 사고와 행동에 지대한 영향을 끼치기 때문에, 윤리학도 반드시 성격에 대한 연구를 수용해야 한다고 보았다.

올바른 윤리를 확립하는 것은 결국은 올바른 성격을 확립하는 것으로 귀착된다. 윤리학의 근본문제는 보통 무엇이 선한 행위인지를 규정하는 것으로 간주된다. 그러나 선한 성격에 바탕을 두지 않는 선한 행위는 사실은 우연히 행해진 것에 불과하다. 따라서 윤리학에서 궁극적으로 중요한 것은 선한 행위보다는 선한 성격이다. 이 점에서 윤리학의 근본문제는 무엇이 선한 행위인가라기보다는 오히려 무엇이 선한 성격이고 그러한 성격을 어떻게 하면 형성할 수 있는가라는 문제다.

이런 맥락에서 프롬은 윤리학은 정신분석학적인 성격 이론을 도입할 경우에만 윤리학적인 문제를 제대로 해명할 수 있다고 생각한다. 이는 불교가 삶의 방식을 탐진치를 극복한 삶과 탐진치에 사로잡혀 있는 삶으로 구별하면서, 이러한 삶의 방식 사이의 차이가 윤리학적인 문제를 해명하는 데에 근본적인 중요성을 갖는다고 생각하는 것과 동일하다고 볼 수 있다. 불교가 궁극적으로 목표하는 것은 탐진치를 온전히 극복한 상태를 지속적인 성격으로 형성하는 것이기 때문이다.

프롬이 말하는 '선한 성격'이나 불교가 말하는 '탐진치를 온전히 극복한 성격'을 우리는 유덕한 성품이라고 부를 수 있다. 이 점에서 프롬의 윤리학과 불교의 윤리학은 붓다와 같은 사람이 성취한 원숙하고 유덕한 성품의 육성을 목표하는 덕 윤리다.

2. 생명지향적 성격과 파괴적 성격

우리는 통상적으로 자신의 생각과 행동은 자기라는 이성적 주체에서 비롯된 것으로 생각한다. 그러나 이러한 생각은 19세기와 20세기 초에 쇼펜하우어와 니체와 프로이트 그리고 마르크스와 같은 사상가들이 제기한 회의에 의해서 더 이상 타당성을 갖지 못하게 되었다. 이른바 우리들의 이성적인 생각이란, 니체나 프로이트에 의하면 우리가 자신이 보통 의식하지 못하는 힘에의 의지나 무의식적인 충동이나 욕망에 의해서 규정되어 있다. 그리고 마르크스에 의하면 그때마다의 사회구조에 의해서 규정되어 있다. 따라서 19세기 후기 이래 니체, 프로이트, 마르크스 및 그들의 계승자들에 의해서 우리의 의식적인 생각과 행동을 규정하고 있는 무의식적인 것들이 속속들이 파헤쳐졌다.

그러나 우리의 의식적인 생각과 행동을 규정하는 각 개인의 성격이 이러한 무의식의 탐구자들에 의해 그다지 크게 주목받지 않았던 것은 상당히 의아한 일이다. 왜냐하면 우리는 각 개인의 성격이 서로 다르며, 이러한 성격 차이로 인해 동일한 사태에 대해서 서로 다르게 반응한다는 사실은 누구도 부인할 수 없을 정도로 분명하기 때문이다. 쇼펜하우어는 우리가 어떤 사람의 성격을 알고 그 사람이 처한 상황을 알고 있다면 그 사람이 어떤 식으로 행동을 하게 될 것인지를 충분히 예측할 수 있다고 말한 바 있다. 그 정도로 각 개인의 성격이 우리의 사고와 행동을 결정하고 있다는 것이다. 그러나 성격이란 현상이 갖는 이러한 중차대한 의의에도 불구하고 그것은 철학에서 거의 주목을 받지 못했다.

성격에 주목한 철학자는 방금 언급한 쇼펜하우어 외에 프롬이 있을 뿐이다. 프롬은 성격이 인간의 사고와 행동을 크게 규정한다는 사실에 주목한다. 인간에게는 약화된 본능 대신에 이성이 주어져 있지만, 매사에 이성에 따라서 주체적으로 사고하고 행동하지는 않는다. 오히려 우리는 많은 경우 어릴 적부터 자신에게 각인되어 온 사회적인 관습과 규범에 따라서 사고하고 느끼고 행동한다. 사회적인 관습과 규범에 따라서 사고하고 느끼고 행동하는 것이 습관이 되면 그러한 습관이 하나의 성격으로서 굳어지게 된다. 이러한 성격을 프롬은 사회적 성격이라고 부른다. 이러한 사회적 성격 이외에 개인마다 다른 개인적 성격이 존재한다.

효과적인 행동을 하기 위해서는 지나치게 많이 생각하거나 의심하는 데 에너지를 써서는 안 되기 때문에 우리는 흔히 이미 성격으로 고정되어 있는 특정한 방식으로 사고하고 느끼고 행동한다. 우리는 사람들이 자신들의 성격에 따라서 '본능적으로 생각하고 느끼고 행동한다'고 말할 수 있다. 이런 의미에서 성격이란 인간이 상실하게 된 본능을 대신하는 것이다.

우리에게는 자신이 갖고 있는 관념이나 판단은 자신이 행한 논리적 추리의 결과인 것처럼 보인다. 따라서 우리는 세계에 대한 자신의 태도는 자신이 갖는 관념과 판단에 입각해 있다고 생각하는 경향이 있다. 그러나 이러한 확신은, 사실은 그러한 관념이나 판단이 비롯된 우리의 성격 구조를 강화하는 역할을 할 뿐이다. 우리의 의식적인 행동과 감정 그리고 욕망은 이성적인 사려보다는 대체로 우리의 성격적인 특수성에 의해 결정된다. 우리의 성격이 긍정적이고 생산적인 것일 때 우리의 사고도 합리적이며 생산적인 것이 된다. 반면에, 성격이 부정적이고 비생산적인 것일 경우에는 우리의 사고는 합리적인 논리의 외관을 쓰고서 왜곡된 성격을 미화하고 정당화하는 역할을 하기 쉽다.

우리의 행동이 우리의 성격과 다를 경우, 나의 성격 구조가 행동의 진정한 동기이며 나의 실재를 구성한다. 예를 들어 인색한 성격의 사람이 관대한 기부를 했을 경우, 이는 그의 진심에서 우러난 것이 아니라 사실은 자신의 명성을 높이기 위해서나 더욱 큰 이익을 위해서였을 가능성이 크다. 우리의 행동은 우리의 성격, 즉 우리의 존재를 반영하지만 경우에 따라서는 그것을 은폐할 수도 있다.

프롬에 따르면, 프로이트 이전에 인간 행동의 은밀한 동인, 즉 가장 깊이 숨겨진 이기심과 의도 그리고 감사와 보상을 바라는 마음 등을 폭로하고 비판했던 사람은 마이스터 에크하르트다. 프롬은 마이스터 에크하르트를 영혼에 대한 천재적인 분석가라고까지 부른다. 마이스터 에크하르트는 "사람은 자기가 무엇을 '해야 하느냐'보다도 자기가 무엇으로 '존재하는가'를 생각해야 한다"고 말했다. 이는 인간은 선한 인간이 되는 것을 목표해야 하지 자신이 몇 번이나 선행을 행했느냐를 중시하지 않도록 주의해야 한다는 것이다. 여기서 존재란 우리의 실재이며 우리의 생각과 행동을 근본적으로 규정하는 성격이다.

성격은 세부적인 면에서는 사람들마다 각각 다르게 나타나지만, 프롬은 성격을 크게 합리적이고 생산적인 성격과 비합리적이고 비생산적인 성격으로 구별할 수 있다고 본다. 앞에서 이미 보았듯이, 인간은 자신의 근본적인 욕망들을 긍정적이고 생산적인 방식으로 충족시킬 수 있지만, 부정적이고 비생산적인 방식으로 충족시킬 수도 있다. 어떤 사람이 자신의 근본적인 욕망들을 어쩌다 우연히가 아니라 지속적으로 긍정적이고 생산적으로 실현할 경우, 그러한 사람은 생산적 성격 내지 생명친화적인 성격을 가진 사람이다.

생산적 성격이 사랑, 연대, 정의, 합리성을 지향하는 반면에, 비생산적 성격은 권위주의, 파괴성, 탐욕, 이기주의적인 자기애나 자신이 속한 혈연이나 지연에 대한 맹목적이고 배타적인 애정에 사로잡혀 있다. 생산적인 성격이 지향하는 사랑, 연대, 정의, 합리성은 서로 밀접하게 연관되어 있다. 프롬은 그것들을 생명 증후군이라고 부른다. 이에 반해 비생산적인 성격이 지향하는 권위주의, 파괴성, 탐욕, 이기주의적인 자기애 역시 서로 밀접하게 결합되어 있으며, 생명 저해 증후군을 형성하고 있다.

이는 사람들이 전자나 후자 어느 한쪽의 증후군에 의해 전적으로 지배되고 있다는 것을 의미하지는 않는다. 그런 사람들은 오히려 예외적이며, 사람들에게는 보통 양쪽 증후군이 섞여 있다. 문제는 각 증후군이 차지하고 있는 비중이 어느 정도냐는 것이다.

프롬은 이렇게 한 인간에게는 두 개의 증후군이 함께 존재한다는 사실을 인정한다. 그러나 프롬은 두 개의 증후군 중에서 마음에 드는 것들만을 골라서 혼합하는 것은 불가능하다고 말한다. 이는 각 증후군을 구성하는 성질들은 하나의 긴밀한 구조를 형성하고 있기 때문이다. 따라서 각 증후군에서 좋아하는 성질만을 선택하여 그것을 다른 증후군의 좋아하는 성질과 결합하는 것은 불가능하다. 우리들의 선택은 어떤 증후군 전체의 선택이 될 수 있을 뿐이며, 두 증후군 양자에서 선택된 일부 성질들의 혼합이 될 수는 없다.

현대인들 대부분이 바라는 것은 공격적이고 남과 경쟁하기를 좋아하면서도 동시에 사랑과 동정심이 깊고 화해를 추구하는 인물이다. 그러나 프롬은 이러한 인물은 현실에 존재하지 않는다고 본다.

3. 권위주의적 윤리와 인본주의적 윤리

앞에서 우리는 프롬이 종교를 권위주의적 종교와 인본주의적 종교로 나누고 있다는 사실을 보았다. 프롬은 종교와 마찬가지로 사람들의 성격도 크게 권위주의적인 성격과 합리적인 성격으로 나누면서 각 성격에 상응하는 윤리적 성향을 권위주의적인 윤리와 인본주의적 윤리로 구별하고 있다. 그리고 프롬은 권위주의적 윤리와 인본주의적 윤리 각각에 상응하는 양심, 즉 권위주의적 양심과 인본주의적 양심이 있다고 본다. 양심은 그것이 권위주의적 양심이든 인본주의적 양심이든 일종의 인식이지만 그러한 인식은 추상적인 사고의 차원에서 이루어지는 인식 이상의 것이다. 양심은 인격 전체의 반응이다. 따라서 우리의 인격이 왜곡되어 있을 경우에는 양심의 소리도 왜곡되어 있다. 예를 들어 히틀러 숭배자는 히틀러의 명령에 따를 때 자신의 양심에 따른다고 생각한다.

권위주의적 윤리는 무엇이 선하고 악한가를 스스로의 힘으로 인식하는 인간의 능력을 부정한다. 규범을 부여하는 것은 개인을 초월하는 권위이다. 이러한 권위는 복종하는 자가 권위에 대해서 갖는 경외심과 그의 나약하고 의존적인 감정에 기반을 둔다. 권위주의적 윤리에서는 '순종이 최대의 미덕이며 불복종이 최대의 죄악'으로 간주된다. 권위주의적 윤리에서 죄란 비합리적인 권위에 대한 불복종이기 때문에, 죄는 회개-벌-새로운 굴복-용서에 의해서 극복되는 것으로 간주된다. 여기서 우리의 삶의 중심은 우리 자신의 내부에 있지 않고 우리가 복종하는 권위에 있다. 우리는 자신의 생산적 능동성에 의해서가 아니라 수동적인 복종과 그 결과로 권위가 우리에게 부여하는 시인是認에 의해서 행복에 도달한다.

권위주의적 윤리는 규범에 대한 무조건적인 복종을 요구하면서도 인간은 그러한 규범에 항상 저촉할 수밖에 없는 악한 존재로 본다. 따라서 권위주의적 윤리는 윤리적 행동이란 천성적인 사악한 욕망들을 억제하는 것이라고 본다. 이와 함께 권위주의적 윤리는 인간이 자신에 대한 긍지나 자신감보다는 자신을 끊임없이 감시하면서 죄책감을 가질 것을 요구한다. 권위주의적 양심이란 죄의식에 사로잡히고 자신을 자학하는 양심인 것이다.

프롬은 권위주의적 윤리는 인간이 처한 근본적인 상황에서 비롯되는 고독감과 무력감에서 손쉬운 방식으로 벗어나려는 시도 중의 하나라고 본다. 사람들은 자신의 무력함과 한계를 자신보다 더 강력한 외적인 권위, 예를 들어 불사의 신이나 사회나 국가에 의존함으로써 극복하려고 한다. 권위주의적인 윤리는 이러한 의존적인 태도에서 비롯된다. 이 경우 사람들은 인생의 의미는 각 개인의 삶의 완전한 전개에 있지 않고 불사의 신에 대한 헌신이나 사회에 대한 봉사나 사회적 의무의 완수에서 찾을 수 있다고 믿는다. 그리고 개인의 발전과 자유나 행복은 개인을 초월하는 영원하고 강력한 힘을 상징하는 권위에 비하면 중요하지 않다고 주장한다.

권위주의적인 윤리와 달리 인본주의적 윤리는 인간을 초월하는 권위가 아니라 오직 인간만이 미덕과 죄의 기준을 결정할 수 있다고 본다. 그리고 그것은 인간을 위해 좋은 것이면 '선'이고 인간에게 유해한 것이 '악'이라는 원리에 입각해 있다. 즉 유일한 윤리적 가치 기준은 인간의 행복인 것이다. 이 점에서 인본주의적 윤리는 인간 중심적이다.

물론 이러한 인본주의는 인간이 우주의 중심이며 다른 존재자들을 자기 마음대로 취급해도 좋다고 주장하는 인본주의는 아니다. 그것은 오히려 인간은 세계 안에 존재하면서 다른 존재자들에 의존하고 있기 때문에 인간이 자신의 존재를 진정으로 위하는 길은 바로 세계와 다른 존재자들을 위하는 것이라는 믿음에 입각해 있다. 인간이 자신을 세계의 주인이라고 자부하면서 세계를 황폐화해도 좋다고 생각하는 것은 자신의 생존기반을 파괴하는 어리석음에 지나지 않는다.

그런데 인간에게 이로운 것이 무엇인가를 알기 위해서는 우리는 먼저 인간의 본성을 알아야만 한다. 프롬은 자칫 인본주의적인 윤리가 쾌락주의적으로 해석될 수 있음을 경계한다. 쾌락주의적 입장에서는 쾌락이 모든 가치의 시금석이다. 그러나 '자유가 아니라 복종에서, 사랑이 아니라 증오에서, 또한 생산적 일이 아니라 착취에서 쾌락을 얻는 사람들이 있기 때문에, 쾌락 자체가 어떠한 행위가 선하고 악한 것인지를 평가할 수 있는 기준이 될 수는 없다.

프롬은 '지혜와 사랑과 같은 인간의 본질적인 능력들을 발휘하는 행동과 그것에 수반되는 쾌락'만이 진정으로 인간에게 좋은 것으로 본다. 그렇지 않은 쾌락은 일시적으로는 좋은 것으로 느껴질지 모르지만 인간에게 파괴적으로 작용한다는 것이다. 이러한 입장에서 볼 때 행복은 미덕에 대한 보상이 아니라 미덕 그 자체이다. 인간은 지혜, 용기, 절제, 사랑과 같은 미덕을 구현할 때 자신의 본성을 실현하는 것이며 자신에 만족하고 행복할 수 있는 것이다. 또한 이러한 입장에서는 우리가 욕망을 억누르기 때문에 행복을 즐기는 것이 아니라 도리어 행복을 즐기기 때문에 욕망을 억누를 수 있다.

인본주의적 윤리는 인간을 원래 악하다고 보는 것이 아니라 인간은 생산적이고 생명친화적인 잠재력을 타고났다고 본다. 그러한 타고난 원초적인 잠재력을 생산적으로 발휘하는 것이 문제라고 본다. 물론 우리가 사랑과 책임, 용기, 절제와 같은 미덕을 지니기 위해서는 끊임없는 자기성찰이 필요한 것이지만 그것은 흡사 악한 죄인을 가두어 놓고 감시하는 식의 경계와는 다르다.

인본주의적 윤리에서 죄란 인간 간의 분리를 야기하고 심화하는 행위이며 이러한 죄는 지혜와 사랑의 완전한 실현에 의해서 극복된다. 권위주의적인 윤리는 지옥에 떨어지는 것도 불합리한 권위에 대한 불복종으로 인한 벌로 간주하지만, 인본주의적 윤리는 지옥을 인간들이 서로 완전히 분리되고 고립해 있는 상태로 본다.

죄의식은 보통 권위주의적 양심에 의해서 강렬하게 체험되는 것이지만, 이는 인본주의적 양심에 죄의식이 없다는 것을 의미하지는 않는다. 이러한 죄의식은 자신에 대한 의식적인 자책이라기보다는 자신의 존재에 대한 무의식적인 죄책감으로 나타난다. 프롬은 이러한 무의식적인 죄책감의 한 형태를 자신의 인생을 낭비해버린 사람들이 보이는 죽음에 대한 비합리적인 공포에서 찾고 있다. 그것은 모든 인간은 죽어야만 한다는 사실에 대한 정상적인 공포가 아니라, 사람들을 끊임없이 사로잡는 죽음에 대한 전율이다. 죽음에 대한 그러한 비합리적인 공포는 자신이 인생을 낭비해 버렸으며 자신의 능력을 생산적으로 사용하지 못했다는 사실에 대한 죄책감의 표현이다.

어떤 사람들은 비난받는 것에 대해 불합리한 공포를 갖는데, 이것 역시 그 사람이 갖는 무의식적인 죄의식 때문이라고 볼 수 있다. 만일 인간이 생산적으로 살지 못하기 때문에 자신을 시인할 수 없다면 그는 자신이 자신에게 해야 할 시인을 타인의 시인으로 대체하게 된다. 그 결과 타인이 자신을 어떻게 평가할지에 대해서 과민한 반응을 보이게 된다.

이렇게 볼 때 권위주의적 양심은 사실은 인본주의적 양심에 근거하면서도 인본주의적 양심을 은폐하면서 그것의 소리를 듣지 못하게 하는 기능을 한다. 사람들은 의식적인 차원에서는 자신이 권위를 기쁘게 하지 못했다는 것에 대해서 죄책감을 느끼지만, 무의식적인 차원에서는 자신의 참된 삶을 살지 못한 것에 대해서 죄책감을 느끼고 있다. 그러나 사람들은 의식적인 차원에서 경험하는 죄책감에 사로잡힘으로써 무의식적인 차원의 진정한 죄책감을 망각한다.

4. 프롬과 불교 그리고 덕 윤리

프롬의 윤리학이 지향하는 인본주의 윤리는 불교가 지향하는 윤리와 동일하다. 불교 윤리가 실현하고자 하는 최고의 선은 열반이다. 이러한

172

열반은 탐진치가 소멸된 상태로서 지혜와 자비라는 덕으로 충만한 상태다. 프롬의 인본주의적 윤리도 지혜와 사랑이란 덕을 지향한다. 더 나아가 프롬도 불교도 단순히 어쩌다 올바른 행동을 하는 것을 넘어서 성격의 전환을 중시한다. 프롬에서도 불교에서도 선한 인간이란 지혜롭고 친절하고 관대한 성품을 실현한 사람인 것이다.

이런 의미에서 나는 프롬의 윤리학과 불교 윤리는 훌륭한 성품을 중시하는 덕 윤리라고 본다. 불교 윤리가 갖는 특성을 덕 윤리라는 관점에서 파악하고 있는 국내 연구자는 안옥선이다.[1] 안옥선에 따르면, 불교는 우리가 선한 규범과 일치하는 행동을 하는 것을 넘어서 우리의 성품을 붓다와 같은 성품으로 전환할 것을 요구한다. 불교는 우리 마음의 전면적인 변혁을 요구하는 것이다. 이러한 변혁은 외적인 이타행으로 나타날 정도로 철저한 것이어야 한다.

안옥선은 불교 윤리를 기본적으로 덕 윤리라고 보면서도 불교는 칸트적인 동기주의의 요소를 갖는다고 본다. 불교는 행위의 선악을 그것이 자비에서 비롯된 것이냐 아니냐에 의해서 정해진다고 보기 때문에, 공리주의적인 결과주의보다는 동기의 순수함을 중시하는 칸트의 동기주의에 가깝다는 것이다. 그러나 다른 한편으로 안옥선은 불교가 자신과 타자의 고통 감소를 지향한다는 점에서 공리주의적인 결과주의까지 포괄한다고 보기도 한다. 즉 안옥선은 불교 윤리는 동기주의와 결과주의를 다 포함하면서도 덕 윤리적 특징이 우세하다고 말한다.

1 안옥선, 「불교윤리와 현대윤리학의 만남」, 『불교학연구』 112호, 불교학연구회, 2005.

   그러나 나는 덕 윤리가 동기주의나 결과주의와 구별되는 윤리학의
다른 사조라기보다는 그 자체가 동기주의와 결과주의를 자신의 주요한
계기로서 포함한다고 생각한다. 덕에 따른 행위는 다른 사람들의
고통을 덜어주고 사람들의 행복을 증진한다는 점에서 공리적인 행위이
다. 그러나 덕에 따르는 행위는 자신의 이익을 목표하는 것이 아니라
순수하게 미덕을 실현한다는 동기에서 비롯되는 행위이기도 하다.
따라서 덕 윤리는 동기의 순수성을 강조하는 칸트적인 동기주의를
포함한다.

   따라서 나는 '불교 윤리는 덕 윤리적인 특징이 우세하지만 그 외에
칸트식의 동기주의와 공리주의적인 결과주의의 특징도 갖는다'는 안
옥선의 말은 부정확하다고 생각한다. 나는 불교 윤리는 덕 윤리적인
특징 외에 동기주의와 결과주의 윤리의 특징도 포함하는 것이 아니라,
불교 윤리는 덕 윤리라고 말하는 것이 더 정확하다고 생각한다. 불교
윤리는 덕 윤리이기 때문에 동기주의와 결과주의까지 다 포함하는
것이다.

   그런데 케아와 같은 학자는 불교 윤리를 덕 윤리로 보는 것은 불교
윤리가 갖는 성격을 지나치게 협소하게 보는 것이라고 비판한다.
그는 이렇게 말하고 있다.

   "우리가 초기불교의 선의 기준을 행위의 기초가 되는 의도나 마음상태
   만을 고려하는 덕 윤리의 한 유형에 환원시킬 때, 초기불교의 선
   기준의 복잡성(complexity)과 풍부함(richness)은 심각하게 훼손된다.
   마찬가지로 초기불교의 이러한 선의 기준을 공리주의로 환원시키는

174

것도 똑같이 환원주의적인 것이다. 왜냐하면 결과만이 중요한 유일한 것이 아니기 때문이다. 나는 페레트(R. Perret)를 따라서 서구 윤리학 이론에서 나타나는 동기주의와 결과주의의 대립은 불교에서는 나타나지 않는다고 본다."[2]

여기서 케아는 불교는 덕 윤리만으로 환원시킬 수 없다고 보지만, 그는 이 경우 덕 윤리를 칸트식의 동기주의와 동일시하고 있다. 따라서 케아는 불교 윤리를 덕 윤리로 환원하는 것은 불교 윤리가 갖는 포괄적인 성격을 무시하는 것이라고 말한다. 그러나 그는 그 전에 덕 윤리를 동기주의 윤리와 동일시하면서 그것을 너무나 협소하게 파악하고 있다.

불교 윤리가 덕 윤리라는 사실은 그것이 자리이타의 윤리라는 점에서도 드러난다. 덕 윤리는 행복을 감각적 쾌감을 누리는 것에서 찾지 않고 미덕을 실현하는 데서 찾는다. 칸트만 해도 덕의 실현과 행복을 상충하는 것으로 보지만, 이는 행복을 암암리에 감각적인 쾌락으로 해석했기 때문이다. 그러나 덕 윤리는 덕을 실현하는 것이 자신의 행복을 희생하는 것으로 보지 않고 참된 행복을 누리는 것이라고 본다. 이 점에서 덕 윤리는 자리自利의 윤리다.

그러나 다른 한편으로 유덕한 행동은 덕 윤리의 대표적 철학자인

---

2 Abraham Velez de Cea, "The Criteria of Goodness in the Pali Nikayas and the Nature of Buddhist Ethics", *Journal of Buddhist Ethics* 11, 2004, 136쪽(안옥선, 「불교윤리와 현대윤리학의 만남」, 『불교학연구』 112호, 불교학연구회, 2005, 141쪽에서 재인용)

아리스토텔레스의 중용이론에서 드러나는 것처럼 어떤 상황에 처한 사람들 모두가 잘 되는 것을 지향한다. 전쟁터에서 어떤 장수가 용기라는 덕을 구현하는 것은 그 상황에 처해 있는 자신의 모든 병사에게 이롭게 작용한다. 용기라는 덕은 아리스토텔레스에 따르면 만용과 비겁의 중용이다. 만용은 후퇴해야 할 때 공연한 자존심 때문에 적에게 돌진하다 패하는 것이다. 이에 반해 비겁은 목숨을 걸고 싸워야 할 때 싸우지 않고 도망가는 것이다. 이렇게 모든 유덕한 행동은 어떤 상황을 공유하는 모든 사람에게 이롭게 행동을 하는 것이다. 이런 의미에서 덕 윤리는 이타利他의 윤리이기도 하다.

그런데 이렇게 모든 사람에게 이롭게 행동하기 위해서는 그 상황을 정확하게 파악할 수 있는 지혜가 필요하다. 유덕한 사람이 갖추어야 하는 덕은 자신과 상황을 공유하는 사람들에 대한 사랑과 상황을 올바르게 파악하여 중용을 실현할 수 있는 지혜다. 따라서 덕 윤리는 칸트처럼 마음의 순수성만을 지향하지 않으며, 공리주의처럼 마음의 순수성은 무시하고 결과만을 중시하지 않는다. 다시 말해서 유덕한 사람은 단순히 착하기만 한 호인이 아니다. 단순히 착하기만 한 사람은 남들에게 이용당하거나 속임을 당하기 쉽다. 또한 유덕한 사람은 명민하지만 마음의 순수함을 결여한 사람이 아니다. 이런 사람은 영악해지기 쉽다. 덕 윤리는 자애와 지혜라는 덕을 함께 실현할 것을 요구한다.

불교에서도 깨달은 자는 매 상황에서 자신뿐 아니라 다른 사람들이 정신적으로 성장할 수 있는 방향으로 행동한다. 불교는 이렇게 덕 윤리와 마찬가지로 자리이타를 추구한다. 덕 윤리가 자리이타를 추구

하는 것은 우리가 다른 인간들이나 다른 사물들과 분리되어 있지
않고 긴밀하게 연관되어 있다고 보기 때문이다. 아리스토텔레스는
우리 인간은 사회적 동물로서 사회 속에서만 교육을 비롯한 갖가지
도움을 받아 훌륭한 인간으로 성숙할 수 있다고 본다. 불교는 이러한
사실을 인정하는 것을 넘어서 우리 인간이 중중무진의 연기를 통해서
모든 것과 긴밀하게 연관되어 있다고 본다. 인간은 사회를 넘어서
세계 전체에서 도움을 받는다는 것이다. 이 점에서 불교 윤리는 연기설
과 무아설이라는 형이상학과 인간관에 입각해 있으며, 불교에서 선은
진리의 인식과 체현에 의해서 가능하다고 본다.[3]

　따라서 불교에서는 형이상학과 인간관 그리고 윤리학과 인식론은
서로 분리되어 있지 않다. 이는 불교 사상이 정치하지 못해서가 아니라
인간과 세계 그리고 윤리와 인식은 서로 분리될 수 없기 때문이다.
오늘날의 철학은 인식론과 윤리학 그리고 형이상학을 구분하면서
별개의 것들로 연구하고 있지만, 하이데거 같은 사람은 이러한 사태를
철학의 타락으로 본다.

　프롬의 인본주의적인 윤리 역시 기본적으로 모든 존재가 서로 긴밀
하게 결합되어 있으며, 자기도취와 자기중심주의가 집착하는 고립된
실체로서의 자아란 하나의 허구라는 인식에 입각해 있다. 이 점에서
프롬의 인본주의적 윤리는 불교와 동일한 형이상학과 인간관에 입각해
있다. 이렇게 프롬의 인본주의적 윤리는 불교와 동일한 형이상학과
인간관을 공유하기에, 양자가 덕으로 간주하는 것도 서로 동일하다.

---

3 안옥선, 「불교에서의 선악으로부터의 자유」, 『범한철학』 47집, 범한철학회, 2007,
　56쪽 참조.

이에 반해 아리스토텔레스는 덕 윤리를 대표하는 사상가이지만 노예제를 긍정한 데서도 볼 수 있는 것처럼, 그에게는 뭇 생명에 대한 사랑은 물론이고 모든 인간에 대한 차별 없는 사랑과 같은 덕은 낯선 것이었다.

5. 사회적 성격과 사회구조의 변혁

프롬은 성격은 각 개인의 습관적인 생각과 행동이 쌓여서 형성되기도 하지만 사회에 의해서 형성되기도 한다고 본다. 특정한 사회는 그 사회를 사는 사람들에게 특정한 사회적 성격을 각인한다는 것이다. 우리는 항상 특정한 사회에서 태어나고 성정하고 노동하면서 살아야 한다. 이는 우리가 각자 자신이 태어난 사회가 요구하는 방식에 따라서 살아야만 한다는 것을 의미한다. 다시 말하면 인간은 사회가 요구하는 성격에 따라서 살아야 한다. 따라서 한 인간의 성격은 그 사회를 지배하는 성격에 의해서 크게 규정된다.

이렇게 사회적 성격이 각 개인의 삶에서 갖는 영향력을 강조하기 때문에 프롬의 윤리학은 사회철학이기도 하다. 프롬의 윤리학이 갖는 이러한 특성은 프롬이 정신분석학 외에 마르크스 사상의 영향을 크게 받았다는 데서도 비롯된다. 이에 반해 그동안 불교에서는 사회구조가 각 개인의 삶에 미치는 영향이나 사회적 성격에 큰 관심을 두지 않았다고 여겨진다. 바로 이 점에서 사회적 성격 이론에 대한 프롬의 사상은 불교에도 큰 의리를 가질 수 있다.

우리는 앞에서 우리의 의식, 즉 유식불교식으로 말해서 분별식이 아만과 아애를 특성으로 갖는 말나식과 아뢰야식에 의해서 규정 받고 있다는 사실을 보았다. 그리고 아뢰야식은 일차적으로 각 개인에서는 신체와 성격으로 나타난다는 사실도 보았다. 불교에서 아뢰야식에 대한 보다 깊이 있는 해석이 이루어지기 위해서는 사회적 성격에 대한 프롬의 사상을 고려해야 한다. 또한 불교 윤리가 성격의 전환을 목표하는 윤리인 한, 불교 윤리도 이러한 사회적 성격에 대한 프롬의 사상을 고려해야 한다고 생각한다.

프롬은 어떤 사회 집단의 구성원들 대부분이 공통적으로 갖는 성격 구조를 사회적 성격이라고 부르고 있다. 사회적 성격은 그 집단이 갖는 공통의 경험과 생활양식에서 생겨난 것이다. 어떤 사회의 구성원들이 자기가 해야 하는 일을 자발적으로 하고 싶다고 생각할 경우에만 그 사회는 원활하게 기능할 수 있다. 이를 위해서 사회는 각 개인들이 생각하고 느끼고 욕망하는 패턴, 즉 사회적 성격을 사회의 원활한 기능에 적합한 방식으로 형성해야 한다. 사회적 성격은 사회가 원활하게 기능하게 하도록 구성원들의 정신적·육체적 에너지를 특정의 사회적 에너지로 변화시키는 것이다. 사회적 성격은 일차적으로 부모를 통해서 형성된다. 부모를 통해서 사회는 어린이들에게 자신의 가치와 규범 등을 각인시킨다.

따라서 사회 환경에 따라서 사람들의 성격도 달라진다. 스칸디나비아의 국가들처럼 경쟁이 덜한 수평적인 개인주의적 사회에서 사람들은 남들보다도 앞서려고 하지 않으면서도 독립적인 성격을 갖게 된다. 이에 반해 경쟁이 심한 수직적인 개인주의적 사회에서는 사람들은 끊임없이 남들과 자신을 비교하면서 남들보다 뒤떨어질까 초조해하는 성격을 갖게 된다. 또한 개인보다는 집단과 집단 내의 위계질서를 강조하는 수직적인 집단주의적 사회에서 전통적인 권위에 맹종하고 변화를 거부하며, 다른 집단에 대해 배타적인 편협한 성격을 갖게 될 가능성이 많다. 이에 반해 수평적 집단주의적 사회는 사람들이 서로를 존중하고 자발적으로 협동하는 성격을 갖게 될 가능성이 많다.[4]

사회적·문화적 환경이 사회구성원들의 성격을 형성한다는 것은 성적 행동을 통해서도 알 수 있다. 예를 들어 자본을 축적할 필요가 있었던 19세기 자본주의사회에서는 저축적 성격이 사회적인 차원에서 조장되고 강요되었다. 이에 따라 성에 대해서도 금욕주의적인 태도가 바람직한 것으로 권장되었다. 이에 반해 상품들의 과잉공급이 문제였던 20세기 자본주의사회에서는 소비적 성격이 조장되었다. 이에 따라 성도 자유롭게 소비되는 것으로 변했다.

이처럼 사회적 조건이 개인들의 성격 형성에 미치는 영향이 극히 크기 때문에, 생명 증후군을 발전시키기 위해서는 각 개인의 노력도 필요하지만 사회구조를 생명 증후군의 발달을 촉진하는 방향으로 변화시킬 필요가 있다. 이는 생명 증후군이 지배하는 사회적인 분위기에서 사람들은 살아남고 성공하기 위해서라도 생명 증후군을 발전시키는 반면에, 생명 저해 증후군이 지배하는 사회적 분위기에서는 생명 저해 증후군을 발전시키게 되기 때문이다.[5]

---

4 Thao N. Le, Michael R. Levenson, "Wisdom as self-transcendence: What's love (& individualism) got to do with it?," *Journal of Research in Personality* 39(2005) http://lps3.www.sciencedirect.com.libproxy.snu.ac.kr/science/article/pii/S0092656604000406, 447쪽 참조.

5 에리히 프롬, 『건전한 사회』, 김병익 옮김, 범우사, 1975, 79쪽 참조.

이와 관련하여 프롬은 파괴적이거나 잔혹한 사람이 그렇게 된 것은 상당 부분 그러한 사회에 적응하기 위해서 불가피했을 수 있다고 본다. 예를 들어서 파시즘이나 나치즘이 지배하는 상황에서는 사람들은 그 사회에서 생존하고 출세하기 위해서 파괴적인 성격과 열정을 개발해야 한다. 따라서 그 사람의 파괴적인 성격과 정열은 그 자체로는 비합리적이지만, 그 사람이 처한 사회적 상황에서 그 사람이 살아남고 성공한다는 관점에서 보면 나름대로의 합리성을 가지고 있다.

어떤 사람이 갖는 개인적 성격이 그 사회를 지배하는 사회적 성격과 크게 다를 경우, 그는 자신의 개인적인 성격을 표출하는 것을 억제할 것이다. 예를 들어 어떤 사람이 권위주의적인 성격을 갖지만, 그 사회의 대다수 사람이 권위주의적이지 않고 권위주의적인 행동을 바람직하지 않고 불쾌한 것으로 느낄 경우 그 사람은 권위주의적인 행동을 하지 못하게 될 것이다. 그의 권위주의적인 성격은 소멸하지 않을 수 있지만, 사회로부터 영양을 공급받지 못하기 때문에 말하자면 시들어 버린다. 경우에 따라서는 그는 자신의 성격을 고치려고 노력할 수도 있을 것이다.

사회적 성격은 이렇게 한 인간의 성격에 대해서 지대한 영향력을 갖지만, 그렇다고 해서 개인의 성격이 사회적 조건에 의하여 철저하게 결정되는 것은 아니다. 사회는 인간 자신에게 잠재적으로 존재하는 초시대적인 근본적인 열망에 의해서도 규정된다. 프랑스 혁명 당시의 중산계급은 봉건적인 속박을 타파하고 자유로운 경제활동이 보장되는 사회를 만들려고 했다. 그들은 단순히 자신들의 계급적인 이해에 따라서만 행동한 것처럼 보이지만, 그들은 또한 인간 모두에게 존재하는 자유에 대한 열망에 따라서 행동한 것이다. 혁명이 성공한 후에 대부분의 사람들은 경제활동의 자유라는 협소한 자유에 만족했지만, 양식 있는 부르주아들은 이러한 자유의 한계를 자각하고 참된 자유를 향한 인간의 근본적인 열망을 충족시킬 수 있는 사회를 모색했다.

자유라는 이념은 인간의 본성에 깊이 뿌리박고 있기 때문에, 이집트에서의 히브리인이나 로마의 노예, 자본주의에서의 노동자들이 억압적인 사회구조에 대해서 항거했던 것이다. 또한 정의나 형제애와 같은 이념을 구현하고 싶은 열망 역시 인간 존재에 깊이 뿌리 박혀 있다.

프롬은 사회적 성격에 대한 자신의 사상이 인간의 사회성을 특히 강조했던 마르크스 사상에 존재하는 어떤 공백을 메울 수 있다고 본다. 마르크스는 사회의 경제구조라는 하부구조가 정치·법·철학·예술·종교와 같은 상부구조를 규정한다고 보았다. 그러나 마르크스는 경제적 기초가 어떻게 해서 이데올로기적인 상부구조를 규정하는지를 밝히지는 않았다.

프롬은 사회적 성격이라는 개념을 통해 마르크스의 사상에 존재하는 이러한 갭을 메울 수 있다고 본다. 경제구조와 이데올로기적인 상부구조가 지향하는 가치를 결합하는 메커니즘은 사회적 성격에 존재한다는 것이다. 서로 다른 사회는 제각기 특수한 사회적 성격을 가지고 있으며, 이러한 사회적 성격을 발판으로 하여 서로 다른 이념이나 사상 그리고 종교가 발달하게 된다. 예를 들어서 열심히 일하고 성공하는 것을 인생의 주요한 목표로 보는 이념은 경쟁사회인 자본주의사회에서는 강력한 호소력을 가질 수 있다. 그러나 유럽인들에 의해 정복당하기 전에 서로 협동하는 공동체 속에서 살던 인디언들에게는 끊임없는 노력이나 성공의 추구라는 이념은 아무런 호소력도 갖지 못할 것이다. 이념이나 사상 그리고 종교는 그것들이 어떤 일정한 사회적 성격 속에 뚜렷하게 나타나는 특수한 인간적인 욕망을 정당화하는 것일 경우에만 강력한 힘을 발휘할 수 있는 것이다.

어떤 경제구조든 그것이 기능하기 위해서 그러한 경제구조가 중시하는 가치를 자명한 것으로 받아들이는 사회적 성격을 형성하게 된다. 그리고 이러한 사회적 성격에 부응하는 사상이나 이념만이 힘을 가질 수 있다. 프롬은 마르크스의 역사적 유물론과 프로이트의 정신분석학을 종합하여 사회적 성격이라는 개념을 제시한 것이며 이러한 개념이야말로 프롬의 독창적인 공헌 중의 하나다.

6. 현대인들의 사회적 성격: 네크로필리아(Necrophilia: 죽은 것에 대한 사랑)

프롬은 이상의 성격론에 입각하여 현대사회에서 지배적인 사회적 성격을 규명하고 있다. 현대사회에서는 물질적인 부에 대한 추구가 사람들의 삶을 지배하고 있다. 현대인들은 물질적인 부를 소유하고 향유하는 데서 안전과 행복을 찾기 때문이다. 서양의 중세시대에 사람들이 신에게서 안전과 행복을 구하려 했다면, 현대에는 이러한 신의 자리를 인간이 만들어낸 물건들이 차지하고 있는 것이다. 그리고 화폐야말로 그 모든 물건을 구매할 힘을 제공하기 때문에, 사람들은 화폐를 신처럼 숭배하게 된다.

이런 의미에서 프롬은 현대사회와 현대인을 실질적으로 지배하는 종교는 산업종교라고 말한다. 현대의 서양사회에서는 그리스도교가 공식적인 종교로서 내세워지고 있지만, 사람들이 실질적으로 믿는 것은 신이 아니라 물질적인 부라는 것이다. 신은 사람들이 간절히 기도하면 물질적 부와 성공을 가져다주는 수단적인 존재로 전락했다.

프롬은 산업종교가 지배하고 있는 현대사회에서 사람들의 삶을 규정하고 있는 사회적 성격을 네크로필리아라고 부른다. 네크로필리아란 살아 있는 생명보다 자신이 마음대로 소유하고 처리할 수 있는 물건들에 끌리는 성향이다. 그것은 인간 자신을 비롯한 존재하는 모든 것에서 고유한 생명을 앗아가고 그것들을 기술적으로 처리할 수 있고 이용할 수 있는 부품으로 만들고 싶어 한다. 네크로필리아는 원래 시체를 비롯하여 더럽고 썩어 있으며 악취가 나는 것에 끌리는 성향을 가리키는 정신분석학 상의 용어다. 그러나 프롬은 현대인들이 살아 있는 것들보다 죽어 있는 정교하고 깔끔한 인공물을 더 사랑하는 성향을 가리키는 용어로 사용한다.

이러한 네크로필리아적인 성격은 구체적으로는 계산적 성격, 정신분열적 성격, 자폐적 성격, 쾌락주의적 성격으로 구성되어 있다.

계산적 성격이란 모든 것을 그것들이 자신에게 얼마나 큰 물질적 부나 손해를 가져다줄지만을 척도로 하여 평가하고 계산하는 성격을 가리킨다. 현대인들은 외관상으로는 서로에게 친절하지만, 이면에서는 냉철한 계산을 하고 있다.

정신분열적 성격이라는 것으로 프롬은 현대인들에게서 보이는 지성과 감정의 분열을 염두에 두고 있다. 현대인들은 그 이전의 인류가 상상할 수 없을 정도로 과학과 기술을 발전시켰다. 이 점에서 현대인들의 지성은 놀라운 수준에 도달해 있다. 그러나 현대인들의 지성은 살아 있는 생명에 대한 따뜻한 애정을 갖지 않는 냉혹한 지성이다. 이렇게 지성만 발달하고 감정은 메말라가게 되면서 사람들은 자신의 삶을 단조롭고 지루한 것으로 느끼게 된다. 사람들은 이러한 지루함에서 벗어나기 위해서 쉽게 흥분을 일으키는 거친 자극들을 추구하게 된다. 사람들은 경쟁에서의 승리나 알코올이나 마약, 스피드 혹은 섹스와 같은 자극을 요구한다.

이에 따라 현대사회에서는 섬세하고 절도 있는 감정이 아니라 거칠고 야만적인 감정이 지배하게 된다. 더 나아가 철저하게 계산적이고 타산적인 지성과 거칠고 야만적인 감정이 서로를 촉진하고 강화한다. 감정은 지성에 의해서 순화되고 정화되는 것이 아니라 계산적이고 타산적인 지성에 지겨워하면서 야생의 거친 상태로 돌아간다. 따라서 지성이 고도로 발달된 현대사회에서는 역설적으로 공격적이면서 거친 힘이 찬양된다. 이렇게 지성과 감정이 분열되어 있다는 점에서 현대인들은 정신분열적인 성격을 갖는다.

물질적 부의 소유에 집착하는 현대인들은 자폐적인 성향을 갖고 있다. 물질의 소유를 둘러싸고 서로 치열하게 경쟁하는 상황에서 사람들은 서로에 대해서 정을 느끼지 못한다. 사람들은 다른 인간들을 경쟁자나 물질적 부를 획득하기 위한 수단으로밖에 보지 못하게 된다. 이런 의미에서 현대인들은 자기 자신에만 빠져 있는 자폐적인 증세를 보인다.

또한 프롬은 현대인들이 행복을 감각적 쾌락과 동일시하는 쾌락주의에 빠져 있다고 본다. 쾌락주의적 인간이란 재빠르게 쾌락과 고통을 계산하는 기계와 같은 인간이다. 이러한 인간은 자신의 행복은 외부의 물질과 자극에 달려 있다고 생각한다. 따라서 그는 외부적인 조건이 자신에게 불리하게 변할까 봐 항상 불안해한다. 쾌락주의적인 인간은 자신이 자신의 감정과 충동에 가장 충실하게 산다고 생각하지만, 사실은 자신에게 쾌락을 가져다주는 것들에 예속되어 있다.

이상에서 살펴본 계산적 성격, 정신분열적 성격, 자폐적 성격, 쾌락주의적 성격은 서로 긴밀하게 연관되어 있다. 계산적인 성격은 사물들에 대한 애정을 결여하고 있기 때문에, 이미 정신분열적이고 자폐적인 성격에 통한다. 자신의 쾌락에만 몰두하는 쾌락주의적 성격은 다른 인간들 및 사물들과 깊은 관계를 맺지 못하기 때문에 자폐적인 성격과 통한다. 또한 그것은 모든 것을 그것들이 자신에게 얼마나 쾌락을 줄 수 있는지에 따라서 평가하기 때문에 계산적인 성격과 통한다.

프롬이 말하는 네크로필리아적인 성격이 현대인의 삶을 크게 규정하고 있으며, 현대인들은 그러한 성격으로 인해 크게 고통을 받고 있다. 프롬은 이러한 병든 성격은 서로 간에 경쟁을 부추기는 현대사회의 병적인 성격에 의해서 조장되고 있다고 본다. 프롬은 이렇게 개인의 성격 형성에서 사회가 지대한 영향을 미친다고 보기 때문에 프롬의 사상에서 사회구조에 대한 분석과 사회를 어떤 방향으로 변혁할 것인가에 대한 고찰은 큰 비중을 갖고 있다.

불교에서는 사회구조와 사회적 성격이 개인의 인격형성에 갖는 영향력에 대해서는 깊은 고찰이 이루어지지 않았다. 이 점에서 불교는 프롬의 사상에 상당히 귀를 기울일 필요가 있다고 생각한다. 프롬이 현대자본주의사회를 구체적으로 어떻게 분석하고 있고 그가

어떤 사회를 지향하는지에 대해서는 장을 달리하여 VI장에서 살펴
볼 것이다.

IV. 프롬의 정신분석학과 불교

1. 프로이트와 마르크스 그리고 무의식에 대한 탐구

프롬은 서양에서 인간의 이른바 합리적인 이성, 불교 용어로 말해서 분별식이라는 것이 얼마나 쉽게 왜곡되는지를 철저하게 폭로한 사람들을 프로이트와 마르크스라고 본다. 프로이트는 개인이 의식하지 못하는 과거의 정신적 상처에 의해 현재의 의식이 왜곡된다는 사실을 드러냈다. 마르크스는 왜곡된 사회구조가 사람들의 집단적인 의식을 어떤 식으로 왜곡하는지를 드러냈다.

물론 프로이트와 마르크스 이전에도 무의식이 의식에 미치는 영향이 전혀 알려지지 않았던 것은 아니다. 프롬은 서양에서 인간의 의식적인 사고와 행동에 영향을 미치는 무의식적 힘을 분명히 인식하고 있던 최초의 사상가는 스피노자였다고 본다. 스피노자에 따르면, 인간은 자신의 욕망을 의식하기는 하지만 그러한 욕망이 어떻게 해서 생겨났는지에 대해서는 분명히 깨닫지 못한다.

예를 들어 어떤 사람을 비난하고 싶어 하는 욕망에 사로잡힐 때, 우리는 의식적으로는 그 사람이 잘못을 저질렀기 때문이라고 생각한다. 그러나 사실은 그 사람에 대한 질투심과 시기심이 진정한 원인일 수 있다. 우리는 이러한 질투심과 시기심을 무의식 속에 은폐하고 억압하고 있어서 의식하지 못할 뿐이다. 이 경우 우리는 자신의 욕망을 일으키는 참된 원인을 자각할 경우에만 그러한 질투와 시기심에서 자유로운 존재가 될 수 있다. 그렇지 않으면 우리는 자신이 의식하지 못하는 가운데 질투와 시기의 노예가 된다. 우리가 이렇게 질투심과 시기심을 자신도 의식하지 못하도록 무의식 속에 은폐하고 억압하는 것은 유식불교에서 말하는 말나식, 즉 자기중심적이고 자기도취적인 자아의식 때문이다. 우리는 자기 자신을 항상 공정하고 개관적인 사람이라고 믿고 싶어 하는 것이다.

니체 역시 프로이트 이전에 무의식이 의식에 깊은 영향을 미친다는 사실을 알고 있었다. 니체는 이렇게 말한 적이 있다.

"내 기억은 그것을 행하였다고 말한다. 그러나 내 자존심은 그것을 행하지 않았다고 말한다. 그러면 내 기억은 그에 따른다."

이렇게 무의식에 대한 인식은 이미 일찍부터 존재했지만, 그것에 대해서 가장 체계적인 연구를 했던 사람은 프로이트와 마르크스였다. 프롬에 따르면, 프로이트는 개인에 대해서 그리고 마르크스는 사회에 대해서 경험적이고 과학적인 인식을 확립했다. 프로이트는 인간의 마음이 서로 갈등하는 심적인 에너지들, 즉 본능적인 욕망과 도덕적 양심 그리고 자아 내지 의식으로 구성된 구조물이라는 사실을 발견했다. 프로이트는 갈등하는 심적인 에너지들의 성질을 이해함으로써 과거를 이해하고 미래를 예측함으로써 사람들이 합리적인 결단과 선택을 하는 것을 돕고자 했다. 이와 마찬가지로 마르크스는 사회를 과학적으로 탐구될 수 있는 여러 힘으로 성립된 복잡한 구조로 보았다. 이러한 힘들에 대한 인식 역시 과거에 대한 이해를 돕고 어느 정도까지는 미래에 대한 예측을 가능하게 하면서 우리의 합리적인 결단과 선택을 가능하게 한다.

프롬은 프로이트와 마르크스는 이렇게 인간과 사회에 대한 깊은 통찰을 통해서 개인의 삶과 사회구조를 보다 건강하게 만들려고 한다는 점에서 계몽주의적인 휴머니즘의 정신을 계승하고 있다고 본다. 프로이트는 성욕과 같은 인간의 자연스러운 욕망을 과도하게 억압하는 사회적 관습과 규범에 대해서 자연스러운 욕망의 권리를 옹호했다. 그렇다고 해서 프로이트가 욕망의 무분별한 분출을 주창한 것은 아니다. 오히려 프로이트는 욕망을 적절하게 통제할 수 있는 이성의 힘을 강화하려고 했다. 마르크스 역시 인간성을 왜곡하는 경제구조를 비판하면서 인간성의 완전한 실현을 이상으로 삼았다.

물론 프롬은 위와 같은 일치에도 불구하고 프로이트와 마르크스 사이에 무시할 수 없는 차이가 있었다는 사실을 간과하지 않는다. 마르크스는 사회구조와 역사의 전개 과정에 대해 깊은 통찰력을 갖고 있으며, 당시의 지배적인 이데올로기들에서 독립해 있었다. 이에 반해 프로이트는 인간 개개인의 사고, 감정, 정열들의 성격과 구조에 대해 마르크스보다 깊은 통찰력을 갖고 있었지만, 당시의 중산계급을 지배했던 가부장적인 가치관에서 완전히 벗어나지 못했다.

마르크스에 비해 프로이트가 갖는 한계는 프로이트의 독립성 개념에서도 드러난다. 프로이트에게 독립성은 아들이 아버지의 명령과 금지의 체계를 받아들여 그것을 내면화함으로써 아버지에게서 독립하는 것을 의미했다. 따라서 프로이트가 말하는 독립성은 자신이 내면화한 아버지나 사회의 권위에 대해서는 독립적이지 못하다. 이에 반해 마르크스에게 독립성은 그러한 권위에 대해서 주체적으로 비판할 수 있는 능력을 의미한다. 이 점에서 마르크스는 프로이트의 독립성 개념이 갖는 한계를 넘어서 있다.

이러한 차이에도 불구하고 그들은 진실이야말로 가장 강력한 해방의 수단이라고 믿었으며, 인간을 왜곡된 심리구조와 사회구조에서 벗어나게 하려는 불굴의 의지를 갖고 있었다. 그들은 개인과 사회가 행하는 합리화의 허위적인 성격을 꿰뚫어 보면서, 개인과 사회의 실상에 도달하기 위한 지적인 무기를 우리에게 제공했다.

여기에서는 먼저 프로이트의 정신분석학을 프롬이 어떻게 평가하고 있으며 어떻게 발전시키고 있는지 그리고 불교 입장에서 프로이트와 프롬의 정신분석학을 어떻게 평가할 수 있을지를 살펴볼 것이다. 마르크스에 대해서는 장을 달리하여, 프롬이 마르크스를 어떤 식으로 계승 발전시키고 있는지를 살펴본 후에 프롬이 생각하는 이상사회를 불교의 입장에서는 어떤 식으로 평가할 수 있을지를 살펴볼 것이다.

2. 프로이트 정신분석학의 역사적 의의

프롬은 현대산업사회에서 심리학이 나아갈 수 있는 길에는 크게 두 가지가 있다고 본다. 그 하나는 인간의 본질과 인간이 어떻게 하면 행복해질 수 있는지를 연구하면서 행복의 실현을 목표로 하는 심리학이다. 다른 하나는 인간을 사회에 잘 적응하게 하고 사회의 구성인자로서 원활하게 기능할 수 있도록 만들기 위해 인간을 하나의 사물처럼 연구하는 심리학이다. 프롬은 프로이트야말로 심리학이 전자의 길을 갈 수 있는 토대를 마련한 사상가로 보고 있다. 이에 반해 프로이트가 등장하기 이전의 근대심리학은 후자의 길을 걷고 있었다.

19세기 말에는 자연과학만이 진리를 드러낼 수 있다는 과학주의적인 사고방식이 큰 영향력을 갖고 있었다. 이러한 추세와 함께 심리학도 자연과학적 방법과 계량적인 실험을 통해서 심리현상들을 다루면서 영혼을 결여한 과학이 되고 말았다. 그것은 자극-반응현상이나 본능 따위를 문제로 삼았을 뿐, 가장 인간적인 현상들인 사랑, 이성, 양심 또는 가치와 같은 현상들은 과학이 다룰 수 없는 형이상학적인 문제로 간주하면서 문제 삼지 않았다. 그 결과 그것은 '과학적 방법'이 잘 적용될 수 있지만 사람들의 구체적인 삶에는 거의 아무런 의미도 갖지 못하는 문제들을 다루는 경우가 많았다.

프로이트의 정신분석학은 이러한 상황에 새로운 돌파구를 마련했다. 그는 계몽주의적인 합리주의를 마지막으로 대표하면서도 그것의 한계를 드러낸 최초의 사람이다. 프로이트는 계몽주의적인 합리주의가 주장하는 것처럼 이성이야말로 가장 가치 있고 인간다운 능력이지만, 그것은 자주 본능적인 정열에 의해 왜곡된다고 보았다. 따라서 인간의 본능적인 정열을 이해하는 것만이 이성의 능력을 해방시켜 이성으로 하여금 자신의 능력을 제대로 발휘할 수 있게 할 수 있을 것으로 생각했다.

프로이트는 마음을 이드(id), 자아(ego) 및 초자아(super-ego)라는 세 부분으로 구성된 것으로 보았다. 이드는 본능적 욕망을 의미한다. 이것은 그 대부분이 자각되지 않으므로 '무의식'과 동일시된다. 자아는 현실을 관찰하고 평가하는 기능을 가지면서 인간의 자기보존에 대해서 책임을 지는 '의식' 내지 이성을 가리킨다. 초자아는 부모와 사회의 명령과 금지가 내면화된 것이다. 그것은 의식될 수도 있고 무의식적인 차원에 남을 수도 있다.

프로이트의 무의식은 한편으로는 이드라는 본능적인 충동을 가리키지만, 다른 한편으로는 의식에 의해서 자각되지 않는 모든 심리현상을 가리킨다. 무의식이 후자를 의미할 경우, 지금 내가 현재 의식하지 못하는 모든 것은 무의식이 된다. 그리고 내가 현재 의식하지 못하고 있기 때문에 무의식에 속한다고 생각했던 것도 내가 의식하게 되면 의식에 속하게 된다. 예를 들어 내가 어떤 사람을 두려워하기 때문에 미워할 경우, 그 사람을 미워하고 있다는 것은 의식하고 있어도 두려워하고 있다는 것은 의식하지 못할 수도 있다. 이 경우 미움은 의식적인 것이고, 두려움은 무의식적인 것이 된다.

프로이트는 이렇게 인간의 의식적인 생각과 행동이 본능적인 열정뿐 아니라 자신이 의식하지 못하는 비합리적인 힘에 의해 규정된다는 사실을 드러냈다. 우리의 의식적인 생각과 행동은 많은 경우 실상을 가리는 가면이다. 우리의 의식적인 동기, 관념, 신조는 거짓된 정보, 편협한 선입견, 비합리적인 정열, 합리화의 혼합물이다. 실제로 우리는 정신적인 에너지의 상당 부분을 의식되지 않은 참된 동인을 자신에게 감추기 위해서 소비하고 있다. 프로이트가 이렇게 의식적인 사고와 행동을 규정하는 무의식적인 힘을 폭로하려고 한 것은 인간의 의식 내지 이성을 기만적이고 무력한 것으로 비하하기 위한 것이 아니다. 오히려 그것은 우리의 이성적인 힘을 강화하기 위해서였다. 이성은 자신을 규정하는 무의식적인 힘을 자각할 경우에만 그것으로부터 자유로워질 수 있다. 이 점에서 프로이트는 '진리가 너희를 자유롭게 하리라'는 명제를 심리치료의 원리로 삼았다.

프로이트는 환자가 자신의 의식적 사고가 갖는 기만적인 성격을 통찰하고 그러한 사고를 하게 만든 무의식적인 힘을 파악한다면, 환자는 자신의 비합리적인 사고와 이에 따른 비합리적인 행동을 극복할 수 있다고 믿었다. 인간은 그러한 무의식적인 힘을 자각함으로써 무의식의 힘에 의해 움직여지는 무력한 꼭두각시 상태에서 벗어나 자신의 운명을 스스로 결정하는 자유로운 인간이 될 수 있다는 것이다.

프로이트는 이러한 목표를 "이드〔무의식적인 본능적 충동〕가 있는 곳에는 자아〔의식, 이성〕도 있어야 한다"는 말로 표현하고 있다. 이는 정신분석학의 목표가 사람들이 자신의 자아, 즉 이성을 성숙시키고 강화함으로써 자신이 의식하지 못하는 비합리적인 힘들에 의해 조종되는 상태에서 벗어나는 것을 돕는 것에 있다는 것을 의미한다. 이 점에서 프롬은 프로이트의 정신분석학이 목표하는 것은 단순한 치료를 넘어서 인간의 성장과 구원이었다고 본다.[1]

3. 프로이트 정신분석학의 한계

1) 본능주의적 성격

프로이트의 정신분석학은 이상과 같은 의도를 가졌음에도 불구하고, 자기 시대의 인간관이나 가치관에 구속됨으로써 인간의 실상을 제대로 파악하지 못한 면이 있다. 프로이트의 인간관은 19세기에 유행했던 기계적인 유물론의 영향을 크게 받았다. 기계적인 유물론은 모든 정신적 현상의 근원을 생리적 현상에서 발견할 수 있다고 믿었다. 프로이트 역시 이러한 기계적인 유물론의 전제를 받아들이면서 생리적인 힘으로 확인될 수 없는 심리적인 힘은 인간의 생각과 행동을 야기하는 동인이 될 수 없다고 보았다.

그런데 생리적이면서 심리적인 성격을 동시에 갖는 유일한 힘은 성적인 욕망이다. 따라서 프로이트는 인간을 움직이는 근본적인 힘을 리비도라는 성적인 욕망으로 보았으며 모든 심리현상을 리비도로 환원하여 설명하려고 했다. 프로이트는 사랑, 증오, 야심, 질투 등을 성적인 욕망의 표현으로 설명했다. 남녀 간의 사랑은 물론이고 인류에 대한 사랑이나 신에 대한 사랑도 모두 성적 욕망의 결과이고 성적 욕망이 승화된 것이다.

프로이트에게는 이렇게 모든 것을 성적인 욕망으로 환원하여 설명하려는 경향이 있지만, 이러한 경향을 넘어서는 면도 존재한다. 프로이트에 따르면, 성적인 욕망인 리비도를 발산하지 않을 경우 우리는 내부에

---

1 에리히 프롬 외 지음, 『선과 정신분석』, 13쪽 참조.

서 고통스러운 긴장을 느끼게 된다. 이러한 긴장은 성행위에 의해 비로소 해소된다. 프로이트는 우리가 성행위에서 느끼는 쾌락은 이러한 고통스러운 긴장으로부터의 해방일 뿐이라고 보았다. 일시적으로 긴장이 해소되더라도 리비도가 다시 축적되면서 긴장을 해소하려는 새로운 욕망, 즉 쾌락을 추구하는 욕망이 생기게 된다. 이렇게 쾌락을 추구하는 심적인 원리를 프로이트는 '쾌락원칙'이라 불렀다. 그리고 그것을 인간이 자기보존을 위해 따라야만 하는 '현실원칙'과 대립하는 것으로 보았다.

인간은 자기보존을 위해서는 항상 성적인 쾌락만을 추구할 수는 없으며 노동을 해야만 하고 사회적 타부에 적응해야 한다. 쾌락원칙과 현실원칙은 서로 갈등 관계에 있으며 양자 사이에 일정한 평형을 유지하는 것이 정신적으로 건강한 상태다. 이 두 원칙 중의 어느 한쪽이 과도하게 되면 신경증 내지는 정신병적 징후가 나타나게 된다.

통속적인 프로이트 해석은 프로이트가 성적인 욕망만을 인간 행동의 결정적인 동기로 보았다고 생각하면서 프로이트의 학설을 범성욕설汎性慾說로 규정한다. 그러나 위에서 본 것처럼 프로이트는 인간이 서로 갈등하는 두 가지 충동, 즉 성적 쾌락을 향한 충동과 생존을 향한 충동을 갖는다고 본다. 이 두 가지 충동 외에도 이것들과 길항拮抗하는 초자아超自我, 즉 사회적 규범이 존재한다. 즉, 프로이트에게 인간의 자아 내지 의식은 이드라고 불리는 성적인 충동과 이것을 감시하고 규제하는 초자아 그리고 그의 생존을 위협할 수 있는 외부 현실이라는, 서로 갈등하는 힘들에 의해 규정된다. 그것은 단순히 성적인 쾌감을 향한 욕망에 의해서만 움직이는 것이 아니다.

이렇게 성욕 이외에 그것과 대립하는 외부현실과 초자아의 존재를 인정하면서 범성욕설을 넘어서는 면이 있지만, 프로이트가 인간의 근본적인 충동을 성욕에서 찾는 것은 사실이다. 따라서 프로이트는 신경증의 기원을 유아기 상태에서 어린아이가 자신의 성욕과 아버지의 권위 사이에서 겪는 심리적인 갈등을 제대로 해결하지 못한 데서 찾고 있다. 그러한 갈등을 프로이트는 '오이디푸스 콤플렉스'라고 부르고 있다.

나이 어린 사내아이가 만날 수 있는 최초의 여성은 어머니이다. 그 결과 사내아이는 어머니에 대한 성적 욕망을 갖게 되고 아버지의 경쟁자가 된다. 신경증은 이러한 경쟁에서 비롯되는 불안에 대해서 아직 충분히 이성이 발달하지 못한 사내아이가 적절한 방법으로 대처하지 못한 데서 생긴다. 따라서 치료란 성인이 되어 이성이 어느 정도 발달한 상태에서 어릴 적의 장면으로 되돌아가 자신이 겪은 불안과 대면하면서 그것을 극복하게 하는 것이다.

2) 어린 시절의 경험에 대한 지나친 강조

프로이트는 성인 환자가 경험하는 병적인 증세는 아직 자아가 제대로 발달하지 않았던 어린 시절의 사건과 관련이 있다고 보았다. 어린 시절의 사건은 기억의 표면으로 올라오지 못하게 억압되어 있지만, 이렇게 억압된 형태로 성인이 되었을 때에도 계속해서 영향을 미친다. 결벽증과 같은 강박증은 원래는 환자가 어린 시절에 정신적 상처를 초래한 사건에 대해서 아직 이성이 미성숙한 상태에서 대처하는 방식이었다. 그런데 이러한 행동을 환자는 성인이 되어서도 그 이유를 알지 못한 채 계속해서 반복하게 된다.

　정신분석가는 강박적인 행동의 원인이 되었던 사건을 자유연상에 의해서 환기하게 한다. 환자가 그 원인을 발견하게 되면, 환자는 어린 시절에 겪었던 정신적 상처, 즉 트라우마에서 자유롭게 된다. 프롬은 프로이트의 이러한 견해에 대해서 환자들이 어린 시절의 트라우마를 기억하는 일은 매우 드물다고 비판한다. 트라우마는 인간의 신경체계가 견딜 수 있는 한계를 넘기 때문에 의식에 깊은 혼란을 만들어내는 사건을 가리킨다. 그런데 성인이 되었을 때도 계속해서 영향을 끼치는 트라우마는 극히 드물다. 어린 시절에 당한 성폭력처럼 매우 예외적인 트라우마만이 성인이 되어서도 강한 영향을 미친다.

　프롬은 물론 동일한 트라우마라도 어린 시절에 경험을 하게 되면 그 영향력이 훨씬 더 클 수 있다는 사실을 인정한다. 그러나 프롬은 동시에 어린아이가 트라우마에서 회복하는 능력은 성인보다 더 크다는 사실을 강조한다. 어린아이들은 성인에 비해서 훨씬 쉽게 잊어버릴 수 있는 것이다. 따라서 단 하나의 사건이 트라우마로 계속해서 작용하게 되는 것은 극히 드물다. 사람들에게 실질적으로 영향을 미치는 것은 하나의 사건이 아니라 사람들이 지속적으로 처하게 되는 환경이다. 이렇게 고통스러운 환경이 지속될 때 사람들은 트라우마를 갖게 된다.

　프로이트는 우리 인생에서 중요한 일은 생후 5년 동안에 모두 일어나고 그 이후로는 동일한 일이 계속해서 반복된다고 본다. 따라서 프로이트는 어떤 성인이 지금의 그 사람이 된 것은 그의 부모가 어린 시절에 그를 양육한 방식의 결과라고 본다. 이러한 이론에 따라서 사람들은 자신들이 왜곡된 성격을 갖게 된 것은 부모들이 자신을 잘못 양육했기 때문이라고 생각한다.

그러나 프롬은 이러한 견해는 인간을 너무 기계론적으로 파악하고 있다고 본다. 프롬에 따르면, 인생에서 반복되는 일은 하나도 없다. 프롬도 물론 어떤 개인의 발달에 매우 중요한 일들이 생후 5년 동안에 많이 일어난다고 보지만, 그것들에 못지않게 중요한 일들이 나중에도 일어난다고 본다. 생애 초기에 겪는 사건들은 어떤 사람의 인생을 결정짓는 것이 아니라 그 사람이 어떤 성향을 갖게 만들 뿐이다.

우리는 정신분석을 통해서 자신이 어떤 식으로 살아왔는지를 깨달아야 하며 인생의 참된 목표가 무엇인지를 깨달아야 한다. 이런 의미에서 프롬은 환자를 인생이라는 드라마의 주인공으로 보는 것이 중요하다고 말하고 있다. 인간은 인생에서 무언가를 이루기 위해 끝없이 투쟁한다. 외부에서 보면 가장 평범한 사람으로 보이는 사람조차도 자신이 원하지도 선택하지도 않았던 세계에 내던져진 채 자신의 삶을 형성하기 위해 분투하는 드라마를 전개한다. 이런 맥락에서 프롬은 정신분석가는 환자에게서 하나의 드라마를 볼 수 있는 능력을 획득해야 한다고 말하고 있다.

3) 상대주의적인 입장

프롬은 프로이트의 이론은 가치와 규범의 문제에서 상대주의로 떨어질 가능성이 있다고 본다. 프로이트는 심리학은 사람들이 어떤 가치판단을 내리게 되는 동기를 이해하는 것을 파악할 수 있지만, 가치판단 자체의 타당성을 입증하는 것에는 아무런 기여도 할 수 없다고 보았다. 이러한 생각은 그의 초자아(양심) 이론에서 가장 분명히 나타난다. 이 이론에 따르면 단순히 아버지와 사회의 명령이나 금지가 양심의 내용이 된다는 것이다.

프로이트는 각 개인이 주체적으로 사회적인 규범을 비판하고 새로운 규범을 형성해 나갈 수 있는 능력을 고려하지 않고 있다. 따라서 프로이트에서는 모든 사회적 권위는 단순히 사회적 권위라는 이유로 정당성을 갖게 된다. 이렇게 상대주의적인 입장을 취하게 된 결과, 프로이트에서 정신분석의 목적은 환자를 사회에 정상적으로 적응하게 만드는 것이 된다. 프로이트에서 정신적으로 건강하다는 것은 어떤 사람이 자신이 사는 사회가 정상이라고 보는 기준을 충족시키고 있다는 것을 의미하는 것이다. 이런 의미에서 프롬은 프로이트가 사회에 대해서 무비판적인 태도를 취하고 있다고 보았다. 프로이트는 섹스에 대한 금기가 너무 강하다는 점을 제외하고는 당시의 사회에 대해서 결코 비판적인 입장을 취하지 않았다.

그러나 다른 한편으로 프롬은 프로이트의 입장이 결코 상대주의적인 것만은 아니라는 사실을 지적하고 있다. 프로이트는 진리라는 것이 인간이 자신의 생존과 강화를 위해서 만들어내는 것이라는 니체나 철학적 진화론의 견해에 반대한다. 프로이트는 이러한 '무정부주의적'인 진리론은 인간의 공동의 삶을 파괴할 것이라고 생각했다. 프로이트는 미신과 환상에 대립하는 진리가 있다고 생각했으며, 이러한 미신과 환상의 굴레에서 인간을 해방하는 이성의 능력에 대해서도 강한 믿음을 가지고 있었다. 이 점에서 프롬은 프로이트가 붓다와 소크라테스 그리고 근대계몽주의의 휴머니즘 정신을 이어받고 있다고 본다.

이러한 사실을 고려할 때 프로이트의 정신분석은 정신분석가와 환자가 함께 진실을 찾으려고 노력하는 것이었다. 프로이트에게 치료의 목적은 환자를 단순히 사회에 잘 적응하는 인간으로 만드는 것이 아니라 참으로 건강한 인간으로 만드는 것이다. 그리고 이를 위해서 필요한 것은 진실과 성숙한 이성이다. 프로이트는 진실을 찾아보기 힘든 근대의 문화적인 풍토 안에서 철저한 정직성에 입각한 대화를 기본적인 분석 방법으로 사용했다. 프롬은 바로 이 점이야말로 프로이트의 천재성과 위대함을 가장 잘 보여준다고 말하고 있다.

따라서 프로이트는 상대주의에 빠진 면이 있지만, 다른 한편으로는 인간이 사회적 규범이라는 초자아에 의해서 지배되는 상태에서 벗어나 이성의 힘으로 초자아를 검토함으로써 자신의 성장과 행복에 도움이 되는 규범을 스스로 정하게 하고자 했다.[2] 환자에게 이러한 도움을 주기 위해서 정신분석가는 환자의 모델 내지 스승이 되어야 한다. 프로이트는 신이란 유아적 의존증의 산물이라고 보았으며, 인간 자신만이 스스로를 구원할 수 있다는 것을 알았다. 위대한 스승이나 부모나 친구나 연인이 도움이 될 수 있지만, 이들은 당사자가 자신의 고독감과 무력감 그리고 허무감을 주체적으로 극복하려고 하는 것을 도울 수 있을 뿐이다.

이런 맥락에서 프롬은 프로이트 정신분석학의 본질을 새롭게 해석하려고 한다. 보통 사람들은 프로이트의 중심이론을 리비도 이론이라고 보지만, 프롬은 오히려 억압, 저항, 전이, 자유연상에 대한 이론이야말로 프로이트 정신분석학의 핵심이라고 본다. 프롬에 따르면, 프로이트 자신도 정식분석학의 핵심으로서 억압, 저항, 전이, 자유연상을 언급했지만, 리비도이론은 언급하지 않았다.[3] 오히려 리비도 이론은 앞에서 언급한 것처럼 프로이트가 자신의 시대에 구속되어 있던 결과 생긴 것일 수 있다.

이러한 리비도 이론의 구속에서 풀려나면 정신분석학의 본질은 서로 갈등하는 인간 내면의 힘들과 그러한 갈등을 자각하지 못하게 만드는 억압과 저항의 힘 그리고 아무런 갈등도 없는 것처럼 보이게 만드는 합리화를 드러내는 것이다. 환자는 그러한 갈등을 자각하고 그러한 갈등에서 병적인 증세가 어떻게 생겨났는지를 자각하게 됨으로써 병적인 증세에서 벗어나게 된다. 성적인 욕망과 자아와 초자아 사이의 갈등은 사람들의 삶에서 중심적인 역할을 하는 많은 갈등의 작은 일부일 뿐이다.

이 점에서 프롬은 프로이트의 역사적 중요성은 억압된 성적 욕망이 갖는 의미를 발견한 데 있지 않다고 본다. 물론 그러한 발견은 당시에는 실로 대담한 것이었다. 그러나 그것이 프로이트의 가장 큰 기여였다면 그는 오늘날에는 큰 영향력을 갖지 못했을 것이다. 프로이트의 가장 큰 기여는 그가 우리의 의식이 우리의 생각과 행동의 주체라는 통념이 환상이라는 사실을 폭로하고 우리의 일상적인 삶을 지배하는 무의식적인 위선과 미화와 합리화의 가면을 벗겼다는 데 있다. 그는 모든 의식적인 사고와 목적 그리고 미덕을 의심했고 그것들이 사실은 내면

---

3 에리히 프롬, 『존재의 기술』, 116쪽 참조.

의 본심을 타인에게는 물론이고 자신에게까지 숨기려는 다양한 저항에 지나지 않는다는 사실을 입증했다. 프로이트를 통해서 인간은 자신에 대한 환상에서 벗어나 자신의 실상을 있는 그대로 자각할 수 있게 되었다.

이와 같이 무의식을 본능적인 욕망이 자리하는 곳으로 보는 프로이트의 제한된 무의식 개념을 버릴 경우, 무의식을 의식으로 전환시키려고 하는 프로이트의 목표는 보다 넓고 깊은 의미를 갖게 된다. 무의식적인 것을 의식적인 것으로 전환한다는 것은 현실과 접촉한다는 것이며, 이런 의미에서 진실과 접촉하게 되는 것이다. 의식을 확대한다는 것은 깨어나는 것, 장막을 걷는 것, 동굴을 떠나는 것, 암흑에 빛을 가져오는 것이다.

프로이트는 우리의 의식적 사유는 우리 속에 작용하고 있는 힘들의 극히 작은 일부에 지나지 않으며 우리 내부의 무의식적이고 근원적인 힘이 갖는 엄청난 힘에 비하면 극히 미미한 것이라고 보았다. 프로이트는 이러한 무의식적인 힘을 환자가 통찰할 수 있게 하기 위해 자유연상이라는 기법을 활용했다. 자유연상법은 환자가 마음에 떠오르는 것은 무엇이든 그것이 아무리 부끄러운 것이라도 비판적인 판단을 내리지 않고 정신분석가에게 말하는 것이다. 자유연상법은 환자가 무심코 내뱉는 말들, 말 더듬기, 꿈, 감정과 그것에 수반되는 생각, 이미지, 감각들을 통해서 환자의 무의식에 도달하는 통로를 열어준다.[4] 자유연상법을 토대로 하여 정신분석가는 환자가 무의식적으로

---

4 액셀 호퍼 외 지음, 『프로이트의 의자와 붓다의 방석』, 윤승희 옮김/윤희조 감수, 2018, 27쪽 참조.

억압해 온 과거의 아픈 기억과 환자의 내밀한 불안과 소원을 통찰하게
된다. 프롬은 자유연상법에 의해 자연과학적인 실험 장치를 사용하지
않고서도 인간의 영혼을 경험적으로 연구하는 것이 가능하게 되었다
고 말한다.

  프롬이 이렇게 프로이트의 자유연상기법을 높이 평가하는 것처럼
불교와 정신분석학을 비교하는 최근의 연구자들도 프로이트의 자유연
상법과 '고르게 떠 있는 주의(evenly suspended attention)'라는 방법이
불교의 위빠사나와 유사하다는 데 주목하고 있다. '고르게 떠 있는
주의'라는 방법은 정신분석가가 사용하는 방법으로 일정한 높이에서
선회하듯이 환자의 말에 집중하는 것이다. 그것은 환자의 말에 아무런
판단도 내리지 않고 환자의 말을 듣기만 한다. 아울러 그것은 환자의
어떤 특정한 말에 특별히 주의를 기울이지 않고 모든 말에 고르게
주의를 기울인다. 이와 함께 정신분석가는 환자의 말에 자신의 선입견
을 개입시키지 않으면서 환자의 말에 자신을 전폭적으로 열 수 있게
되고, 자신의 무의식을 통해 환자의 무의식에서 작용하고 있는 것을
탐지할 수 있다. 이러한 방법에 의하지 않고서는 분석가는 자신의
선입견을 개입시키기 쉽다.

  엡스타인은 프로이트가 불교의 수행법을 전혀 알지 못했음에도
그와 유사한 것을 발견하고 정신분석학의 중요한 치료법의 하나로
만들었다는 것은 프로이트의 위대한 업적 중 하나라고 말한다.[5] 그러나
이러한 능력을 어떻게 키울 수 있는지에 대해서는 프로이트나 그

---

5 마크 엡스타인, 『붓다와 프로이트』, 225쪽 참조.

이후의 다른 분석가들도 아무런 적극적인 제안을 하지 않았다.[6]

물론 자유연상법과 '고르게 떠 있는 주의'가 위빠사나와 동일한 것은 아니다. 그것들은 신경증의 원인이 되는 무의식적 갈등을 찾아내려고 할 뿐이지, 위빠사나처럼 무아를 깨달으려고 하는 것은 아니다. 위빠사나 역시 '고르게 떠 있는 주의'와 유사하게 우리 마음의 움직임을 아무런 판단도 내리지 않고, 집착하거나 혐오하지 않고, 단순히 바라본다. 위빠사나 수행이 어려움 없이 행해지면, '자아의 치유적 분열'이[7] 일어난다. 여기서 마음은 한편으로는 관조하는 자이면서 관조되는 자다. 마음은 자신의 마음에서 일어나는 자기도취적이고 자기중심주의적인 생각들과 감정들 그리고 욕망들에 의해 사로잡히지 않고 그것들을 평온한 마음으로 관조함으로써 그것들로부터 치유되는 것이다.

4. 프롬의 인본주의적 정신분석학

프로이트의 정신분석학은 성욕을 터부시하는 당시의 위선적인 도덕과 어린아이의 순진무구함에 대한 감상적 생각 등에 공격을 가했다. 그러나 20세기에 들어와 사회적 관습과 관념이 변했다. 그것은 어느 정도는 프로이트의 영향에 의한 것이지만 결정적인 원인은 생산과 저축을 강조하던 시대에서 소비를 강조하는 시대로 바뀐 데 있었다. 20세기에는 어떤 욕망의 충족이든지 지연시킬 필요가 없다는 사고방

---

6 Jeffrey B. Rubin, "Deepening Psychoanalytic Listening: The Marriage of Buddha and Freud", *The American journal of psychoanalysis*, Vol.69 (2), 2009, 94쪽 참조.
7 마크 엡스타인, 위의 책, 74쪽 참조.

식이 물질적인 소비에서뿐 아니라 성에서도 지배하게 되었다. 성은 더는 터부시되지 않았으며, 사디즘이나 마조히즘과 같은 현상들마저도 개인적인 취향으로서 관대하게 용인하게 되었다.

이러한 변화와 함께 정신분석가 대다수는 현대산업사회에 무난히 적응하는 중산계급의 사람들을 정상적인 인간의 기준으로 삼게 되었으며, 이러한 기준에서 벗어난 사람들은 신경증적이라고 생각하게 되었다. 따라서 정신분석가들은 치유의 목적을 환자들이 현실에 보다 잘 적응하게 만드는 데 둘 뿐이고, 이를 넘어서 정치나 철학, 종교 등에 진지한 흥미를 갖는 정신분석가는 거의 없게 되었다. 원래 급진적인 운동이었던 정신분석학은 사람들을 사회에 무비판적으로 순응하는 자동인형으로 만드는 것을 목표하게 되었다.

프로이트 시대의 사람들은 성적인 충동을 비롯한 자연스러운 욕망을 악으로 간주하면서 억압하는 데서 비롯된 히스테리나 강박적인 증상들로 고통을 받았다. 그러나 현대인들은 자신들의 자연스러운 욕망에 대해서 죄의식을 갖지도 않으며 그것을 억압하지도 않는다. 오늘날 성은 도처에서 자유롭게 소비되고 있다. 따라서 현대인들이 보이는 병적인 증상도 프로이트 시대와는 다르다. 현대인들은 물질적인 풍요를 누리고 자신들의 본능적인 욕망을 충분히 충족시키고 있으면서도, 사는 게 무의미하다고 느끼면서 삶의 의욕과 생기를 잃고 있다. 이와 함께 현대인들은 만성적인 권태나 불면증 혹은 우울증에 시달린다. 이러한 새로운 유형의 환자들에게 정신분석가들은 일시적인 위안만을 제공할 뿐이다. 그리고 환자들은 정신분석가라는 권위를 갖는 인간이 자신의 이야기를 주의 깊게 들어준다는 데 만족감을 가질 뿐이다.

프롬은 현대인들의 갖가지 병적인 증상은 현대인들의 소유지향적이고 네크로필리아적인 성격에서 비롯된다고 본다. 현대인들은 다른 사람들에 대한 진정한 관심도 애정도 없다. 현대인들은 단지 정교한 인공물에만 관심이 있으며 한 여자나 남자보다는 스포츠카나 명품 가방에 훨씬 더 큰 관심을 갖는다. 따라서 현대인들의 병적인 증상들은 고전적인 의미의 정신분석으로는 치유될 수 없다. 이는 현대인들의 병적인 증상들은 현대인들의 성격 구조가 전체적으로 변화되는 것을 통해서만 치유될 수 있기 때문이다. 약간의 변화나 개선만으로는 아무런 효과가 없으며, 생각과 감정 그리고 행동의 전체적인 변화가 요구된다.

이런 의미에서 프롬은 자신의 정신분석학을 인본주의적인 정신분석학이라고 부르고 있다. 이는 프롬의 정신분석학이 목표하는 것은 궁극적으로는 환자가 독립적으로 사고할 수 있는 능력과 사랑의 능력을 갖게 하고 이를 통해 행복하고 활기로 충만한 삶을 살게 하는 것이기 때문이다. 그것은 단순히 신경증을 치료하고 환자를 사회에 잘 적응하게 만드는 것 이상의 것을 지향하는 것이다.

프롬은 신경증을 비합리적이고 퇴행적인 욕망들과 합리적이고 생산적인 욕망들 사이의 투쟁에서 비롯되는 것으로 본다. 비합리적이며 퇴행적인 욕망들로서 프롬은 악성의 파괴성, 어머니에 대한 강한 고착 그리고 극단적인 자기도취를 들고 있다. 악성의 파괴성은 생존을 위해서 불가피하게 다른 생물을 죽이는 것이 아니라 파괴 자체를 즐기는 욕망을 가리킨다. 어머니에 대한 강한 고착은 어머니의 자궁으로 되돌아가는 것, 다시 말해 자신이 무조건적으로 의지할 수 있는 정치적·종교적 권위를 비롯한 갖가지 권위에 예속되고 싶어 하는 것을 의미한다. 그러나 인간에게는 이러한 악성의 욕망들에 반대되는 건전한 욕망들도 존재한다. 이러한 욕망들로 프롬은 사랑을 베풀려는 욕망, 인간과 자연 그리고 세상에 대해 관심과 애정을 가지려는 욕망, 예술작품을 창조하고 싶은 욕망과 같은 것을 들고 있다.

프로이트의 정신분석학은 자아가 자신의 본능을 사회가 정상적인 것으로 상정한 기준에 맞게 통제할 수 있는 힘을 갖게 하는 것을 목표한다. 이에 반해 프롬의 정신분석학은 비합리적이고 퇴행적인 욕망 대신에 합리적이고 생산적인 욕망이 한 인간의 삶에서 주요한 동력이 되게 하는 것을 목표한다. 다시 말해서 프로이트는 정신분석이 다루어야 할 문제를 욕망 대 자아의 투쟁이라고 보았지만, 프롬은 한 유형의 욕망과 또 다른 유형의 욕망 사이의 투쟁으로 보는 것이다.

자아는 욕망들을 실행하는 자다. 따라서 프로이트가 말하는 것처럼 자아를 강화하여 자아가 욕망들을 통제하는 힘을 갖게 하는 것이 아니라, 자아를 비합리적이고 퇴행적인 욕망의 도구로 만들지 않고 합리적이고 생산적인 욕망이 실현되는 통로로 만드는 것이 중요하다. 이를 위해서 가장 우선적으로 요구되는 것은 자신의 뿌리 깊은 비합리적이고 퇴행적인 욕망을 자각하는 것이다. 따라서 정신분석학의 중요한 목표는 환자로 하여금 자신의 불합리하고 퇴행적인 욕망을 자각하게 함으로써 그것에 사로잡혀 있는 상태에서 벗어나게 하는 것이다.

물론 프롬은 이렇게 프로이트에 대해서 거리를 두면서도 다른 한편으로는 자신의 목표가 프로이트에게도 결코 낯선 것이 아니었다고 본다. 앞에서 보았듯이 프로이트의 정신분석학에도 환자를 단순히 사회에 적응하게 하는 것을 넘어서 환자가 자신을 자각하게 하는 것, 즉 자신을 지배하고 있는 불합리한 열정들을 인식함으로써 그것들에 의해 지배받는 상태에서 벗어나게 하는 것을 목표하는 면이 있다는 것이다.

프롬은 진정한 정신분석은 하나의 치료 방법일 뿐 아니라 환자가 자기를 인식하고 이해하는 것을 돕는 도구라고 본다. 이 점에서 프롬은 정신분석에 의해서 환자가 자신을 인식하는 것은 불교도들이 수행을 통해서 자기를 인식하는 것과 유사하다고 본다. 불교도 인간이 더 나은 존재 상태에 도달하기 위해서는 자기 인식이 필수적이라고 보는 것이다. 자신의 무의식을 완전히 아는 사람만이 불합리하고 퇴행적인 증상에서 자유롭게 된다.

5. 프롬의 정신분석학과 불교의 깨달음

프로이트와 프롬의 정신분석학에 대한 위에서의 고찰을 토대로 하여 여기서는 프롬의 정신분석학을 불교와 비교할 것이다. 최근에 불교의 가르침을 응용한 심리치료가 각광을 받고 있지만, 이는 불교가 마음의 병을 치유하여 건강한 마음을 만드는 것을 목표한다는 사실을 고려하면 당연하다고 여겨진다. 불교는 탐진치를 지멸한 깨달음을 목표로 하지만, 이렇게 깨달은 상태야말로 마음이 가장 건강한 상태이기에 깨달음에 도달했을 때는 물론이고 깨달음을 위해 수행하는 과정에서도 많은 심리적인 문제가 치유되기도 한다.[8]

나는 프롬의 정신분석학은 그의 인간관이나 윤리학과 마찬가지로 불교와 상통한다고 생각한다. 이 점에서 나는 프롬의 정신분석학과 불교는 서로를 보완할 수 있다고 생각한다. 해외에서는 프롬의 정신분석학과 불교의 관계를 주제로 한 연구들이 있기는 하지만 국내에서는 이문성의 논문 하나밖에 없는 것 같다.[9]

해외의 연구들이 프롬의 정신분석학과 불교를 서로 상통한다고 보는 반면에, 이문성은 프롬이 선불교를 제대로 이해하지 못하고 있다고 본다. 이문성은 프롬이 선불교를 이해하지 못하는 것은 기존의 정신분석학적 관점에서만 선불교의 깨달음을 이해하려고 했기 때문이라고 말한다. 이 경우 기존의 정신분석학적 관점이라는 것은 프로이트의 정신분석학을 가리킨다.

이문성은 프롬이 이성에 의해서 비합리적이고 무의식적인 정념을 지배하려고 하는 프로이트의 목표를 추종한다고 본다. 그리고 이문성은 프로이트의 그러한 의도는 본성을 깨달음으로써 붓다가 되고자 하는 선불교의 태도와 본질적인 차이가 있다고 본다. 더 나아가 이문성은 프로이트에 대해서 융의 입장을 내세우면서 이성에만 의지하여 마음의 문제를 해결하고자 한다면 이성이 정신의 발전에 가장 큰 장애가 된다고 보고 있다.[10]

이문성의 프롬 비판을 우리는 아래와 같이 정리할 수 있을 것이다.

---

8 박재용, 「유식불교와 심리치료―연구경향 분석과 과제」, 『불교학보』 71, 동국대학교 불교문화연구원, 2015, 284쪽 참조.

9 이문성, 「선불교의 깨달음에 관한 E. Fromm의 견해에 대한 분석심리학적 비판」, 『심성연구』 24(1), 2009

10 이문성, 위의 글, 103쪽 참조.

첫째로, 프롬은 자아의 강화가 정신분석학의 목표라고 했는데 이는 제법무아諸法無我라는 불교의 가르침과도 전적으로 어긋난다.

둘째로, 프롬은 의식이 무의식보다 더 높은 가치를 갖고 있다고 보았는데 이것도 불교의 근본적인 가르침에 어긋난다. 불성인 아뢰야식이 자리 잡고 있는 무의식이 마음의 중심이라고 보는 것이 불교의 입장이다.

셋째로, 정신분석학의 목표는 '무의식의 의식화'라는 프롬의 주장은, 선불교의 깨달음의 주체는 자아가 아니라 마음의 본성인 불성이라는 사실을 무시하는 것이다. 무의식의 내용을 의식하게 하는 것이 깨달음이라는 프롬의 입장은 실제로는 깨닫지 못했는데도 깨달았다고 착각하는 가짜 도인을 만들 수도 있다. 프롬이 깨달음의 주체인 전인全人은 의식이 아니라 무의식에 있음을 인정하면서도 '무의식의 의식화'라는 것을 계속해서 주장하는 것은 프롬이 고정된 실체로서의 자아에 대한 집착, 즉 아상我相을 벗어나지 못했기 때문이다. 이렇게 아상을 벗어나지 못했기 때문에 선불교에 대한 그의 이해는 한계를 지닐 수밖에 없다.

이렇게 프롬을 비판하면서도 다른 한편으로 이문성은 프롬이 무의식을 부정적으로 보았던 프로이트와는 달리 선불교의 영향으로 불성이 무의식에 있다는 사실을 인정했다고 본다. 이 점에서 프롬은 마음에 대한 선불교의 이해에 프로이트보다는 더 가까이 다가선 것은 분명하다고 말한다.[11] 그럼에도 이문성은 프롬이 이상의 비판을 피해갈 수 없다고 본다.

아래에서는 이문성의 이러한 비판을 검토하는 방식으로 프롬의 정신분석학과 불교의 관계를 살펴볼 것이다. 이러한 검토가 목표하는 것은 이문성의 논문을 비판하는 것이 아니라 그러한 검토를 통하여 프롬의 정신분석학과 불교 사이의 관계를 보다 명료히 밝히는 데 있다.

이문성이 말하는 것처럼 프롬은 무의식의 의식화를 추구한다. 그러나 과연 이것은 불교와 어긋나는 것인가? 나는 불교도 무의식의 의식화를 추구한다고 본다. 무의식의 의식화라는 프롬의 말은 두 가지 의미를 갖는다. 하나는 우리 마음의 자기중심적이고 자기도취적인 성향을 의식하는 것이다. 그리고 다른 하나는 이러한 성향을 의식함으로써 이러한 성향에 의해서 그동안 가려졌던 불성을 깨닫는 것이다.

우리가 우리 내면의 자기도취적이고 자기중심적인 성향을 자각할 경우에만, 즉 의식할 경우에만 우리는 그것을 제거할 수 있다. 우리가 우리 내면의 자기도취적이고 자기중심적인 성향을 의식하지 못한다면, 우리의 의식은 자각하지 못하는 가운데 그러한 성향의 지배를 받을 것이다. 또한 불성도 우리가 그것을 의식하지 못할 경우에는 잠재적인 가능성으로만 머물 뿐 현실화되지 못한다. 요컨대 우리는 우리 내면의 악한 성향은 제거하기 위해서 그것을 의식에 떠올려야 하지만, 선한 성향은 실현하기 위해서 의식해야 한다. 이러한 사실을 고려해 볼 때 프롬이 말하는 '무의식의 의식화'는 불교의 가르침과 전혀 어긋나지 않는다.

---

11 이문성, 위의 글, 126쪽 참조.

프롬은 무의식을 의식화함으로써 의식을 확장해야 한다고 말하지만, 프롬에서 이러한 확장은 의식을 불성으로 채우는 것이고 우리가 매사를 불성으로부터 생각하고 욕망하고 행동하는 것을 의미한다. 프롬에서 의식의 확장은 무의식과 의식의 경계가 사라지는 것이며 우리의 의식이 불성이 활동하는 공간이 되는 것이다.

'자아의 강화'라는 말도 동일한 것을 의미한다. 이문성에 따르면 '자아의 강화'는 이성에 의해서 비합리적이고 무의식적인 정념을 지배하려고 하는 프로이트의 입장이고 프롬도 이러한 입장을 계승한다고 본다. 앞에서 보았듯이 프로이트는 자아를 의식이라고도 부르고 이성이라고도 부른다. 따라서 프로이트가 자아를 강화한다고 말할 때 그것은 의식 내지 이성의 힘을 강화한다는 것을 의미한다. 프롬은 '자아를 강화한다'는 프로이트의 말은 두 가지로 해석될 수 있다고 보았다. 그것은 강박증 등의 증세로 사회에 제대로 적응하지 못하거나 일상생활에서 큰 불편을 겪고 있는 신경증 환자들의 자아를 이른바 보통의 정상인들 수준으로 개선하는 것이다.

그러나 다른 한편으로 '자아를 강화한다'는 프로이트의 말은 신경증 환자들의 자아를 사회에 잘 적응하는 정상인의 수준으로 개선하는 것을 넘어서 건강한 자아로 변화시킨다는 것을 의미할 수 있다. 이러한 건강한 자아는 단순히 사회에 잘 적응하고 일상생활을 불편 없이 하는 것이 아니라 가부장적인 가치관 등 잘못된 사회적 가치관을 비판하면서 참으로 이성적인 삶을 사는 자아를 가리킨다.

물론 프로이트는 불성의 체험까지는 갖지 못했을 것이다. 따라서 그는 우리가 앞에서 본 것처럼 불교에서 말하는 깨달음의 체험도 유아기의 자기도취 상태로의 퇴행이라고 불렀다. 이런 사실을 고려할 때 프로이트가 말하는 자아의 강화는 자기도취와 자기중심주의에 빠져 있는 자아를 불성을 구현한 자아로 전환하는 것은 아니었을 것이다. 그것은 비판적이고 자율적인 자아였겠지만 무아를 깨닫고 만물에 대한 자애심으로 충만한 자아는 아니었을 것이다.

그러나 프롬이 '자아의 강화'라는 프로이트의 말을 사용한다고 해서, 프롬이 말하는 건강한 자아도 프로이트가 말하는 건강한 자아 정도에 머물렀을 것이라고 보아서는 안 될 것이다. 오히려 신비체험에 대한 프롬의 서술에서도 보았듯이 프롬이 생각하는 건강한 자아는 불교에서 말하는 탐진치를 지멸한 마음에 해당한다. 프롬이 자아의 강화를 말할 때 그것은 의식의 정화와 확대를 가리킨다고 볼 수 있다. 그것은 의식, 즉 분별식이 자기도취와 자기중심주의에 사로잡혀 있던 편협한 상태에서 벗어나 진여심이 활동하는 자리가 되어 만물을 감싸 안는 진여심의 폭으로 확장되는 것이다.

마지막으로 자아가 아니라 '불성이 깨달음의 주체'라는 이문성의 말을 검토해 보자. 이문성이 불성이 깨달음의 주체라는 말로 무엇을 의미하는지는 분명하지 않다. 아마도 그는 그 말로 자아가 아니라 불성이 깨달음의 가능성을 담고 있다고 주장하고 싶어 하는 것 같다. 그런데 프롬은 그의 이러한 주장은 전적으로 수용할 것이다. 그러나 그가 '불성이 깨달음의 주체'라는 말로 자아, 즉 의식 내지 이성이 깨달음의 과정에서 아무런 역할도 하지 못한다는 것을 의미한다면, 프롬이 아니라 이문성 자신이야말로 사실은 불교를 오해하고 있다고 보아야 한다.

불교는 깨달음을 위해서는 불성이라는 인因이 필요하지만, 이러한 불성이 발현되기 위해서는 분별식의 적극적인 수행이라는 연緣이 필요하다고 본다. 이문성은 불성은 무의식이고 자아는 이성이자 의식이라고 말하면서 무의식과 의식을 대립시킨다. 그러나 불성이 의식과 무관한 무의식이고 철저하게 무의식에 머문다면 우리는 불성을 깨치지 못할 것이다. 이는 깨친다는 것은 불성이 우리의 의식에서 활동하게 한다는 것을 의미하기 때문이다.

깨달음의 인은 불성이지만 깨닫기 위해서는 의식, 즉 자아의 수행이라는 연도 필요하다. 의식이 자기중심적이고 자기도취적인 생각이나 열정 등에 사로잡히지 않도록 마음을 비우는 수행이 필요한 것이다. 의식, 즉 분별식은 우리가 앞에서 보았듯이 반성능력을 갖는다. 따라서 그것은 한편으로는 아뢰야식과 말나식에 의해서 규정되면서도 이러한 사실을 자각할 수도 있다. 이와 함께 분별식은 아뢰야식과 말나식의 지배에서 벗어나려고 노력할 수도 있다. 그것은 붓다의 가르침을 따르려고 결심하면서 붓다의 가르침을 항상 기억하고, 깨달음에 도움이 되는 것은 행하며, 그렇지 않은 것은 피한다.

또한 분별식은 우리의 의식을 점령하는 대부분의 생각과 느낌은 말나식에 의해서 오염되어 있는 아뢰야식의 현현이라는 사실을 깨닫는다. 이와 함께 그것은 그것들이 일어났다 사라지는 것을 관조함으로써, 말나식과 아뢰야식의 오염시키는 힘에 사로잡히지 않고 그러한 힘이 저절로 시들게 한다.

따라서 깨달음에서 가장 중요한 것은 의식이라고 할 수 있다. 이는 불성은 깨달음의 잠재적인 가능성으로서 누구나 갖고 있지만 의식이

행하는 수행의 정도에 따라서 불성이 현실화되는 정도가 결정되기 때문이다. 이 점에서 김동림도 "불교수행의 방편 대부분은 이렇게 의식을 통해 인간의 깊은 내면적 심성을 변화시키는 성찰 과정이 그 본질이다."고 말하고 있다.[12] 더 나아가 불성은 이미 깨달아 있는 것이기에 그것이 깨달음을 수행하는 주체라고 말할 수는 없다. 깨달음에 도달하기 위해서 수행하는 것은 어디까지나 우리의 의식일 뿐이다. 이 경우 의식은 우리가 흔히 이성이라고 부르는 것이다. 이러한 이성을 폄하하는 것이 포스트모더니즘이나 포스트구조주의와 같은 최근의 유행사조들에서는 각광을 받고 있다. 그러나 인류의 위대한 문화적 유산은 이성의 소산이다.

프롬에 따르면, 인간은 동물과 달리 이성과 자기의식을 갖게 됨으로써 자신이 아무런 목적도 의미도 없이 끊임없이 생성 소멸하는 낯선 세계에 내던져 있다는 것을 의식하게 된다. 그러나 인간의 과제는 자신의 이성과 자기의식을 포기하고 동물의 상태로 되돌아가는 것이 아니라, 이성과 자아의식을 성숙시키고 확장함으로써 세계와의 상실된 조화를 회복하는 것이다. 세계와의 조화를 회복한 이성과 자아의식은 자기도취와 자기중심주의에 의해서 일그러진 거울이 아니라 만물을 있는 그대로 비추는 거울과 같이 된다.

우리는 앞에서 프롬의 인간관과 불교의 인간관을 비교하면서 생멸심과 진여심 사이의 불일불이 관계를 살펴보았다. 진여심은 무의식 속에 아무런 작용도 하지 않고 존재하는 것이 아니라 생멸심에 끊임없

216

이 말을 건다. 바로 이 때문에 생멸심은 덧없기 짝이 없는 세간적인 가치들에 빠져 있는 자신의 삶에 대해서 허망함과 염증을 느낄 수 있다. 그리고 이러한 허망함을 극복하기 위해서 생멸심은 열반을 구하면서 수행한다. 따라서 생멸심과 진여심의 관계는 한쪽이 다른 쪽에 일방적으로 영향을 미치는 관계가 아니라 서로가 서로에게 영향을 미치는 관계다.

프롬은 프로이트가 갖는 한계에도 불구하고 프로이트는 인간으로 하여금 자신의 의식을 지배하는 갖가지 허위와 환상을 부수고 실상을 보게 하는 것을 지향한다는 점에서 불교에 근접해 있다고 말한다. 이 점에서 프롬은 프로이트의 정신분석학이 인간을 합리적인 존재로 보는 전통적인 합리주의를 넘어서 있다고 보았다. 따라서 프롬은 자신의 정신분석학이 불교뿐 아니라 프로이트의 정신을 계승하고 있다고 보았다.[13]

이문성은 프롬이 선불교의 깨달음을 제대로 이해하지 못했다고 본다. 아래에서는 과연 그런지에 대해서 살펴보겠다. 프롬은 『선과 정신분석』에서 선불교의 깨달음에 대해서 상세히 서술하고 있다. 그의 서술을 정리해 보면 다음과 같다.

첫째로, 선불교에서 깨달았다고 하는 것은 두뇌가 아니고 전체적인 인격이 깨달았다고 하는 것이다. 선불교는 우리 내면의 사악한 욕망을 억압하는 것이 아니다. 그것은 확대된 의식에서 오는 빛과 따뜻한

---

13 에리히 프롬 외 지음, 『선과 정신분석』, 19쪽 참조.

자애 속에서 사악한 욕망이 용해되어 없어지는 것을 지향한다. 악은 세계로부터 분리된 고정적 실체로서의 자아가 존재한다는 착각에서 오는 것이기 때문에, 이러한 착각이 사라지면 악도 저절로 사라진다. 선禪은 우리가 가지고 있는 선한 에너지를 해방시키면서 행복과 사랑의 능력을 개화시킨다.

둘째로, 깨달은 마음은 그전에는 한 번도 경험하지 못했던 평화와 충만을 경험하게 된다. 깨달은 마음에게 꽃은 더 아름답게 보이고 시냇물은 더 신선하고 맑게 흐른다. 깨달은 마음은 그것들에 생명을 주고 그것들은 나에게 생명을 준다.[14] 그런데 이러한 상태는 단순히 주관적인 느낌이 아니라 사물의 실상이 드러나는 상태다. 나는 있는 그대로 사물을 볼 뿐이며, 사물이 이랬으면 혹은 저랬으면 좋겠다는 욕망 속에서 보는 것이 아니다.

프롬은 깨달음의 상태가 어떤 의미에서는 세계와 자아 사이의 분리를 아직 알지 못하는 어린아이의 상태와 유사하다고 말한다. 어린아이는 세계를 직관적으로 파악한다. 공을 가지고 놀 때 어린아이는 진실로 공이 움직이는 것을 보면서 공과 하나가 된다. 어린아이는 바로 이러한 체험 속에 있기 때문에 끊임없는 즐거움을 체험하게 된다. 이에 반해 자신이 세계와 분리되어 있다고 생각하는 성인은 공을 보면서 자신이 보고 있는 둥근 사물이 공이라고 불린다는 지식과 그것이 매끈한 표면 위에서 돌고 있다는 지식을 확인할 뿐이다. 그의 눈은 그의

---

14 에리히 프롬 외 지음, 위의 책, 67~70쪽 참조.

이러한 지식을 증명하기 위해 작용할 뿐이다.[15]

이런 의미에서 프롬은 우리는 어린아이의 자발성과 단순성을 회복해야 하지만, 이 경우 성취되는 무구함은 보다 높은 단계의 무구함이라고 말한다. 이는 어린 시절의 무구를 상실한 후에 얻게 되는 새로운 무구함은 어린아이의 자기도취를 넘어서 있는 성숙한 무구함이기 때문이다. 이것은 모든 것을 지혜와 사랑으로 대하는 무구함이다. 프롬은 세계와 자신의 분리를 알지 못하는 어린아이가 세계에서 경험하는 기쁨은 구약성서에서는 에덴동산의 상태로 비유되고 있다고 말한다. '하느님의 나라에 들어가려면 어린아이와 같아져야 한다'는 신약성서의 말도 위와 같은 맥락에서 이해되어야 한다. 그것은 세계와 자아 사이의 분열을 낳은 자기중심주의를 넘어서야 한다는 것이다. 깨달음에 대한 프롬의 이러한 서술을 볼 때 우리는 프롬이 불교에서 말하는 깨달음의 본질을 잘 이해하고 있다는 사실을 알 수 있다.

이문성의 주장과는 달리 프롬은 프로이트의 한계도 정확히 파악하고 있었고, 선불교에서 말하는 깨달음의 본질도 정확히 알고 있었다. 이문성은 프롬이 단순히 '자아가 이드를 통제해야 한다'는 프로이트의 말을 긍정적으로 받아들이고 있다는 사실에만 입각하여 프롬을 비판한다고 여겨진다. 자아라는 말은 이성이나 사랑 등과 같이 우리 삶에서 중요한 모든 말과 마찬가지로 일의적인 의미로 사용되지 않는다. 따라서 우리는 프로이트와 동일하게 이성 내지 의식을 자아라고 부를 수도 있을 것이다. 불교에서 말하는 깨달음을 통해서 자아의 심화와

---

15 에리히 프롬 외 지음, 위의 책, 87쪽 이하 참조

확장이 일어난다. 이 경우 자아는 더 이상 자기중심적이고 자기도취적인 자아가 아니라 다른 모든 것에 대한 자비로 충만해 있는 자아다.

자기중심적이고 자기도취적인 자아는 자신이 세계로부터 분리된 고립적 실체로서 존재한다는 착각에 빠져 있다. 그것은 자신의 에너지를 이러한 허구적인 존재의 유지와 강화를 위해서 쏟는다. 이에 반해 모든 것에 대한 자비로 충만해 있는 자아는 인간의 본질적인 능력들인 사랑, 창조성, 개방성, 그리고 관계성을 온전히 실현한 자아다.[16]

이러한 자아는 자신이 모든 것과 중중무진의 연기를 통해 연관되어 있다는 사실을 철저하게 인식하면서도, 모든 것이 최대한 선한 방향으로 흐르도록 돕는다. 이런 의미에서 이러한 자아는 고정된 실체라기보다는 하나의 과정이며, 모든 것에 탄력적으로 반응하면서 외부의 흐름을 함께 타면서 유희하는 자아다. 그렇다고 해서 그것은 외부의 흐름에 휩쓸려 가는 자아는 아니다. 그것은 외부의 흐름과 결합되어 있으면서도 자유로우며 자신의 중심을 잃지 않는다. 즉 그것은 매 상황에서 지혜와 사랑과 같은 자신의 본질적인 능력을 실현한다.

이러한 자아를 원효는 진여심이라고 불렀다. 우리는 본래 모든 것을 포함하는 진여심으로서 존재한다. 그러나 고립된 자아가 있다는 착각으로 인해 우리는 자신을 외부 세계와 분리시킨다. 따라서 자아에 대해서 우리가 보통 갖게 되는 느낌은 모든 것을 감싸 안는 참된 자아의 쪼그라든 잔여물일 뿐이다. 프롬이 '자아가 이드를 통제해야

---

16 Alan Roland, "Erich Fromm's Involvement with Zen Buddhism: Psychoanalysts and the Spiritual Quest in Subsequent Decades," *Psychoanalytic Review*, 104(4), 2017, 55쪽 참조

한다'는 프로이트의 말을 긍정적으로 받아들일 때의 '자아'란 위에서 말하는 자비로 충만해 있는 자아, 즉 진여심을 가리킨다. 그리고 이드는 자기도취적이고 자기중심적인 온갖 생각이나 느낌 그리고 욕망을 가리킨다.

프로이트가 생각하는 건강한 자아는 병적인 자기도취에서는 벗어났지만, 어느 정도의 자기도취나 이기심까지 완전히 버린 자아는 아니다. 갓 태어난 아이는 아직 주변의 인간이나 사물을 객관화할 수 없다. 아이에게 현실이란 자기 자신의 몸과 마음의 움직임에 대한 체험에 지나지 않고, 외부 세계는 존재하지 않는다. 유아기적인 자기도취를 벗어나지 못하고 병적일 정도로 과도한 자기도취에 사로잡혀 있는 사람은 자신에 빠져서 다른 사람도 현실도 제대로 파악할 수 없다. 프로이트는 이러한 병적인 자기도취는 극복해야 한다고 주장하지만, 모든 자기도취와 이기심을 버려야 한다고 주장하지는 않는다. 그것들은 신경증에 걸리지 않고 정상적인 생활을 하는 사람들 모두가 갖고 있기 때문이다. 이런 사람들은 객관성을 완전히 상실하지는 않았다. 아울러 프로이트는 사람들이 자신의 삶에 대해서 자부심을 갖고 살 수 있기 위해서는 어느 정도의 자기도취가 필요하다고 보았다.

아울러 이런 사람들은 보편적이고 도덕적인 양심과 자기도취와 이기심이 갈등할 때 자기도취와 이기심을 적절하게 통제할 수 있는 사람들이다. 그러나 프로이트는 이러한 자기도취와 이기심을 온전히 극복할 수 있다고 생각하지는 않는다. 따라서 프로이트는 자기도취적이고 자기중심적인 욕망과 도덕적인 양심 사이에서 적절히 균형을 맞출 줄 아는 자아를 정상적이고 건강한 자아로 본다. 그러나 프롬과 불교는 자기도취적이고 이기적인 자아의 완전한 해체를 주창한다.

6. 정신분석학과 불교의 동일성과 차이

지금까지 프롬의 정신분석학과 불교의 동일성에 대해서 살펴보았다. 그러나 프롬의 정신분석학은 불교와 완전히 동일한 것은 아니다. 프롬의 정신분석학도 정신분석학인 이상 정상적인 사람들이 아닌 신경증 환자들의 치료를 목표한다. 따라서 그것은 불교처럼 사람들을 깨달음으로 이끌려는 것을 목표하지 않는다. 이를 위해서는 정신분석가가 먼저 깨달아야겠지만 프롬도 정신분석가들에게 그것을 요구하지는 않았을 것이다. 물론 프롬은 정신분석가가 불교적인 명상을 수행하고 깨달음의 경험을 갖는다면, 자기 자신과 환자를 이해하는 데 훨씬 도움이 될 것이라고 본다. 그렇다고 해서 프롬이 불교적인 수행과 깨달음이 정신분석학의 치료방법과 목표를 대체해야 한다고 보지는 않을 것이다.

여기서는 정신분석학 일반과 불교의 동일성과 차이를 간략히 살펴보고자 한다. 여기서 정신분석학 일반의 특징으로 이야기되는 것은 프롬의 정신분석학에 대해서도 타당하다. 또한 여기서는 프롬의 정신분석학이 정신분석학의 역사에서 갖는 의의에 대해서도 살펴볼 것이다.

드라젠 수미가(Dražen Šumiga)에 따르면, 1950년대까지만 해도 정신분석학은 종교에 대해서 부정적인 태도를 취하거나 무관심했다. 정신분석학은 인격신에 대한 신앙은 아버지에 대한 소아적 의존의

연장으로 보았고, 신비체험은 유아적인 나르시시즘으로의 퇴행으로
보았다. 이 두 가지 관점이 종교에 대한 정신분석학의 연구를 규정해
왔다. 프롬은 정신분석학이 종교를 보는 관점을 전환하는 데 크게
기여했다. 프롬은 종교가 우리 삶에서 갖는 중요성을 강조했으며,
특히 불교가 갖는 독특함에 주목했다.[17] 물론 프롬 이전에도 융에서
보듯이 정신분석가들이 불교에 관심을 갖는 경우가 있었다. 그러나
프롬이 스즈키 다이세츠와 함께 출간한『선과 정신분석』은 불교와
정신분석학 사이의 생산적 대화가 본격적으로 전개되는 데 큰 기여를
했다.

　　정신분석학과 불교는 각자의 독특한 문화적 맥락에서 출현하고
발전했다. 프롬에 따르면, 정신분석학은 서구의 인본주의와 합리주의
의 산물이며 19세기 합리주의를 벗어나 어두운 격정을 탐구하는 낭만
주의적 탐색 활동의 산물이기도 하다. 정신분석학은 인간의 무의식적
인 충동이나 열정을 철저하게 과학적으로 탐구하려고 한다. 그리고
그것은 정신질환을 치료하기 위한 과학적 기법을 고안하려고 한다.[18]
정신분석학은 어디까지나 과학이기 때문에, 정신분석가에게 불교처
럼 깨달음을 요구하지는 않는다. 그것은 환자의 신뢰감을 불러일으킬
수 있는 따뜻함과 친절함을 가질 것을 정신분석가에게 요구하는 정도
에 그친다.

---

17 Šumiga, Dražen, "Fromm's understanding of the Buddhist philosophical theory
　 and psychoanalysis: From the phenomenal ego to the authentic being,"
　 International forum of psychoanalysis, Vol.29(1), 2020, 50쪽.
18 에리히 프롬 외 지음,『선과 정신분석』, 7쪽 참조

물론 프롬은 불교에서 말하는 깨달은 인간이야말로 정신적으로
가장 건강한 인간이라고 보기 때문에 정신분석학도 궁극적으로는
사람들이 이렇게 깨달은 인간이 되는 데 도움이 되어야 한다고 본다.
이런 의미에서 프롬은 불교와 정신분석학의 궁극적 목표는 같다고
말한다. 동일한 맥락에서 엡스타인도 붓다야말로 가장 위대한 정신분
석가였다고 말한다.[19]

사실 정신분석학도 불교도 인간을 고통에서 벗어나게 하려고 하는
치유의 성격을 갖고 있다. 또한 불교와 정신분석학은 인간이 고통에서
벗어나기 위한 전제조건을 자기 자신에서 찾는다. 둘 다 자기 인식이
증대되는 것과 함께 우리가 무의식에 휘둘리지 않고 더 큰 선택의
자유를 누릴 수 있다고 보는 것이다.[20]

이와 관련하여 불교와 정신분석학은 의식과 무의식 사이의 관계를
유사하게 본다. 정신분석학은 우리의 의식은 무의식과 분리되지 않는
다고 본다. 의식은 무의식에서 비롯된 것이고 무의식의 작은 일부일
뿐이다. 따라서 정신분석학은 불교와 마찬가지로 우리의 의식, 즉
이성을 독립적이고 자율적인 것으로 보지 않는다.[21] 이와 함께 정신분
석학은 무의식에 존재하면서 의식의 정상적인 기능을 왜곡하는 부정적
인 심적 요소를 제거하는 것을 목표한다. 이와 마찬가지로 불교도
유식불교에서 아뢰야식이라고 부르는 무의식 속에 잠재되어 있는

---

19 마크 엡스타인, 『붓다와 프로이트』, 19쪽 참조.

20 액셀 호퍼 외 지음, 『프로이트의 의자와 붓다의 방석』, 아름다운 사람들, 2018,
28쪽 참조.

21 액셀 호퍼 외 지음, 위의 책, 221쪽 참조.

분별 망상의 씨앗들을 온전히 제거하는 것을 목표한다.

정신분석학과 불교는 방법 면에서도 유사한 면이 있다. 불교든 정신분석학이든 고통을 겪고 있는 사람 자신만이 고통을 해결할 수 있을 뿐 스승이나 정신분석가가 대신 해결해 줄 수 있다고 보지는 않는다. 불교에서 스승은 제자가 자신 안의 불성을 스스로 깨치게 하는 산파 역할을 한다. 이와 마찬가지로 정신분석가도 환자가 자신의 문제점을 스스로 깨치고 해결하는 것을 돕는 역할을 한다. 특히 선불교에서 스승은 제자가 공안에 몰입하게 함으로써 논리적이고 합리적인 사고에 의해 삶의 문제를 해결하려는 태도를 버리게 하면서 깨달음에 도달하게 한다. 정신분석가 역시 환자에게 논리적이고 합리적인 사고를 중단하게 하면서 자신의 무의식을 떠올릴 것을 요구한다.

불교가 사람들을 탐진치에 사로잡혀 있는 인간에서 지혜와 자애로 충만한 사람으로 변화하는 것을 목표하는 것처럼, 정신분석학도 궁극적으로는 단순히 증상을 치유하는 데 그치지 않고 사람들을 변화시키는 것을 목표한다. 정신분석학은 환자가 자신을 더 잘 이해하게 함으로써 갖가지 병적인 증상에서 벗어나 자신에 대해서 너그럽게 되며 긍지와 책임감을 갖게 하고 다른 사람들과도 관대하면서도 친밀한 관계를 갖게 한다.

이상과 같은 유사성을 가지면서도 정신분석학은 불교처럼 사람들을 깨달음으로 이끄는 것을 목표하는 것은 아니기 때문에, 양자 사이에는 무시할 수 없는 차이도 존재한다. 정신분석학은 당장 명상수행을 하기도 어려운 신경증 환자들을 치유하는 것을 목표한다. 이에 반해 불교는 인간의 교화와 전면적인 변혁 그리고 영적 구원을 목표한다.

불교가 지향하는 바는 사람들이 심리치료나 정신분석에서처럼 단순히
보통의 정상적인 삶을 회복하는 것이 아니다.

정신분석학은 환자의 증상이 치유되었고 환자가 정상적인 삶을
영위할 수 있게 되었다고 해도 환자가 다른 정상적인 사람들과 마찬가
지로 갖가지 고통을 겪을 것이라는 사실을 인정한다. 이런 의미에서
프로이트는 "성공적인 치료는 히스테리에 의한 괴로움을 평범한 불행
으로 전환해 주는 것"이라고[22] 말한 적이 있다. 즉 정신분석학이 추구하
는 것은 불교가 추구하는 해탈이 아니라 갖가지 신경증으로부터의
해방인 것이다.[23]

이렇게 양자가 직접적으로 목표하는 것이 다르기 때문에, 양자는
서로 다른 치유법을 갖게 된다. 결벽증과 같은 강박신경증에 걸린
사람들은 하루에도 수십 번씩 손을 씻거나 하루에 몇 시간씩 샤워한다.
정신분석학은 이러한 사람들이 왜 이렇게 자신을 힘들게 하는 행동을
계속하는지를 설명하고 치유하려고 한다. 정신분석학은 이러한 행동
의 원인이 아직 이성이 충분히 성숙하지 못한 상태에서 어떤 상처가
되는 사건을 제대로 해결하지 못한 데서 비롯된다고 본다. 신경증적인
행동은 그러한 사건에 대한 기억이 일으키는 고통스러운 생각과 감정
을 깨닫지 못하게 하기 위한 방어기제다.

정신분석은 이러한 방어기제를 이완시켜서 고통스러운 증상들의
무의식적인 근원을 드러내려고 한다. 정신분석가는 환자가 꾸는 꿈에

---

22 S. Freud & J. Breuer(1895d), "Preface to the First Edition," *Studies on Hysteria*,
S. E., 2, London: Hogarth, 135쪽.

23 액셀 호퍼 외 지음, 위의 책, 120쪽 참조.

대한 해석이나 최면, 그리고 자유연상법 등을 통해서 무의식 속에 억압되었던 사건을 떠올리게 한다. 그리고 우리가 아직 이성이 성숙하지 않았던 어린 시절에 겪었기 때문에 적절하게 처리하지 못해서 상처로 남게 된 사건과 그동안 세월이 흐르면서 성숙해진 이성을 통해서 대결하게 한다. 환자는 이러한 대결을 통해서 그 사건이 현재 자신이 겪고 있는 신경증을 어떤 식으로 초래하게 되었는지를 이해함으로써 그 사건으로 인한 트라우마에서 벗어나게 되고 그전보다 강화되고 유연한 자아를 갖게 된다.

니나 사벨-록클린이라는 정신분석가가 치료한 로티라는 여성의 예가 정신분석이 어떤 식으로 신경증 환자를 치료하는지를 보여주는 좋은 사례가 될 것 같아 간단히 소개하고자 한다.[24] 로티는 체중이 90킬로그램 이상인 20대 후반의 비만 환자였다. 로티는 아주 사소한 일이라도 마음이 상하면 음식에서 위로를 찾았다. 그녀는 너무 배가 불러 배가 아플 때까지 음식을 먹었다.

정신분석학의 관점에서 볼 때, 로티의 폭식은 더 깊은 곳에 그 원인이 있었다. 로티는 어렸을 적부터 어머니의 사랑을 받기보다는 오히려 어머니를 보살펴야 했다. 로티의 폭식증의 이면에는 부모의 요구에 맞추기 위해 자신의 욕구를 포기해야만 했던 어린아이의 엄청난 분노가 자리 잡고 있다. 로티에게 폭식은 공허, 분노, 고통을 표출하는 출구였다. 그녀는 배가 아플 때까지 먹으면서 정서적 고통을 육체적 고통으로 전환했던 것이다. 자신의 외로움과 어머니에 대한 분노를

24 액설 호퍼 외 지음, 위의 책, 65쪽 이하 참조.

표현하고 어머니를 비롯한 타인들의 부적절한 요구를 거부하게 되면서
로티는 폭식증에서 서서히 벗어날 수 있었다.

위의 예에서 보듯이 정신분석가는 신경증 환자들이 생각 없이 내뱉
는 말이나 말실수 그리고 꿈을 해석함으로써 환자들이 무의식 속에서
겪고 있는 갈등을 발견해야 한다. 그러나 불교의 명상 수행에서 스승은
제자의 말이나 꿈을 해석하려고 하지는 않는다. 예를 들어 위빠사나
명상에서 명상을 지도하는 사람은 명상을 배우는 사람들에게 자신의
과거 경험을 해석하게 하는 것이 아니라 그것을 남의 일처럼 바라볼
것을 요구한다. 즉 과거의 사건에 대한 기억이 일어나더라도 그것을
반추하지 말고 그것이 일어났다 사라지는 것을 무심하게 지켜보라고
말하는 것이다. 간화선 역시 어떤 기억이든 느낌이든 생각이든 그것에
사로잡히지 말고 화두에만 집중할 것을 요구한다.

특히 위파나사는 마음에서 일어나는 느낌이나 생각이 끈적끈적한
에너지로 우리를 사로잡으려고 할 때 그것들에 사로잡히지 말고 그
것들을 관조할 것을 요구한다. 이러한 수행을 계속하다 보면, 의식이
제멋대로 일어나는 생각이나 기억에 사로잡히지 않고 그것들을 알아
차리는 능력이 향상되게 된다. 이와 함께 우리는 자신이 어떤 자극에
대해서 습관적으로 반응하는 것에서 벗어날 수 있다.[25] 습관적인 반
응이란 고정된 실체로서의 자아를 지키려는 방어 본능에서 비롯된
것이다.

정신분석학이 해체하는 것은 자아가 아직 미숙한 상태에서 만들어낸

---

25 액설 호퍼 외 지음, 위의 책, 164쪽 참조.

병적인 방어 메커니즘이다. 이러한 방어 메커니즘을 해체함으로써 정신분석학은 환자가 현재의 상황에 제대로 반응할 수 있게 만들려고 한다. 이에 반해 불교는 병적인 방어 메커니즘은 물론 모든 종류의 방어 메커니즘, 즉 모든 종류의 습관적인 반응양식을 해체하려고 한다. 이는 불교가 무상과 연기에 대한 사상에 입각해 있기 때문이다. 불교에서는 우리가 무의식 속에 억압하는 것은 과거의 트라우마만이 아니라, 근본적으로는 모든 것이 무상하게 인연에 따라서 변하고 있다는 사실이라고 본다. 우리의 습관적인 반응양식은 이러한 사실을 은폐하는 방어메커니즘들이다.

이 점에서 불교에서 해체하는 방어 메커니즘의 폭은 정신분석학보다 훨씬 넓다.[26] 불교는 우리가 습관적으로 모든 것을 부라든가 명예와 같은 세간적인 가치들을 기준으로 평가하거나 종교적·정치적 이념에 집착하는 것도 방어 메커니즘이라고 보는 것이다. 불교가 무심으로부터 생각하고 행동하라는 것은 모든 종류의 습관적인 방어 메커니즘에 의해서 구속되지 말고 생각하고 행동하라는 것이다. 이런 의미에서 불교가 말하는 무심이나 공은 아무것도 아닌 것이 아니라 창조성의 원천이다.[27]

이렇게 습관적으로 반응하는 것에서 벗어날 때, 그러면 우리는

---

26 T. P. Kasulis, "Zen Buddhism, Freud, and Jung," *The Eastern Buddhist*, Vol. 10, No. 1, 1977, 74쪽 참조.

27 Whachul Oh, "Understanding of Self: Buddhism and Psychoanalysis", *Journal of Religion and Health*, October 2021, https://doi.org/10.1007/s10943-021-01437-w, 5쪽 참조

어떻게 되는가? 우리는 우리가 부딪히는 인연을 우리의 습관대로 조작하려고 하지 않고 인연이 자연스럽게 흘러가게 한다. 이렇게 인연의 흐름을 애써 조작하지 않으려고 하기 때문에 마음은 항상 평온할 수 있다. 한때 스즈키 다이세츠에게서 선불교에 대해 배웠던 대표적인 전위음악가 케이지(John Cage)는 이러한 상태를 이렇게 묘사하고 있다.

"고요하게 깨어 있는 마음에서 자아는 감각이나 꿈을 통해서 들어오는 사물들의 흐름을 방해하지 않는다는 것을 나는 이해하였다. 살면서 우리가 할 일은 삶이 흘러가도록 하는 것이고 예술은 이를 도울 수 있다."[28]

물론 이렇게 삶이 흘러가게 하는 것은 삶의 흐름 외부에 서서 그것을 방관한다는 것은 아니다. 우리는 인연의 흐름이 선한 방향으로 흘러가게 하는 방식으로 인연의 흐름에 참여한다. 그러나 이렇게 참여하면서도 그렇다고 해서 인연의 흐름이 뜻대로 흘러가지 않는다고 애끓지 않는다. 이렇게 애끓어 하는 것 역시 무상의 원리를 무시하고 집착하는 것이기 때문이다.

불교에서는 정신분석처럼 의식에 나타난 내용물을 분석하는 것은 하나의 장애물을 다른 장애물로 대체하는 것에 불과하다고 본다.[29] '생각이 생각의 꼬리를 물고 일어난다'는 표현이 말해주듯이, 우리

---

[28] 마크 엡스타인, 『붓다와 프로이트』, 5쪽.
[29] 액셀 호퍼 외 지음, 위의 책, 100쪽 참조.

마음은 마음 안에서 일어나는 어떤 기억이나 생각이 일어나면 반사적으로 그것들을 가지고 끊임없이 이야기를 만들어내려는 경향을 갖고 있다. 이러한 경향이야말로 우리로 하여금 많은 에너지를 소모하게 하면서 우리를 피폐하게 만드는 것이다. 불교의 명상법은 오감에 입력되는 데이터들을 모아 하나의 스토리를 만듦으로써 세상에 대해서 자아를 지키고 강화하려는 힘겨운 작업을 내려놓게 한다. 그것은 마음이 쉬게 만드는 것이다.[30]

이런 점에서 불교에서는 정신분석학이 여전히 생각과 이성을 너무 중시한다고 간주할 것이다. 불교에서는 마음을 다른 감각기관들과 동등한 여섯 번째 기관이라고 보았다. 마음이 갖는 영향력은 단지 감각기관의 영향력 정도라는 것이다.[31] 그러나 인간은 문명이 발달하면서 자신과 세계를 분리시키면서 세계에서 자신을 유지하고 강화하기 위해서 생각하는 능력을 발전시켰다. 그 결과 인간은 감각에서 들어오는 자극을 그대로 받아들이기보다는 일정한 생각의 틀에서 받아들이게 되었으며 이러한 틀에 의해서 걸러지지 않은 감각 경험에 대해서는 무관심하게 되었다.[32] 정신분석학 역시 감각을 통해서 외부세계를 직접적으로 느끼는 것보다도 사고를 더 중시하는 경향에 여전히 사로잡혀 있다고 할 수 있다.

불교 명상법 중 특히 위빠사나를 수행하는 사람은 마음을 담담히 바라보면서 꾸준히 다음과 같이 노력한다.

---

30 액설 호퍼 외 지음, 위의 책, 168쪽 참조.
31 액설 호퍼 외 지음, 위의 책, 37쪽 참조.
32 액설 호퍼 외 지음, 위의 책, 300쪽 참조.

a. 마음 안에서 작용하고 있는 건강하지 않은 모든 것을 버린다.

b. 잠들어 있지만 조건이 갖추어지면 일어날 가능성이 있는 건강하지 않은 것들이 일어나지 않게 경계한다.

c. 이미 일어나 현재 작용하고 있는 건강한 것들은 모두 보호하고 가꾼다.

d. 아직 드러나지 않고 숨어 있는 건강한 것들을 계발하고 성장하게 한다.[33]

이러한 수행을 꾸준히 하다 보면 우리의 의식은 과거의 기억이나 생각에 사로잡히지 않고 청정해진다. 이렇게 청정한 마음을 지속적으로 유지하는 것이 불교의 목표다.

우리는 위에서 정신분석학을 불교와 비교해 보았다. 그러나 정신분석학에도 여러 흐름이 존재한다. 이러한 흐름들은 프로이트가 개척한 일정한 방법과 학설을 공유하면서도, 그것들 사이에는 무시하기 어려운 차이가 존재한다. 프롬의 정신분석학 역시 프로이트의 자유연상법이나 '고르게 떠 있는 주의'와 같은 방법을 받아들이고, 환자가 의식하지 못하는 무의식의 갈등이 의식의 왜곡을 초래한다는 프로이트의 설을 받아들인다. 그러나 프롬은 프로이트에 비해 환자와 정신분석가 사이의 친밀한 관계를 강조한다.

프로이트는 치료의 관건은 정신분석가가 환자의 무의식을 해석하는 능력에 달려 있다고 보았다. 그러나 프로이트 이래로 정신분석학에서는 프롬을 비롯하여 정신분석가와 환자 사이의 관계를 중시하는 학파

---

33 액설 호퍼 외 지음, 위의 책, 160쪽 참조.

들이 생겼다. 정신적인 상처가 큰 사람일수록 자신을 고립된 실체로 생각하면서 다른 사람들에게 자신을 닫게 된다. 따라서 환자가 분석가에게 자신을 열고 자유연상을 하기 위해서는 분석가를 신뢰할 수 있어야 한다. 분석가의 보살핌, 연민, 공감이 환자로 하여금 자유롭게 말할 수 있게 허용하고 유도한다. 이렇게 친밀하고 편안한 환경이 전제되지 않고서는 자유연상 자체가 일어날 수 없다.[34] 프로이트의 동료이자 제자였던 페렌치(Sandor Ferenczi)는 심지어 환자는 자유연상으로 치유되는 게 아니라 자유롭게 연상할 수 있을 때 치료된다고까지 말했다.[35]

페렌치는 정신분석학에서 관계모델의 선구자다. 그는 인간의 기본 욕구를 성욕보다는 관계에 대한 욕구에서 찾았다. 사내아이가 어머니에게서 구하는 것은 프로이트가 주장한 것처럼 성욕의 충족이 아니라 따뜻한 보호와 보살핌이다. 페렌치가 프로이트와 갈등을 빚었던 이유 중의 하나는 페렌치가 정신분석가는 환자에게 사랑을 느끼게 해야 한다고 주장했기 때문이다. 즉 정신분석가는 환자가 어린 시절에 필요로 했던 사랑을 환자에게 주어야 한다는 것이다. 그러나 이렇게 관계를 중시했던 페렌치나 프롬과 같은 정신분석가들을 프로이트를 추종했던 이른바 정통정신분석학자들은 이단으로 간주했다.[36]

페렌치와 마찬가지로 프롬도 정신분석가는 분석기술뿐 아니라 환자

---

34 액셀 호퍼 외 지음, 위의 책, 208쪽 이하 참조.

35 마크 엡스타인, 위의 글, 12쪽 참조.

36 Marco Bacciagaluppi, "The Relevance of Erich Fromm," *The American Journal of Psychoanalysis*, 74, 2014, 129쪽 이하 참조.

에 대해서 어머니 같은 다정함과 자애를 가져야 한다고 보았다. 따라서 프롬은 환자들과 항상 심도 있고 친밀한 관계를 유지하려고 했다. 프롬의 환자나 동료들의 말에 따르면, 프롬은 환자의 얼굴을 따뜻하게 바라보면서 환자가 생기와 자발성을 되찾고 자신을 긍정하고 감싸 안도록 일깨우려고 했다. 환자와의 이러한 친밀한 관계에서는 의사와 환자가 각각의 중심에서 벗어나 새로운 중심을 향해 함께 흘러간다. 이러한 관계를 프롬은 '환자들과의 춤'이라고 불렀다. 춤을 출 때 두 사람은 하나가 된다. 프로이트의 정신분석에서는 정신분석가가 연극을 보는 것처럼 분석에 임했던 반면에, 프롬은 연극에 직접 참여한다.

환자를 제대로 알려면 그 사람 내면 속으로 들어가 그 사람이 되는 것이 필요하다. 분석가는 환자가 경험하는 모든 것을 자신 속에서 경험할 경우에만 환자를 이해한다. 이 점에서 프롬은 단순히 분석가만이 환자를 분석하는 것이 아니라 환자를 통해서 분석가는 자신을 분석하게 된다고 말한다. 분석가는 환자의 무의식을 경험함으로써 자신의 무의식을 밝히지 않을 수 없기 때문이다. 따라서 분석가가 일방적으로 환자를 치료하는 것이 아니라 분석가도 환자에 의해서 치료된다. 분석가가 환자를 이해할 뿐 아니라 환자도 그를 이해하게 된다. 이렇게 해서 분석가와 환자 사이에 연대와 친교가 달성된다.

프롬의 이러한 입장은 자아를 세계로부터 고립된 고정불변의 실체가 아니라 다른 사람들과 사물들과의 관계 속에서 끊임없이 변화하는 것으로 보는 불교의 입장과 통한다. 이와 함께 프롬의 정신분석학은 단순히 증상을 없애는 것을 넘어서 환자가 보다 지혜롭고 자애로운 인간이 되도록 돕는 것을 목표한다고 할 수 있다. 그러나 이렇게 관계를 중시하는 프롬이 프로이트에 대해서 갖는 차이에도 불구하고 정신분석가는 환자의 무의식적인 갈등을 해석해야 한다는 데는 변함이 없다. 그리고 정신분석가는 그것을 잘 해석할 수 있는 능력과 기술을 가져야 한다. 이에 반해 불교는 해석하려 하지 말고 위빠사나에서처럼 다만 생각하거나 지켜보거나 간화선에서처럼 화두에 집중할 것을 요구한다. 이 점에서 어떠한 종류의 정신분석이든 정신분석과 불교 사이에는 근본적인 차이가 존재한다.

프롬 역시 정신분석학과 불교 사이의 이러한 차이를 인정했을 것이다. 그러나 프롬은 정신분석가가 불교를 이해하고 불교의 명상 수행법을 수행하게 되면 인간을 보다 깊이 이해하게 되고 환자의 치유에 많은 도움을 받게 될 것으로 보았다.

V. 프롬의 사회사상과 불교자본주의

1. 마르크스 사상의 의의

프로이트와 함께 인간의 의식이 갖는 허구적인 성격을 극명하게 폭로한 사람은 마르크스다. 마르크스는 "인간 존재를 규정하는 것은 그의 의식이 아니며, 반대로 사회적 존재가 의식을 규정한다"고 보았다. 인간은 자신의 자발적인 의식과 행동이 사회구조를 형성한다고 믿지만, 사회구조가 개인들의 의식과 행동을 규정한다는 것이다.

마르크스가 말하는 것처럼 인간의 의식은 사회적으로 조건지어져 있다. 사람들은 보통 자신이 깨어 있다고 생각하지만 사실은 반수면 상태에 있다. 반수면 상태라는 것은 사람들은 현실 자체를 보는 것이 아니라 사회가 허용하는 정도만큼만 현실을 지각한다는 것이다. 또한 우리는 현실을 보고 있다고 믿지만, 실제로는 역사와 사회에 의해서 형성된 언어를 통해 여과된 현실을 보고 있을 뿐이다.[1]

프롬에 따르면, 마르크스야말로 인간을 사회와의 역동적 관계에서 파악하는 것과 동시에 인간의 사고방식과 생활방식이 역사적으로 변화하는 것으로 파악한 최초의 사상가였다. 사람들은 보통 마르크스의 역사적 유물론이 인간 행동의 결정적인 동기가 물질적 만족에 대한 소망 내지 재화를 무제한하게 사용하거나 소유하고 싶다는 욕망에 있다고 주장한다고 생각한다.

프롬은 이러한 통념은 잘못된 것이라고 보고 있다. 마르크스는 경제적 이해관심이 인간행동의 결정적인 동기라고 보지 않았다. 마르크스의 역사적 유물론이란 각 시대의 생산양식이 인간의 사고방식과 생활방식, 즉 사회적 성격을 규정한다는 것을 의미한다. 예를 들어 자본이 부족한 19세기의 자본주의는 검약하고 저축하려는 성향을 조장한다. 이에 반해 과잉공급이 문제인 20세기의 자본주의는 소비하고 낭비하려는 성향을 촉진한다.

자본주의에 대한 마르크스의 비판은 자본주의가 사람들로 하여금 '소유'하고 '소비'하고 싶어하는 욕망을 자본주의 사회의 원활한 기능과 성장을 위한 심리적인 근본동인으로서 조장한다는 점에 향하고 있다. 마르크스는 소유하고 소비하려는 욕망을 인간의 근본적인 욕망으로 보는 것이 아니라 오히려 그러한 욕망에 의해 지배되는 인간을 정신적으로 불구가 된 인간으로 본다. 마르크스가 지향하는 사회주의 사회가 목표하는 것은 이윤과 사유재산의 증대가 아니라 이성과 사랑과 같은 인간의 본질적인 능력들을 완전히 개화시키는 것이다. 건강한 인간에

---

1 에리히 프롬 외 지음, 『선과 정신분석』, 57쪽 참조.

대한 마르크스의 상像은 자유와 평등과 박애라는 이념을 지향하는 독립적이고 능동적인 인간을 이상적인 인간으로 보는 계몽주의적인 휴머니즘에 뿌리를 내리고 있다.

프로이트는 사회와 문명은 근본적으로 성욕과 같은 인간의 자연스러운 욕망을 억압하는 것으로 보았다. 그러나 마르크스는 인간은 사회 속에서 성숙하기 때문에 인간이 자신의 본질적 능력들을 개화시키기 위해서는 사회가 필요하다고 보았다. 이와 함께 마르크스는 인간의 성숙과 발전을 저해하는 사회가 있을 수 있지만, 또한 그것을 돕는 '좋은 사회'가 있을 수 있다고 본다. 마르크스는 건강한 인간은 건강한 사회를 통해서만 탄생될 수 있다고 보았다.

마르크스 사상이 갖는 이러한 휴머니즘적인 정신은 통속적인 마르크스주의에 의해서 부인되거나 왜곡되고 있다. 그러나 프롬은 그러한 휴머니즘의 정신이야말로 마르크스 사상의 바탕이 되고 있다고 본다.

2. 자본주의사회에 대한 비판

프롬의 자본주의 비판은 마르크스의 소외론을 계승 발전시킨 것이다.

마르크스는 자본주의를 보편적인 상품시장경제라는 말로 정의했다. 자본주의사회에서는 모든 것이 상품화되지만 무엇보다도 인간의 자기실현을 가능케 하는 노동력이 하나의 상품으로서 매매될 수 있는 것이 된다. 이와 함께 인간 개개인도 하나의 상품으로서 취급된다. 이러한 상황에서 노동의 산물은 노동의 주체인 노동자들이 아니라 자본가들에게 귀속된다. 그 결과 노동자는 자신의 노동생산물을 자신의 본질적 능력이 발현된 것으로 보지 못하게 된다. 오히려 그것은 노동자로부터 독립해 있는 하나의 낯선 힘으로, 즉 자본으로 나타나 노동자를 억압하고 착취하는 것이 된다.

이와 함께 노동자는 자신의 창조행위인 노동에서 기쁨을 느끼지 못하고 오히려 노동 후의 먹고 마시는 시간에서 자기를 찾으려 한다. 그에게 노동은 자신의 자발적인 자기실현 행위가 아니라 외부로부터 자신에게 강제된 행위에 불과한 것이다. 따라서 인간 자신을 인간화하는 것이어야 했던 노동은 인간을 비인간화하는 것이 되고 만다.

그런데 이러한 비인간화는 노동자들을 착취하는 자본가에게서도 진행된다. 자본가들 상호 간의 경쟁에서 몰락하지 않기 위해서 자본가들은 노동자들을 가능한 한 많이 착취함으로써 맹목적으로 자본을 축적하는 데 몰두하게 될 수밖에 없다. 따라서 자본가는 노동자와 마찬가지로 자본주의라는 시장경제 체제가 부과하는 사회적인 강제로부터 자유롭지 않으며, 자신의 창조적인 능력과 다른 사람들과 연대하는 능력을 구현할 수 없게 된다. 축적을 위한 축적을 강요하는 자본주의 체제의 논리를 통해 실로 물질적 부는 증대하지만, 노동자는 물론이고 자본가도 자신의 창조적인 자기 전개로부터 소외당한다.

프롬의 자본주의 비판은 이상과 같은 마르크스의 소외론의 연장선상에 있다. 프롬은 오늘날 자본주의사회에서는 사랑이나 동정 그리고 자비와 같은 미덕들이 소멸하고 있다고 본다. 자본주의가 중시하는 새로운 윤리적 규범은 '진보'다. 이러한 진보는 무엇보다도 '경제적인' 진보를 의미하며, 더욱더 능률적인 생산 방식에 의해서 생산을 증대하는 것을 의미한다. 그 결과 인간의 여러 성질 중에서 이러한 '진보'에 기여하는 것은 미덕으로 간주되고 그것을 방해하는 것은 '악'으로 간주된다.

프롬은 현대의 복지국가도 동정심의 확산에 의해서 생긴 것은 아니라고 보고 있다. 그것은 과잉 공급되는 상품들을 소화할 소비시장을 확대해야 하는 필요성, 노동자들과 빈곤에 시달리는 자들이 일으킬 수도 있는 혁명에 대한 두려움, 평등의식의 확산 등에 의해서 가능하게 되었을 뿐이다. 동정은 복지국가가 형성되게 된 동기들에는 속하지 않는다.

현대의 자본주의사회에서는 사랑이 아니라 교환의 공정성이라는 원리가 지배하고 있다. 따라서 현대인들은 군중에 자신을 동화하려 하고 다른 인간들과 가까이 있으려고 하지만 고독감에 시달린다. 이른바 군중 속의 고독이 지배하는 것이다. 현대인들은 이러한 고독을 노동과 소비에 의해서 망각하려고 한다. 오늘날 인간의 행복은 '즐기는 데' 있다. 이 경우 즐긴다는 것은 만족스럽게 소비한다는 것이며, 상품, 구경거리, 음식, 술, 담배, 강의, 책, 영화 등을 '소비하는 것'을 의미한다. 세계는 우리가 빠는 커다란 유방이 된다. 우리는 젖을 빠는 자이고 세계가 영구히 풍부하게 젖을 공급할 것을 기대하는 자다. 현대인들은 어떤 의미에서 어머니의 젖을 빨면서 황홀해하는 유아적 상태로 퇴행한 것이다.

3. 마르크스의 한계

마르크스의 자본주의 비판을 수용하면서도 프롬은 마르크스의 한계도
간과하지 않는다. 프롬은 마르크스의 사상이 갖는 이러한 한계가
근본적으로 마르크스가 자본주의의 발달이 정점에 달했던 시대에
살았다는 사실에서 비롯된다고 보고 있다. 마르크스 역시 시대의
아들인 이상, 당시의 자본주의사회에 널리 퍼져 있던 선입견을 벗어나
지 못한 면들이 있다는 것이다.[2]

예를 들면 그는 당시의 기계론적인 물리학을 이상적인 학문으로
보면서 인간과 사회도 기계론적으로 파악하는 경향이 있었다. 마르크
스는 이른바 '과학적' 사회주의를 주창하면서 사회주의가 자본주의
사회의 경제법칙에 따라 '필연적으로' 실현된다는 사실을 증명하려고
했던 것이다. 그 결과 그는 역사에서 인간의 자발적인 의지와 상상력이
차지하는 역할과 인간의 열정이 갖는 복잡한 성격을 과소평가하게
되었다.

또한 마르크스는 사회구성원들의 자유로운 연합에 의해서 직접
운영되는 사회를 지향하면서도, 생산수단을 국유화한다는 것을 사회
주의의 핵심으로 보는 경향이 있었다. 그는 생산수단이 자본가의
손에 있든 국가에 있든 그것만으로는 노동자의 현실에는 큰 변화가
일어날 수 없다는 사실을 간과했다. 마르크스가 생산수단의 국유화를
사회주의의 핵심으로서 내세운 것은 소유권을 중시하는 자본주의사회

---

2 마르크스의 사상에 대한 프롬의 비판에 대해서는 에리히 프롬 저, 『건전한 사회』,
  김병익 옮김, 범우사, 1975, 250-270쪽 참조.

의 영향을 받았기 때문이다.

따라서 마르크스가 생산수단의 국유화를 사회주의의 핵심적인 특징으로 볼 때, 그는 소유권과 재산권 등 순전히 경제적인 요인이 인간의 행복에서 갖는 중요성을 과대평가하고 있다. 이 점에서 그는 자신이 비판하는 부르주아 철학자들과 동일한 오류를 범하고 있다. 마르크스가 소유권의 변화를 지나치게 강조함으로서, 소련과 동구의 사회주의와 같은 사회가 자신을 마르크스의 사상에 의해서 정당화할 수 있는 여지가 마련되었다. 소련과 동구의 사회주의는 사회주의를 자본을 국유화함으로써 물질적인 평등을 마련하는 사회로 보았다.

물론 프롬은 마르크스가 생산수단의 국유화를 목표 자체로 생각하지 않았고 그것을 인간의 해방, 즉 '진정한 민주주의'를 달성하기 위한 수단으로 파악했다는 사실을 부인하지 않는다. 이러한 사실은 '천박한 형태의 공산주의'에 대한 마르크스의 비판에서 가장 분명하게 나타나 있다. 마르크스가 말하는 '천박한 공산주의'는 사유재산을 폐지함으로써 모든 사람에게 똑같이 분배하는 사회를 가리킨다. 마르크스는 소유의 평등을 사회주의와 동일시하는 천박한 공산주의는 부유한 자들에 대한 선망과 질시에 바탕을 둔 평균화에 불과하다고 본다.[3]

또한 마르크스는 노동계급을 낭만적으로 이상화하는 경향이 있었다. 그는 독립과 자유를 두려워하고 선동적인 지도자들에 열광하고 예속되고 싶어 하는 인간 내면의 퇴행적인 힘을 인식하지 못했다. 그는 인간은 선천적으로 선한데 왜곡된 사회구조가 인간을 타락시켰을

---

3 천박한 공산주의에 대한 마르크스의 비판에 대해서는 "*Ökonomisch-philosophische Manuskripte aus dem Jahre 1844*", in: MEW 535쪽을 참고할 것.

뿐이라고 보면서, 이러한 사회구조가 철저하게 변혁되면 인간의 근원적인 선성善性이 그 모습을 드러낼 것이라고 믿었다.

마르크스는 인간의 의식은 각 시대의 경제구조에 의해서 규정된다고 보았다. 이를 마르크스는 의식에 대한 존재의 우위라고 표현하고 있다. 이에 반해 프롬은 인류의 역사는 자신이 이미 넘어선 진화 단계로 언제든 퇴행할 수 있으며, 이를 막기 위해서는 인간들의 자각적인 자기변혁이 필요하다고 보았다. 프롬은 인간의 본질과 인간성의 변화는 단순히 사회구조에 의해서 수동적으로 결정되는 것은 아니며 독자적인 법칙을 가지고 있다고 생각한다. 따라서 프롬은 인간성의 변화를 위해서는 사회구조의 변화 이외에 자기혁신을 위한 인간 개개인의 노력이 수반되지 않으면 안 된다고 본다.

이에 반해 많은 마르크스주의자는 사회구조를 변혁하면 인간의 정신은 자동적으로 변화하리라고 믿었다. 이는 인간의 정신을 지나치게 수동적인 것으로 파악한 데서 비롯되는 것이다. 프롬은 이들을 다음과 같이 비판하고 있다.

"그들은 옛 엘리트와 동일한 성격에 의해 움직이는 새로운 엘리트가 혁명이 낳은 새로운 사회정치적 제도 안에서 옛 사회의 조건들을 재생하려 한다는 사실을 모르고 있으며, 또 혁명의 승리가 혁명으로서는 패배가 되리라는 [⋯] 사실을 모르고 있다."[4]

---

4 에리히 프롬 저, 『소유냐 존재냐』, 최혁순 옮김, 범우사, 1978, 163쪽 참조.

인류의 모든 진화단계에는 일종의 종교적 회심에 비견될 수 있는 인간 자신들의 자각적인 결단과 자기 변혁의 노력이 필요하다. 앞에서 이미 보았듯이 프롬은 인간에게는 궁극적으로 자아와 세계의 분리를 어떻게 극복할 수 있는지가 문제가 된다고 보았다. 이 점에서 프롬은 인간을 종교적인 존재라고 보았다. 인간의 사회적 삶이라는 것도 결국은 이러한 물음에 대한 하나의 답변이다. 프롬에게는 자본주의도 사회주의도 세계와 자아 사이의 분리를 어떻게 극복할 것인가라는 문제에 대한 답변이며 이 점에서 그것들도 종교적인 성격을 갖는다.

이렇게 사회를 인간의 근본적인 물음에 대한 하나의 종교적인 답변으로 봄으로써 프롬은 계급투쟁도 마르크스와는 다르게 파악하게 된다. 그것은 단순히 소유를 둘러싼 투쟁이 아니라 사람들에게 삶의 궁극적 의미를 부여하는 서로 다른 지향 체계들을 수호하려는 투쟁으로 보는 것이다. 이와 함께 프롬은 계급투쟁이 종종 종교전쟁에 비견되는 치열함과 광기를 띠는 현상을 해명할 수 있게 된다. 계급투쟁에서 패배한다는 것은 자신들에게 삶의 의미와 방향을 제공했던 지향체계의 소멸을 의미하기에 사람들은 자신들의 목숨을 걸고서 투쟁할 수도 있다. 또한 사람들은 자신의 지향체계가 절대적으로 선하다고 확신하기에 다른 계급을 아무런 양심의 가책도 없이 살육할 수도 있다.

프롬이 이렇게 인류의 역사를 인간의 근본물음에 대한 응답들의 역사로 봄으로써, 프롬에게는 인간의 자각적인 노력이 마르크스에서보다도 훨씬 중요한 의미를 갖게 된다. 또한 프롬은 인간 존재의 종교적 성격을 강조함으로써 기존의 마르크스주의자와는 상당히 다른 면모를 갖게 되었다. 마르쿠제를 비롯하여 프랑크푸르트학파에 속하는 철학자들 대부분은 마르크스와 마찬가지로 종교 자체에 대해서 시종일관 부정적인 태도를 견지한다. 이에 반해 프롬은 종교가 개인과 사회에서 갖는 심대한 의미를 인정한다. 따라서 프롬은 종교 자체를 부정하기보다는 종교의 왜곡된 측면을 배제하고 종교의 진정한 의미와 참된 종교들이 인간의 이성과 사랑의 능력을 개발하는 데 있어서 행할 수 있는 긍정적 역할을 드러내려고 한다.

따라서 프롬은 마르크스와 프로이트처럼 종교와 신적인 차원의 존재를 부정하는 인간중심주의적인 사상가들을 자신의 정신적 스승으로서 받아들이면서도, 붓다와 예수, 마이스터 에크하르트와 같은 종교인들을 자신의 스승으로서 받아들인다. 프롬은 진정한 종교들이 인간의 성격을 근본적으로 변화시키는 데 크게 기여할 수 있다고 보는 것이다.

마르크스주의적인 입장에서는 이것은 보수적 입장에로의 회귀라고 볼 것이다. 실로 마르쿠제와 같은 사람은 프롬을 보수적인 입장으로 퇴행하고 있다고 비난했다. 그러나 나는 이러한 점이야말로 프롬이 20세기의 철학자 중에서 가장 열려 있는 사유태도를 구현하고 있다는 사실을 단적으로 보여주는 것이라고 생각한다. 사회구조의 변화가 갖는 필요성을 인정하면서도 아울러 종교적 명상과 자신에 대한 끊임없는 면밀한 관찰이 갖는 중요성을 동시에 강조할 수 있는 프롬의 탄력성이야말로 그의 약점이 아니라 오히려 강점인 것이다.

그러나 다른 한편 프롬은 프로이트나 마르크스처럼 인간의 자율과 독립성 그리고 창조성을 중시하는 계몽주의적 사상가들의 입장을 적극 수용하고 있다. 어떠한 종교나 정치적 이데올로기도 인간 개개인의 자율성과 독립성 그리고 인류 전체의 형제애를 촉진하지 않는 한, 그것들은 퇴행적이고 정당성을 결여한 것이다. 예를 들어 사람들은 나치즘과 볼셰비즘과 같은 전체주의적 이데올로기들에 헌신하는 것에서 삶의 의미를 발견할지도 모른다. 그러나 그것들은 그것들에 대해서 비판적인 입장을 취하는 사람들에 대해서는 배타적인 태도를 육성하고 권위주의적이고 복종적인 사회적 성격을 강화한다는 점에서 거부되어야만 한다.

그러나 프롬은 인간의 자각적인 노력이 갖는 중요성을 강조하면서도 사회성을 강조하는 마르크스의 입장을 수용하면서 사회가 인간의 삶에 있어서 갖는 지대한 영향도 강조해마지 않는다. 그는 인간의 삶의 변혁을 위해서는 인간의 내면적이고 심층적인 차원에 호소해야 할 뿐 아니라 사회구조의 변혁이 동시에 요청된다고 말하는 것이다. 바로 이 점에서 그는 그리스도교나 불교를 비롯한 전통적인 종교들이 자신의 이념을 제대로 실현하지 못했던 원인을 찾는다. 그리스도교나 불교는 인간의 변혁을 위해서는 사회구조의 변혁이 동시에 진행되지 않으면 안 된다는 사실을 간과했다는 것이다. 따라서 프롬은 인간의 사회적 차원만을 중시하는 마르크스주의적인 편향을 넘어서는 한편, 인간의 내면적인 차원만을 중시하는 기존의 종교들이 갖는 편향도 넘어서야 한다고 주장한다.

4. 사회구조의 변화

프롬은 건강한 사회적 성격을 형성하기 위해서는 개인주의적이고 물신숭배적인 자본주의가 공동체주의적이고 인본주의적인 사회주의로 전환되어야 한다고 본다.[5] 그리고 이러한 인본주의적인 사회주의의 건설을 위해서는 다음과 같은 변화들이 있어야 한다고 본다.

1) 경제적인 차원에서의 변화

프롬은 새로운 사회의 건설을 위해서 경제적인 차원에서 우리가 해야 할 과제들을 다음과 같이 거론하고 있다.

  a. 경제의 종합적 계획을 고도의 분권화와 연결시키고, 지금은 거의 허구가 되어 버린 자유시장경제를 버려야만 한다. 자본주의하에서 각 기업들은 살아남기 위해 많은 물건을 팔아야 하고 이를 위해서는 대중의 소비욕을 자극해야만 한다. 다시 말해 기업들은 정신 건강에 해로운 소비적 성향을 조성하고 강화하기 위해서 가능한 모든 수단을 동원하게 된다.

  b. 무한한 성장이라는 목표를 버리고 선택적 성장을 추구해야만 한다. 소비의 증대를 강요하는 자본주의적 생산의 내적인 법칙에 따라 사람들은 오늘날 소비인이 되도록 강요되고 있다. 현대의 산업사회에서는 부유한 사람들의 경우 소비가 이미 해로운 단계에까지 도달

---

5 에리히 프롬, 『건전한 사회』, 359쪽 이하 참조.

했다. 오늘날의 자본주의사회에서처럼 생산과 소비의 증대를 목표로 삼는 경우 사람들은 끊임없이 소비하려고 하는 탐욕에 사로잡히게 된다. 따라서 생산은 건전한 소비를 위한 것에 제한되어야 한다.

c. 공동경영의 원리가 기업들 전체에서 실현되어야 한다. 프롬은 자신이 주장하는 것처럼 자유시장경제를 폐지하고 계획경제가 도입될 경우 기존의 사회주의국가에서 보듯이 자칫 개인의 창의성과 주체적인 책임의식을 말살시킬 수 있다는 위험성을 인정한다. 그러나 오늘날의 거대조직사회에서는 오직 소수의 성원만이 개인적인 창의성과 책임의식을 발휘할 수 있을 뿐이고, 현대인들 대부분은 거대조직의 톱니바퀴, 즉 일종의 자동인형이 되어 버렸다. 프롬은 현대의 자본주의는 개인적 창의성과 주체성의 발휘를 저해한다고 생각하며 그것들의 발휘와 발전을 도울 수 있는 새로운 사회구조가 필요하다고 생각한다. 이러한 사회에서는 사회구성원들이 정치적·경제적·문화적 차원에서 사회의 운영에 분권화된 방식으로 직접 참여하고 사회전체에 영향을 미칠 수 있어야 한다.

d. 물질적 이익이 아닌 정신적 만족이 삶과 노동의 동기가 되는 사회 풍조와 노동 조건을 조성해야 한다.

e. 노동에서보다 생활 속에서 개인의 창의성을 회복해야 한다.

2) 정치적 변화

프롬은 진정한 정치적 민주주의의 실현을 위해서는 다음과 같은 조치들이 취해져야 한다고 본다.

a. 진정한 의사결정은 대중투표를 통해서 이루어질 수 없고 옛날의 '부락회의'에 해당되거나 또는 500명 정도로 구성된 소집단에서만 가능하다. 이러한 소집단에서만 문제들이 충분히 토의될 수 있고 각 성원이 자신의 생각을 표현하고 남의 의견을 주의 깊게 듣고 토의할 수 있다. 사람들은 서로가 개인적으로 잘 알고 있는 만큼 사람들의 생각에 선동적이고 비합리적인 영향을 주기가 더욱 어렵게 된다.

b. 시민 개개인은 합리적인 결정을 내리기 위해서는 구체적인 정보들을 알고 있어야 한다.

c. 시민이 소규모 대면집단對面集団의 성원으로서 어떤 결정을 내리든 간에 그것은 중앙의 의회나 정부가 내리는 결정에 직접 영향을 미치지 않으면 안 된다. 그렇지 못하면 시민은 오늘날과 마찬가지로 정치적으로 별 의미 없는 존재로 남게 될 것이다. 이렇게 시민이 구체적인 정치적 의사결정에 직접적으로 참여하지 않는 상태에서 행해지는 투표에 의한 결정은 무의미하다. 충분한 정보와 비판적 숙고 그리고 토의도 없이 개인들이 이미 가지고 있는 견해들의 집합이라고 할 수 있는 여론을 반영할 뿐인 투표는 이성적인 통찰과는 거리가 멀다. 그것은 어떤 주어진 순간에 사람들이 갖고 있는 의식적인 생각을 반영할 뿐이다.

3) 문화적 변화

프롬은 산업과 정치 조직이 공동체적으로 바뀌기 위해서는 교육과 문화 역시 공동체적으로 바뀌지 않으면 안 된다고 말하고 있다. 오늘날의 원자적인 사회를 공동체적인 사회로 전환시키는 것은 함께 노래하

고, 함께 걷고, 함께 춤추고, 함께 찬탄하는 공동의 문화를 다시 만들어
내느냐 만들어내지 못하느냐에 달려 있다. 인간이 세계에서 안도감을
느끼기 위해서는 생각에서뿐 아니라 몸 전체와 함께 다른 사람들과
세계와 하나가 되지 않으면 안 된다.

　이와 관련하여 프롬은 사람들 대부분이 예술의 소비자로 전락한
현실에서 하나의 창조적인 집단예술이 필요하다고 말하고 있다. 프롬
은 여기서 집단예술이란 말을 집단적인 종교의식儀式까지 포함하는
넓은 의미로 쓰고 있다. 현대예술은 대부분의 경우 그 생산과 소비가
개인주의적으로 행해지고 있는 것에 반하여, 집단예술은 다른 사람들
과 공유하는 방식으로 행해진다. 집단예술은 단순한 개인적인 여가
활동이 아니라 생활의 절대 불가결한 일부다. 그것은 결합과 합일에
대한 인간의 근본적인 욕망과 관련되어 있다. 만일 이러한 욕망이
충족되지 않는다면, 사람들은 불안해하고 초조해할 것이며 그 결과
부나 권력을 숭배한다든가 각종 권위주의적인 종교나 이데올로기에
사로잡히는 등 각종 우상숭배에 빠져들 것이다.

5. 프롬의 자본주의 분석에 대한 비판적 고찰

1) 프롬의 유토피아 사상에 대한 이의제기

현대인과 현대사회에 대한 프롬의 진단은 많은 사람의 공감을 불러일
으켰다. 프롬이 대중적으로 인기를 끌게 된 것도 현대인과 현대사회에
대한 그의 진단이 많은 사람의 공감을 불러일으켰기 때문일 것이다.
사실 현대사회에 프롬이 지적하는 부정적인 현상들이 존재한다는

점을 부정하기는 어려울 것이다. 그러나 프롬의 이러한 진단에 대해서 의문과 이의가 제기될 수 있다. 과연 프롬이 말하는 대로 현대인과 현대사회는 그렇게 심하게 병들어 있는가? 프롬의 진단은 현대인과 현대사회에서 보이는 긍정적인 점들은 무시하고 지나치게 부정적인 점들만을 부각시키는 것은 아닌가?

프롬이 이렇게 현대인과 현대사회를 극단적일 정도로 부정적으로 보는 것은 어떤 인간과 사회의 건전성을 평가하는 기준을 너무 높게 잡고 있기 때문이 아닐까? 프롬은 불교식으로 말해서 깨달은 자와 깨달은 자들의 집단이 아니면 다 병적인 것으로 보는 것이 아닌가? 그런데 이렇게 기준을 높게 잡을 경우에는 현대사회뿐 아니라 역사상 존재했던 모든 사회는 병들어 있는 것으로 평가될 수밖에 없지 않을까? 이와 함께 인본주의적인 사회주의라는 프롬의 이상은 아름답지만 지나치게 고원高遠한 탓으로 사실상 실현 불가능한 허구로 전락하는 것은 아닐까?

동구사회주의의 붕괴와 함께 오늘날에는 유토피아에 대한 추구가 비현실적인 망상으로 조소를 받고 있다. 이러한 상황에서 프롬은 유토피아에 대한 희구를 다시 불러일으키고 그것을 실현할 수 있는 구체적인 방안을 모색하고 있다. 그는 인간의 추악한 면을 직시하면서도 그러한 추악한 면을 극복할 수 있는 인간의 능력을 확신하고 그러한 능력을 완전히 실현할 수 있다고 확신한다.

이 점에서 프롬은 프로이트나 실존철학 그리고 불교나 그리스도교적인 신비주의과 같은 사조들을 수용하면서도 기본적으로 근대계몽주의와 마르크스의 진보 신앙을 자신의 사상적 토대로 삼고 있다. 물론 프롬의 진보 신앙은 역사가 사랑과 행복으로 가득한 유토피아를 향해 가도록 정해져 있다는 결정론적인 신앙은 아니다. 그의 진보 신앙은 인류가 충분히 유토피아를 실현할 수 있다는 낙관적인 신념일 뿐이다.

그런데 과연 프롬이 그리는 유토피아는 가능한가? 그가 그리는 유토피아의 실현이 불가능하다고 할 때 유토피아를 실현하려는 기도가 자칫 프롬의 의도와 달리 또 하나의 전체주의를 초래할 수 있는 것은 아닐까? 레닌이나 스탈린과 같은 사람들은 오늘날 많은 비판을 받을지는 모르지만, 원래는 모두 민중이 사회의 주인이 되는 유토피아를 지향했던 사람들은 아닐까? 그들이 전체주의를 초래한 것은 어쩌면 그들 개인의 야욕에 의한 것이라기보다는 원래 사람들이 사후의 천국에서나 가능하다고 생각했던 유토피아를 지상에 실현하려고 했기 때문이 아닐까?

"천국을 지상에 실현하려고 할 때 전체주의가 나타난다"는 코와코프스키(Leszek Kołakowski)의 경고나 "빛의 자식들은 종종 어둠의 자식들이기도 하다"는 마이클 노박(Michael Novak)의 경고는 프롬에게도 타당한 것은 아닐까? 따라서 우리는 모든 인간이 천사가 될 경우에만 가능한 유토피아를 실현하는 것을 목표하기보다는 보통 선과 악 사이에서 방황하는 대다수 사람에게 적합한 사회체제를 실현하는 것을 목표해야 하지 않을까?

2) 자본주의에 대한 미제스의 견해

프롬에 대한 이러한 이의제기가 타당성을 갖는다면 자본주의사회에 대해서도 우리는 프롬과는 전적으로 다르게 평가할 수 있을 것이다.

그리고 자본주의사회의 변혁과 관련해서도 우리는 프롬과는 다른 방향에서 생각할 수 있을 것이다. 이와 관련하여 프롬과는 정반대로 자본주의를 극히 긍정적으로 평가했던 사람들의 견해를 살펴볼 필요가 있다. 이를 통해서 우리는 자본주의사회에 대해서 보다 균형 있게 평가할 수 있을 것이다.

신자유주의의 태두로 불리는 하이에크(Friedrich Hayek)와 그의 스승 미제스(Ludwig Heinrich Edler von Mises)와 같은 사람들은 프롬과는 정반대로 자본주의를 역사상 나타났던 가장 이상적인 사회로 본다. 여기서는 자본주의에 대한 미제스의 견해만을 간략히 소개할까 한다. 미제스는 자본주의사회를 자유주의사회라고도 부른다. 여기서도 둘을 동일한 것으로 보면서 혼용할 것이다. 이는 각 개인들의 자유를 존중하는 사회는 결국은 자본주의사회로 귀착되기 때문이다. 국가가 모든 자본을 장악하는 사회가 아니고 개인들의 경제적인 자유를 보장하는 사회에서는 사람들의 노력과 능력 차이에 따라서 사람들은 결국에는 자본가와 노동자로 분화될 수밖에 없다.

미제스는 자본주의사회야말로 사람들 사이의 가장 효율적인 상호의존을 가능하게 한 체제로 본다. 자본주의사회는 외관상으로는 사람들 사이의 경쟁과 질시만이 지배하는 사회처럼 보인다. 그러나 그것은 사실은 뭇 사람들에게 가장 많이 봉사하는 사람에게 가장 많은 물질적인 보상을 해줌으로써 사람들이 다른 사람들에게 봉사하는 것을 촉진하는 사회다. 자본주의사회란 모든 사람이 동료 시민들에게 봉사하고 그에 대한 대가로 그들로부터 보상을 받는 체제인 것이다.

자본주의에서는 일부 사람들이 부유하게 되기 때문에 다른 사람이 가난하게 되지 않는다. 오히려 어떤 사람이 부유하게 되었을 경우, 이는 일반 대중에게 유용한 물건을 만들어서 그들의 욕구를 충족시킨 것에 대한 보상이다. 그가 부유하게 된 것은 마르크스가 주장한 것처럼 일반 대중을 착취했기 때문이 아니다.

이와 관련하여 미제스는 자본주의에서 기업의 실질적인 지배자는 기업가가 아니라 소비자 대중이라고 본다. 기업가들은 자본주의사회 위에 군림하는 왕으로 보이지만, 사실은 익명의 소비자 대중에게 봉사하는 왕일 뿐이다. 고객들에게 자신의 경쟁자들보다 더 나은 봉사를 할 수 없는 기업가들은 자신의 왕국을 상실하게 된다. 이런 의미에서 자본주의는 사람들 사이의 투쟁을 부추기는 사회가 아니라 서로 봉사하도록 부추기는 사회다.

미제스에 따르면, 자본주의사회는 일반 대중이 근대사회 이전에 처해 있었던 예속적인 상태에서 벗어나 사회의 실질적인 주인이 되게 하는 데 크게 기여했다. 자본주의사회와 봉건사회의 근본적인 차이는 자본주의사회의 대기업들이 소수 부유층만을 위한 사치품을 생산하는 것이 아니라, 일반 대중을 위한 물건들을 생산한다는 데 있다. 그리고 그러한 기업들이 생산하는 제품의 주요 소비자들은 그 기업들에서 일하고 있는 사람들이다.

"역사상 노예와 농노, 빈민과 거지들의 무리였던 하층민들이 이제 구매대중이 되었고 기업인들은 이들의 호감을 사기 위해 힘쓰지 않으면 안 되었다. 이들이야말로 '언제나 옳은' 고객들이며 가난한 공급자를 부자로, 부유한 공급자를 가난하게 만들 수 있는 힘을 가진 후원자가 되었다."[6]

더 나아가 미제스는 자본주의사회는 자유와 평등과 같은 인도주의적 가치들을 구현해 나가고 있다고 본다. 미제스에 따르면, 이러한 인도주의적 가치들은 자본주의사회에 대한 비판가들이 주장하는 것처럼, 단순히 자본주의사회의 비인간성을 분식粉飾하는 구호에 그치는 것이 아니다. 발달된 자본주의사회에서 일어난 여성들의 지위 향상이 미제스의 주장을 뒷받침할 수 있는 좋은 예가 될 수 있다. 근대에 들어와서도 한동안 여성에 대한 차별은 여전했다. 그러나 자본주의사회에서 물질적 부가 증대되면서 여성을 포함한 보편적인 교육이 가능하게 되었다. 또한 자본주의의 발달과 함께 산업구조가 고도화되면서 육체적인 힘보다 지적인 능력이 필요한 일들이 대폭으로 증가하게 되었다. 이와 함께 수많은 여성이 경제활동에 참여할 수 있게 되었고, 경제적인 독립을 확보하게 되었다.

자본주의사회가 자유와 평등을 실질적으로 구현해 나가는 체제라는 미제스의 주장에 대해서 프롬과 같은 사상가는 미제스가 자본주의사회의 실질적 주인이라고 보는 소비자 대중은 오히려 자신들이 통제하지 못하는 소비욕의 노예가 되고 있다고 비판할 것이다. 다시 말해 자본주의사회에서 사람들은 진정한 의미의 자유롭고 평등한 주체가 아니며 이와 함께 사람들은 참된 행복을 느끼지 못하고 있다는 것이다. 오히려 현대인들은 전대미문의 물질적 풍요를 누리고 있음에도 불구하고

6 미제스, 『자본주의정신과 반자본주의심리』, 김진현 편역, 한국경제연구소, 1984년, 111쪽

공허감과 만성적인 권태에 시달린다는 것이다.

이러한 비판에 대해서 미제스는 인간이 진정으로 행복해지기 위해서는 물질적인 욕구의 충족만으로는 불충분하다는 사실을 분명히 인정하고 있다. 다만 그는 자본주의사회는 사람들을 직접적으로 행복하게 해주지는 못하지만 행복을 추구하기 위해서 필수적인 물질적 조건을 마련해준다고 주장한다. 붓다와 같은 성자라면 몰라도 대부분의 보통 사람들에게는 내면의 평화와 행복감을 누리기 위해서도 물질적인 안정이 필요하다. 그리고 자본주의는 인간의 내면생활을 발전시켜 나아가는 데 필요한 물질적인 전제조건을 마련해주는 것만을 목표로 하고 있다. 미제스는 이렇게 말하고 있다.

"예를 들어 10세기에 살고 있었던 사람들이 겨우 연명해나갈 수 있을 만큼의 생계 수단을 마련하느라 노심초사하거나 그의 적들로부터 받는 공격의 위험 때문에 하루도 마음 편할 날이 없었던 것에 비하면, 비교적 번성하고 있는 20세기의 인간이 자신의 정신적인 욕구를 훨씬 더 쉽게 충족시킬 수 있다는 것은 의심의 여지가 없다."[7]

미제스는 자본주의사회가 인류의 행복이 아니라 인류의 물질적인 복지에 대해서만 관심을 쏟는 것은 그것이 정신적이고 고상한 목표나 욕망을 경멸하고 있기 때문이 아니라고 본다. 이는 자본주의사회는 어떠한 사회정책도 인간의 외적인 조건을 변화시킬 수 있을 뿐 인간을

---

7 미제스, 『자유주의』, 36쪽.

행복하게 만들 수 없다고 보기 때문이다.

인간의 내면적이고 정신적인 풍요, 즉 행복은 밖에서 주어지는 것이 아니라 각 개인의 마음상태에서 비롯된다. 따라서 붓다처럼 물질적으로 아무것도 갖지 못한 사람도 충분히 행복할 수 있다. 미제스 역시 물질적인 조건에 의해 구애받지 않는 무욕無慾의 삶이 매우 고상한 삶이라는 사실을 인정한다. 그러나 미제스는 대다수 사람이 이러한 삶을 받아들이지 못한다는 사실을 강조한다. 자본주의사회는 이러한 보통 사람들을 위한 사회다. 그렇다고 해서 자본주의사회가 사람들이 고상하고 심오한 동기에 따라서 사는 것을 막는 것은 아니다. 그것은 교육 등을 통해서 오히려 그러한 삶을 권장한다.

프롬뿐 아니라 많은 사람이 자본주의사회에서 문화적 수준이 저열하게 되었다고 한탄한다. 미제스 역시 자본주의사회에서 고상한 책보다는 저속한 책들이 더 많이 팔리고 있다는 사실을 인정한다. 이는 시장경제에서 사람들은 자신들의 도덕적 가치가 아니라 소비자들의 욕구를 충족시켜주는 능력에 따라서 물질적으로 보상을 받기 때문에 생기는 당연한 결과다. 대중이 저속한 것을 바라는 한, 문화시장도 저속하게 될 수밖에 없다.

그러나 미제스는 보통사람들이 탁월한 책들을 올바르게 인식하지 못하는 것은 자본주의 때문이 아니라고 말한다. 많은 현대인이 탐정소설, 저질신문, 권투, 위스키, 담배, 껌 등을 좋아하지만, 이는 자본주의사회에만 특유한 현상이 아니다. 그것은 시대를 불문하고 모든 시대에서 보이는 일반적 성향이다. 고대 로마에서도 스토아철학자들의 책을 읽는 사람은 소수였던 반면에, 콜로세움에서 행해지는 잔인한 경기에는 관객들이 들끓었다.

미제스는 자본주의사회는 오히려 많은 사람에게 창의성을 발휘할 기회를 줌으로써 문화의 발전에 기여했다고 본다. 예컨대 자본주의사회에서 일어난 생산력의 발달과 함께 문학가라는 새로운 직업이 가능하게 되었다. 전근대사회에서 저술은 물질적인 여유가 있는 개인들의 취미였지 직업이 아니었다. 물질적인 여유가 없는 사람들이 저술하려면 스피노자처럼 렌즈를 가는 일을 동시에 해야만 했다. 그렇지 않으면 이들은 왕이나 영주들의 후원을 받아야만 했다.

미제스는 이렇게 말한다.

"… 그러나 생각이 건전한 사람이라면 자본주의 시대의 예술이 이룩한 공적의 위대함을 비웃을 정도로 오만한 사람은 없을 것이다.

이른바 '천박한 물질주의와 돈벌이'의 시대라는 자본주의 시대의 걸출한 예술은 음악이었다. 바그너와 베르디, 베를리오즈와 비제, 브람스와 브룩크너, 위고울프와 말러, 푸치니와 리차드 스트라우스, 이 얼마나 찬란한 기라성 같은 인물들인가! 이 시대는 슈만과 도니제티 같은 거장들이 훨씬 뛰어난 천재의 그림자에 의해서 가려진 위대한 시대가 아니었던가!

그리고 이 시대에는 발자크, 플로베르, 모파상, 장 야콥슨, 프루스트의 소설과 빅토르 위고, 월트 휘트먼, 릴케, 예이츠의 시가 있었다. ……

우리에게 이 세상을 새롭게 보고, 그리고 빛과 색채를 즐길 수 있는 새로운 방법을 가르쳐 준 것은 바로 프랑스의 화가와 조각가들이었다."[8]

    자유주의사회는 사회구성원들의 행위와 생각을 통일하려고 하지 않으며 사회 전체가 지향해야 하는 목표를 제시하려고도 하지 않는다. 그것은 개인들에게 최대한의 자유를 보장하면서 사회질서를 유지하려고 한다. 자유주의사회를 규제하는 법은 공동체주의적인 집산주의사회에서처럼 특정한 개인이나 집단이 해야 할 구체적인 행동을 적극적으로 지시하지 않는다. 그것은 어느 누구도 해서는 안 되는 일반적인 금기사항을 강제할 뿐이다. 개인들은 어떤 목적을 공동으로 추구하기보다는, 이러한 소극적인 규칙에 저촉하지 않는 한에서 독자적인 결단에 따라서 행위한다.

    이렇게 사회 전체가 추구하는 공동의 목표가 없을 경우에만, 개인들의 자유롭고 다양한 활동이 가능하다. 현대의 거대사회는 다양한 개성과 가치관을 가진 인간들과 집단들로 구성되어 있다. 이러한 거대사회를 하나의 목표와 가치관을 지향하는 사회로 인위적으로 조직하는 것은 커다란 위험과 아울러 문화적·경제적·정치적 빈곤을 초래한다.

    창조적인 소수가 방해받지 않고 자유롭게 자신들의 창의성을 실현하기 위해서는, 모든 사람, 심지어 천박한 저술가들과 예술가들에게까지 자유가 부여되어야만 한다. 그렇지 않으면 동구의 현실사회주의에서 보았듯이 국가가 저술가들과 예술가들에게 어떤 작품을 쓰고 만들

---

8 미제스, 『자본주의정신과 반자본주의심리』, 171쪽 이하.

것인지를 지시하게 될 것이다. 그리고 이는 천재적인 인간들이 자신들의 재능을 발휘하는 것을 막게 될 것이다.

자본주의라는 동일한 사회를 프롬과 미제스는 이렇게 완전히 다르게 보고 있다. 동일한 사회를 이렇게 전적으로 다르게 볼 수 있다는 것도 놀라운 일이다. 미제스와 프롬의 평가가 이렇게 달라지는 것을 마르크스주의자 같으면 미제스는 자본가계급의 이익을 변호하는 반면에 프롬은 그러한 계급적인 편향을 넘어서 있기 때문이라고 볼 것이다.

그러나 나는 두 사람의 차이는 하나의 사회를 평가하는 기준을 미제스와 프롬이 서로 다르게 설정하고 있기 때문이라고 본다. 미제스는 역사상 나타난 사회들을 기준으로 하는 반면에, 프롬은 인본주의적 사회주의라는 이상을 기준으로 하여 자본주의를 평가한다. 프롬이 지향하는 인본주의적 사회주의가 아직 한 번도 실현된 적도 없는 사회라는 점에서 자본주의사회에 대한 프롬의 평가보다는 미제스의 평가가 더 현실적인 것이라고 볼 수 있다.

프롬은 자신이 지향하는 인본주의적 사회주의가 실현될 수 있는 조건 중의 하나로 사람들이 소유욕에서 벗어날 것을 요구한다. 그러나 이러한 요구는 실현되기 어렵다. 사실 붓다처럼 소유욕에서 벗어날 경우 사람들이 참으로 큰 행복을 맛볼 수 있다는 것은 사실이다. 그러나 이러한 무욕의 상태를 모든 사람에게 요구하는 것은 무리이며, 이러한 사람들을 기준으로 하여 사회가 나아가야 할 방향을 설정한다는 것도 무리다. 이는 사람들은 근기나 성격 면에서 매우 다르기 때문이다. 오히려 사람들 대다수는 어느 정도의 물질적인 풍요를 갖추게 될 때 마음도 넉넉해지는 경향이 있다. 무항산이면 무항심(無恒

産而無恒心, 경제적인 안정이 없으면 바른 마음도 갖기 어렵다)이라는 맹자의
말은 옛날에도 오늘날에도 타당하다.

3) 프롬의 공동체주의적이고 인본주의적인 사회주의에 대한 비판적 검토

나는 공동체주의적이고 인본주의적인 사회주의를 건립을 위해서 필요
한 사회경제적, 정치적, 문화적 변화에 대한 프롬의 생각에도 문제점이
있다고 생각한다. 프롬은 자유시장경제를 버리자고 하지만 이는 불가
능하며 또한 바람직하지 못하다. 이미 세계가 하나의 경제권으로
되어 가고 있는 상황에서 그 모든 경제적인 변수를 고려하여 계획을
한다는 것은 불가능하다.

아울러 자유시장경제를 폐지하는 것은 바람직하지 않다. 하이에크
나 미제스와 같은 극단적인 자유주의의 입장에 서지 않아도 시장경제
는 사회 도처에 광범위하게 산재되어 있는 비체계적이면서도 경험적이
고 창조적인 지식들과 정보들을 사회적으로 동원할 수 있는 유일한
길인 것 같다. 자유시장경제가 짧은 기간에 엄청난 규모의 경제 성장을
비롯 방대한 양의 지식과 정보를 축적하게 된 것은 그것이 모든 사람의
창의적인 상상력을 허용하고 그것을 사회적으로 수용할 수 있었기
때문이다.

또한 인간성이 이기적인 면을 완전히 벗어나기 힘든 상황에서 자유
경쟁 시장은 인간들이 자신들의 창의성을 발휘하도록 자극하는 유일한
체제라는 면에서도 자유경쟁 시장을 폐지하는 것은 바람직하지 않다.
환경위기와 같이 현대기술문명에서 비롯된 폐해를 해결하기 위해서는
단순히 인간성의 변혁이나 새로운 사회 구조의 건설 이외에도 새로운

기술의 개발이 요청된다. 이러한 기술의 개발을 위해서는 사람들의 창의성의 발휘가 절실히 요청되며, 이러한 창의성의 발휘를 위해서는 자유로운 시장이 요청되는 것이다.

아울러 프롬은 노동자들의 직접적인 기업 경영뿐 아니라 일반시민들의 직접적인 정치 참여의 필요성에 대해서 역설하지만, 프롬 자신이 지적하듯이 이는 사회구조나 정치구조의 변혁 이외에 인간 개개인의 적극적인 참여 노력이 필요하다. 그러나 나는 이것 역시 프롬이 생각하는 것만큼 쉽지는 않을 것이라고 생각한다. 이러한 민주적인 운영은 분명히 바람직한 것이지만, 구성원들 개개인에게 상당한 지적인 긴장과 인내를 요구하는 것이다. 그러나 그것들을 지속적으로 감당해낼 수 있는 인간들은 그렇게 많지 않을 것 같다.

동일한 프랑크푸르트학파의 일원이지만 하버마스는 오늘날의 대규모 사회에서 계획경제는 불가능하다고 본다. 하버마스는 자유시장경제와 관료적인 행정 시스템을 불가피한 것으로 인정하면서도, 시민들이 적극적으로 참여하는 민주주의를 통해서 시장과 정치가 바람직한 방향으로 이끌어 나갈 수 있다고 본다. 이 점에서 나는 하버마스의 비전이 프롬의 비전보다 더 현실적이라고 생각한다. 프롬의 인본주의적 사회주의는 마르크스가 말하는 '자유로운 생산자들의 연합'이라는 마르크스의 이상을 더 구체화한 것이다. 그러나 하버마스는 마르크스의 이상은 중세 스위스의 소규모 공동체를 모델로 하는 낭만주의적인 사상으로 간주한다.

더 나아가 프롬이 인본주의적 사회주의라고 부르는 이상사회는 '천사들의' 사회라는 생각이 든다. 그것도 단순히 순진무구하기만 한 것이 아니라 깊은 지혜와 강인한 의지를 갖춘 천사들이다. 이러한 천사들과 천사들의 공동체를 기준으로 할 경우 현 사회의 인간들과 현 사회는 철저하게 병든 인간들이며 병든 사회이다. 그러나 인간은 천사가 아니다. 인류 역사상 유토피아가 한 번도 실현되지 않았다는 것은 지배계급들의 획책에 의한 것도 아니고 사회구조의 탓만도 아니며 인간이 천사가 아니라 인간일 뿐이라는 데서 비롯되는 것은 아닐까?

자유주의사회는 실로 오만 잡동사니의 모습을 보이고 있다. 이 사회는 고상한 책들이나 음악 그리고 미술과 함께 포르노가 범람하고 고상한 사원이나 교회와 함께 술집과 각종 퇴폐업소가 범람하는 사회다. 이 사회는 분명히 도덕적으로 프롬이 지향하는 고결한 유토피아는 아니다.

프롬은 인본주의적 사회주의의 실현을 위해서는 문화적으로는 인간들의 연대감과 우애를 강화하는 공동체 문화가 지배해야 한다고 하고 있다. 프롬이 생각하는 문화 세계에서는 포르노라든가 퇴폐업소 따위는 존재할 수 없다. 프롬이 지향하는 문화 세계는 사보나롤라식의 금욕주의적 세계처럼 엄격한 것은 아닐지라도 그에 비견되게 도덕적이고 고상한 세계다.

그러나 나는 프롬이 지향하는 문화세계가 강제에 의하지 않고서 인간들의 자발적인 노력에 의해서 실현될 수 있는지에 대해서는 회의적이다. 이는 인간의 근기나 개성이 천차만별인 것처럼 그의 도덕성도 천차만별이라고 생각되기 때문이다. 아울러 인간 개개인에게는 온갖 저열한 본능에서부터 고상한 도덕심에 이르기까지 다양한 속성이 존재하고 있으며, 이를 지속적으로 하나의 고결한 도덕에만 복종시키는 것은 매우 어렵기 때문이다.

그렇다고 하여 그러한 문화와 도덕을 정치적인 강제에 의해서 실현할 경우에는 극히 위험한 결과를 초래할 것이다. 유토피아를 정치권력을 통해서 실현하려는 노력은 항상 전체주의를 만들어냈다. 인간을 정치적 강제를 통해서 천사로 변형시키려는 노력은 표면적으로만 천사인 척하는 위선적인 인간들과 스스로 천사임을 자처하면서 다른 인간들을 감시하는 교만한 인간들을 산출해 내었다.

물론 프롬은 그러한 문화를 강제적으로 실현해야 한다고 생각하지는 않는다. 프롬은 사람들이 주체적으로 그런 고원한 이념을 따르리라고 생각한다. 그러나 나는 마이클 노박과 마찬가지로 오직 명령사회(commander society)만이 이러한 고원한 가치로 충만한 사회가 되리라고 생각한다. 프롬이 생각하는 인본주의적 사회주의사회에서는 현재의 자유주의사회에서 허용되고 있는 많은 것이 인간들을 타락시키는 비도덕적인 것들로서 금지될 가능성이 크다. 이러한 금지로 인해서 그러한 세계는 분명히 외관상으로는 맑고 깨끗한 세계가 되겠으나 자유주의사회의 문화세계에서 볼 수 있는 특유의 다원주의적인 활력과 생동감은 제거될 것이다.

"사회질서가 명령된 '본질적' 도덕성에 기초하기를 원하는 사람들은 다원주의를 좋아할 수 없다."[9]

---

9 마이클 노박, 『민주자본주의의 정신』, 김학준, 이계희 옮김, 을유문화사, 1986, 73쪽

자유주의사회가 도덕적으로 저열한 모습을 보이는 것은 프롬이 말하는 것처럼 영리만을 목적으로 하는 자본주의적인 경제 풍토에도 원인이 있을 것이다. 그러나 그것은 자유주의 사회가 '각 인간은 자신의 인생을 스스로 책임지고 형성해 나가야 한다'는 다원주의적 원리에 입각해 있는 한 불가피한 것이라고 생각한다. 모든 인간은 각자 나름대로 자신의 완성을 추구하지만 거기에는 저질스러운 방법에서부터 고원한 방법에 이르는 다양한 길이 있을 수 있으며, 이러한 다양성은 허용되어야 한다는 것이 자유주의사회의 신념이다.[10] 따라서 도덕적·문화적 양상과 관련하여 자유주의사회가 보이는 난맥상은 이 사회가 가지고 있는 관용성에서 비롯된 것이라고 할 수 있다.

4) 오늘날의 자본주의사회는 과연 철저하게 병든 사회인가?

프롬은 사람들의 삶을 소유양식과 존재양식으로 나누고 있다. 그러나 사실 우리의 삶은 그렇게 이분법적으로 나눌 수 있을 정도로 단순하지는 않다. 우리의 삶에는 소유양식과 존재양식이 뒤섞여 있다. 전적으로 소유양식에만 치우친 삶과 마찬가지로 전적으로 존재양식을 구현한 삶도 찾아보기는 힘들다. 전적으로 존재양식을 구현한 사람들을 우리는 성자라고 부르지만, 성자라고 할 수 있는 사람은 사실 우리 주위에서 찾아보기는 힘들다. 각 개인의 삶에는 소유양식과 존재양식이 뒤섞여 있으며, 그중 어느 것이 더 크냐는 차이가 있을 뿐이다.

각 개인의 삶에 이렇게 소유양식과 존재양식이 뒤섞여 있는 만큼,

---

10 마이클 노박, 『민주자본주의의 정신』, 76쪽 참조.

사회의 각 영역에도 소유양식과 존재양식이 뒤섞여 있다. 예컨대 모든 종교에는 권위주의적 요소와 인본주의적 요소가 함께 존재한다. 프롬이 말하는 것처럼 불교는 교리상으로는 철저하게 인본주의적일지 모르지만, 불교 신앙의 현실은 그리스도교 못지않게 권위주의적인 면이 많다. 신도들은 승려들에게 맹종하는 경향이 있으며, 기복신앙에서 벗어나지 못하는 경우가 많다.

아울러 자본주의 경제체제를 기본으로 하는 국가 중에서 어떤 국가는 구성원들의 인권과 복지를 다른 국가들에 비해 상대적으로 훨씬 더 보장한다. 이는 기업도 마찬가지다. 어떤 기업은 다른 기업에 비해 상대적으로 인간적일 것이다. 프롬 자신만 해도 서구의 시장자본주의와 소련의 국가자본주의를 모두 병적인 것으로 보면서도, 서구의 자본주의가 시민의 자유와 권리를 인정한다는 점에서 소련의 국가자본주의보다는 더 낫다고 보았다. 이렇게 사회마다 건강한 정도가 차이가 있다면, 자본주의사회 일반을 소유양식이 전적으로 지배하는 사회로 보면서 병적인 것으로 타기하기는 어려울 것이다.

소유양식은 기본적으로 사람들의 이기심에 입각해 있다. 이러한 이기심은 프롬이 말하는 것처럼 자본주의라는 사회구조가 조장하는 측면도 있지만, 우리 인간에게 천성적으로 존재하는 것이다. 물론 우리에게는 이기심을 넘어서 보편적인 사랑을 행할 수 있는 능력도 있지만, 이기심을 극복하는 것은 쉬운 일이 아니다. 프롬이 말하는 인본주의적이고 공동체주의적인 사회주의가 이루어지기 위해서는 사람들이 이기심에 바탕한 소유욕을 극복해야 한다. 즉 모든 사람이 존재양식을 구현해야 하는 것이다. 그러나 이는 쉽지 않다.

   소유양식과 존재양식의 이분법은 우리의 삶과 사회를 지극히 단순화하면서 존재양식을 온전히 구현하지 못한 모든 인간과 사회를 똑같이 병적인 것으로 보기 쉽다. 그러나 신체만 해도 완벽하게 건강한 인간은 찾아보기 어려우며, 다른 사람들보다 상대적으로 더 건강한 사람이 있을 뿐이다. 이와 마찬가지로 한 개인의 삶도 사회구조도 상대적으로 더 건강하고 상대적으로 더 병적일 뿐이다.

   나는 자본주의사회와 인간이 프롬이 그리는 것처럼 철저하게 병들어 있다고 생각하지는 않는다. 물론 프롬이 비판하는 병적인 측면들이 우리에게 상당히 존재한다는 것은 부인하기 어렵다. 그리고 바로 이 점에서 프롬의 철학은 우리에게 큰 가르침을 준다. 그러나 자본주의사회에서 살고 있는 사람들이 프롬이 묘사하는 것처럼 전적으로 소유양식에만 빠져 있는 병든 인간은 아니다. 사람들 대부분은 자신과 자신의 가족을 우선시하면서도 다른 사람들에게 피해를 입히지 않으려고 노력하며 더 나아가 다른 사람들의 고통에 공감하면서 기부를 하는 등 선행을 하려고 한다.

   아울러 자본주의사회 역시 철저하게 병든 사회는 아니라고 생각한다. 그것은 분명히 유토피아는 아니지만, 역사상 그 유례를 보기 힘들 정도로 탄력성과 포용력을 갖는다. 그것은 마르크스가 자본주의체제 하에서는 전적으로 배제될 수밖에 없다고 생각한 노동자와 빈곤층을 노동자들의 압력에 밀려서일지라도 노동조합의 허용이나 사회복지정책을 통하여 자신의 체제 내로 수용했다.

   그런가 하면 오늘날의 자유주의사회는 여성들의 사회 참여를 대폭적으로 수용하고 있으며 심지어 경우에 따라서는 동성 간의 결혼마저도 허용하고 있다. 즉 오늘날의 자유주의사회는 동성애자들마저도 자신의 체제 안으로 끌어들이면서 자신의 체제의 폭을 확장시켜 가고 있다. 기존의 사회주의가 그 경직성 때문에 몰락한 반면에, 오늘날의 자유주의사회는 사회주의의 장점마저도 수용하면서 자신을 끊임없이 변용하고 있다. 이 점에서 그것은 역사상 그 유례를 찾아 볼 수 없을 정도의 탄력성과 포용력을 갖는 사회다.

이러한 자유주의사회와 자유시장경제는 천사가 아닌 인간들이 서로 부대끼며 사는 비결을 터득한 사회는 아닐까? 자유주의사회와 자유시장경제는 동구의 현실사회주의처럼 사람들의 의식적인 계획을 통해서 형성된 것은 아니다. 그렇다고 하여 그것은 자본가들의 음모에 의해서 형성된 것도 아니다. 그것은 사람들 간의 투쟁과 갈등을 평화적으로 해결하는 수많은 제도적·법적 장치들을 마련함으로써 형성되어 온 것이다. 하이에크식의 표현을 빌리자면, 그것은 '자생적으로 진화'해 온 면이 강하다. 그렇다고 하여 그것이 역사의 필연적인 법칙에 의해서 기계적으로 변화해 온 것도 아니다. 자유주의사회의 제도적·법적 장치들에는 인류의 오랫동안의 경험과 지혜가 담겨 있다. 따라서 프롬처럼 자본주의를 단적으로 병든 사회로 규정하는 것은 상당히 무모한 것이 아닐까 한다.

우리가 해야 할 일은 자유주의사회를 단적으로 병든 사회라고 타기하면서 유토피아를 대안으로 제시하는 것이 아니라, 자유주의사회 내의 잠재적인 가능성들을 보다 발전시키고 잘못된 점을 개선해 나가는 것일 것이다. 이와 관련하여 우리는 불교의 사회사상과 마르크스주의 그리고 자본주의를 비교해볼 필요가 있다.

6. 마르크스주의와 자본주의 그리고 불교

프롬이 불교와 마르크스 사상의 관계를 주제로 하여 쓴 글은 없다. 다만 일반론적인 차원에서 불교와 마르크스의 사상은 그리스도교 신비주의나 스피노자의 철학 그리고 근대계몽주의와 마찬가지로 지혜와 사랑과 같은 인간의 본질적 능력들을 꽃피는 것을 목표했다고 말하는 정도로 그친다. 여기서는 마르크스주의와 자본주의에 대한 프롬의 사상을 염두에 두면서, 불교와 마르크스주의 그리고 불교와 자본주의의 관계를 어떻게 볼 것인가에 대해서 논의할 것이다.

불교와 마르크스주의가 서로 보완 가능한가 아니면 서로 대립하는가에 대해서는 그동안 국내외에서 여러 글이 발표되었다. 불교와 마르크스주의 사이의 상호보완 가능성에 초점을 맞춘 글들은 대체로 유사한 논조를 보인다.[11] 이러한 글들의 핵심 주장은 대체로 서로 유사하다. 우리는 그러한 핵심 주장을 아래와 같이 세 가지로 정리할 수 있을

---

11 다음과 같은 글들을 참고하기 바란다. Joseph Lumanog, "Marxism and Buddhism: A dialogue for social work," *Journal of Relgion & Spirituality in Social Work: Social Thought*, Vol. 38, 2019(http://lps3.www.tandfonline.com.libproxy.snu. ac.kr/doi/full/10.1080/15426432.2019.1672610?scroll=top&needAccess=true). Karsten J. Struhl, "Buddhism and Marxism: points of intersection", *International Communication of Chinese Culture*(Springer Berlin Heidelberg), 2017, Vol(1). Waistell, Jeff. "Marx and Buddha: A Buddhist-Communist Manifesto." In *Buddhism for Sustainable Development and Social Change*, edited by Thich Nhat Tu nad Thich Duc Thien(Vietnam Buddhist University Publications, 2014), 195-217

것이다.

첫째로, 불교와 마르크스주의는 인간의 고통을 극복하려고 한다는 점에서 동일한 문제의식을 갖는다.

둘째로, 불교는 고통의 원인을 개인의 탐욕과 집착에서 찾는 반면에, 마르크스주의는 주로 왜곡된 사회구조에서 찾는다. 이와 함께 불교는 고통을 극복하는 방법으로 개인의 수행을 제시하지만, 마르크스주의는 노동자들의 단결에 입각한 사회혁명을 제시한다.

셋째로, 불교는 개인에 집중하고 마르크스주의는 사회구조에 집중하기 때문에 양자는 서로 대립하는 것이 아니며 서로를 보완할 수 있을 뿐 아니라 서로를 필요로 한다.

불교와 마르크스주의 사이의 관계에 대한 프롬의 입장도 양자의 상호 보완을 주장하는 입장이라고 할 수 있다. 프롬도 오늘날 사람들이 겪는 고통은 각 개인의 탐욕과 집착에도 원인이 있지만, 그에 못지않게 병적인 자본주의사회에도 원인이 있다고 본다. 또한 프롬은 불교는 고통의 사회구조적인 원인과 극복 방안과 관련해서는 마르크스주의의 도움을 받을 수 있다고 볼 것이다.

불교와 마르크스주의의 상호 보완을 주장하는 사람들 역시 프롬과 마찬가지로 자본주의는 소유욕과 탐욕을 불러일으키고 강화한다는 점에서 인간의 고통을 강화한다고 본다. 그리고 그들은 사회구성원들 사이의 경쟁을 심화하는 사회가 아니라 상호 협조와 연대를 강화하는 사회가 필요하다고 본다.

불교와 마르크스주의 사이의 상호 보완을 역설하는 사람 중에는 달라이 라마도 있다. 달라이 라마는 자신은 마르크스주의자라고 주장하면서 전 세계적으로 센세이션을 불러일으킨 적이 있다.[12] 달라이 라마에 따르면, 자본주의는 이윤의 증대에만 관심이 있는 반면에, 마르크스가 지향하는 사회주의는 도덕적 원리에 기초하고 있다. 그것은 공정한 분배를 실현하려고 하고 착취를 제거하려고 한다. 자본주의처럼 서로 간의 경쟁과 적의가 넘치는 사회가 아니라 자비가 넘치는 사회는 불교의 영성과 마르크스가 원래 지향했던 사회주의가 결합됨으로써 건립될 수 있다.[13]

물론 달라이 라마를 비롯하여 불교와 마르크스 사상 사이의 생산적인 상호 보완이 가능하다고 보는 사람들은 공산당이 지배하는 전체주의적 사회주의는 배격한다. 그들이 염두에 두고 있는 사회주의는 동구의 현실사회주의가 아니라 프롬이 지향하는 공동체주의적이고 인본주의적인 사회주의다.

한국의 연구자 중에서는 유승무가 불교와 마르크스주의의 상호 보완을 주장한다. 그는 불교와 마르크스주의가 공통적으로 '계급차별 없는 사회'를 이상사회로 꿈꾼다는 점에서 동일하지만, 그 꿈을 실현하

---

12 Joseph Lumanog, "Marxism and Buddhism: A dialogue for social work," Journal of Relgion & Spirituality in Social Work: Social Thought, Vol. 38, 2019. 이 글은 아래 인터넷 사이트에 실려 있으며 나는 이 온라인 상의 글을 참고했다. http://lps3.www.tandfonline.com.libproxy.snu.ac.kr/doi/full/10.1080/15426432.2019.1672610?scroll=top&needAccess=true, 2쪽 참조.

13 위의 글, 5~7쪽 참조.

기 위한 수단과 방법에서는 차이를 보인다고 말하고 있다. 이 점에서 유승무는 자신의 논문의 제목을 「불교와 마르크시즘의 동몽이상」이라고 붙였다. 양자는 동일한 꿈(同夢)을 꾸고 있지만 실현 수단에서는 큰 차이(異床)를 보인다는 것이다.[14]

이렇게 불교와 마르크스주의의 상호 보완을 주장하는 사람들과는 달리 이기영은 불교와 마르크스주의를 서로 대립하는 것으로 본다.[15] 이 경우 이기영은 마르크스주의가 갖는 '지식인의 아편'이라는 성격을 강조한다. 아래에서 이기영의 논지를 간략히 정리하면 다음과 같다.

이기영이 보기에 마르크스주의는 하나의 사회사상을 넘어서 사람들에게 삶의 의미를 부여하는 종교사상이다. 자본주의는 물질적인 풍요는 제공했지만, 사람들에게 고상한 삶의 의미를 제공할 수는 없었으며 오히려 사람들을 정신적으로 빈곤한 존재로 만들었다. 그렇다고 해서 사람들은 그리스도교와 같은 과거의 신화적인 종교를 믿을 수도 없었다. 이러한 영적인 공백 상태를 마르크스주의가 파고들었다.

많은 사람, 특히 많은 청년이 마르크스주의에 빠졌던 것은 사회적인 불의에 대한 분노 때문이기도 했지만, 마르크스주의가 그들의 삶에 고귀한 의미를 주었기 때문이다. 또한 사람들은 자신을 자본주의라는 악에 대항하는 투사라고 생각하면서 자신에 대해서 강한 긍지와 자부심을 가질 수도 있었다. 사람들은 자본주의사회가 굴러가기 위해서 소모되는 나사 부품이라는 보잘것없는 신세에서 벗어날 수 있었던

---

14 유승무, 「불교와 마르크시즘의 동몽이상」, 『동양사회사상』 20집, 2009
15 이기영, 「마르크스주의의 도전과 불교의 입장에서 본 대응책」, 『안보연구』 Vol.13, 1983, 동국대학교 북한학연구소(구 동국대학교 안보연구소)

것이다.

이렇게 마르크스주의는 종교적인 성격을 가졌기 때문에, 사람들은 현실사회주의의 타락에 관한 소식을 들어도 그것을 가짜뉴스로 치부하거나 그것을 인정하더라도 마르크스주의를 버릴 수 없었다. 이는 마르크스주의를 버린 후에 자신이 던져질 영적인 공백 상태를 두려워했기 때문이다.[16] 이와 함께 마르크스주의는 교조적인 종교와 신화로 전락하게 되었다. 마르크스주의는 모든 종교를 계급지배를 정당화하는 인민의 아편으로 보면서 배격했지만, 그것 자체가 하나의 종교가 된 것이다. 자본주의사회에서 청년들이 겪는 영적인 진공상태는 너무나 심각하여 이들은 자본주의사회의 철저한 전복을 주창하는 마르크스주의를 절대적인 진리로 받아들였다.

더 나아가 심지어 해방신학이나 민중신학 그리고 민중불교 등에서 보듯 그리스도교나 불교와 같은 종교를 믿는 사람들도 마르크스주의를 긍정적으로 받아들였다. 이들은 자본주의사회에서 보이는 불평등과 착취와 같은 현상들에 대해서 기성 종교들은 구체적인 처방을 줄 수 없기 때문에 마르크스주의에서 그것을 찾는 경향이 있었다.

또한 이들은 그리스도교나 불교의 이념이 지향하는 사회도 마르크스가 지향하는 사회주의일 수밖에 없다고 보았다. 그리스도교는 모든 인간은 신의 형상과 동일하게 창조되었기 때문에 평등하다고 보았으며, 불교는 모든 인간은 불성을 가지고 태어났기에 평등하다고 보았다. 또한 두 종교는 사랑과 자비를 최고의 덕으로 간주하기 때문에 경쟁사

---

16 이기영, 위의 글, 121쪽 참조

회인 자본주의가 아니라 사람들의 협동에 입각한 사회주의를 지향할 수밖에 없다. 유명한 신학자인 폴 틸리히도 사회주의야말로 그리스도교가 유일하게 인정할 수 있는 경제체제라고 말했다.

이상에서 간략히 보았지만 이기영은 마르크스주의가 독단적인 종교처럼 되어서 사람들의 이성적인 사고를 마비시키는 면이 있다고 보고 있다. 사실 마르크스주의는 나치즘과 유사하게 교조적이고 독선적인 이데올로기가 되어 그것에 반대하는 사람은 물론이고 그것의 실현에 장애가 되는 사람들을 아무런 양심의 가책도 없이 살육하는 면이 있었다.

나 역시 마르크스주의가 이러한 면을 갖는다는 사실을 부인할 수 없다고 본다. 그리고 이 점에서 마르크스주의는 불교와 양립할 수 없다고 본다. 불교가 새로운 인간으로의 변화를 촉구하는 것처럼 마르크스도 새로운 인간으로 다시 태어날 것을 주장한다. 그런데 불교는 인간이 새로운 인간으로 태어나기 위해서는 자신에게 존재하는 뿌리 깊은 자기도취와 자기중심주의를 통찰하고 그것들을 극복하기 위해서 지속적인 노력을 해야 한다고 본다. 이에 반해 마르크스주의자들은 자신들이 불의한 사회인 자본주의사회에 대해서 투쟁한다는 이유로 자신들은 이미 정의롭고 선한 사람이라고 생각한다.

그러나 불의한 체제에 대해서 투쟁하는 사람이 그 자체로 정의롭고 선한 사람이라고 보기는 어렵다. 그렇게 투쟁에 참여하는 사람들에게는 정의와 선을 위한다는 동기도 작용하겠지만 그 외에 다른 동기들도 작용할 수 있다. 무엇보다도 다른 사람들에게서 자신은 정의롭고 선한 사람이라고 인정받고 싶은 마음이나 더 나아가 부유한 자들에 대한 대중의 시기와 원한을 이용하여 권력을 장악하려는 욕망도 작용할 수 있다. 사실 사회주의 혁명이 일어나고 나서 혁명을 주도했던 사람들은 민중 위에 군림하는 새로운 지배계급이 되었다.

그러나 이들은 자신들이 새로운 지배계급이라고 생각하지 않았다. 오히려 자신들이야말로 가장 정의로운 자들이라고 생각했다. 불교의 관점에서 보면, 이들의 혁명 경력이 오히려 이들에게도 원래 존재했던 아만을 더욱 강화시키는 것이 되었다고 할 수 있다. 바로 이런 맥락에서 원효는 수행을 통해서 생멸심을 극복하지 않은 상태에서 중생과 고락을 함께하는 자비심만 일으킨다면 범부의 우환에 떨어지게 된다고 경계한다.[17] 물론 원효는 자비심이 없는 깨달음은 자리自利에만 빠져 옹색하다고 보면서 자비심이 없는 깨달음도 경계한다.

인간해방의 장애물은 붓다에게는 탐욕이었고 마르크스에게는 자본주의적 생산관계였다. 마르크스는 자본주의적 생산관계가 탐욕마저도 불러일으킨다고 보았다. 그러나 붓다는 탐욕 자체는 그러한 잘못된 사회적 관계에서 비롯되는 것은 아니라고 보며, 인간에게 존재하는 천성적인 성향과 같은 것이라고 본다. 따라서 불교에서는 인간이 탐욕을 없애기 위해서는 자신을 끊임없이 돌아보면서 수행하는 것이 필요하다고 본다.

이에 반해 마르크스주의는 인간의 병적인 성격들이 잘못된 사회구조에서 비롯되었기 때문에 잘못된 사회구조만 바꾸면 인간은 선한 존재가 될 수 있다고 본다. 이 점에서 마르크스주의는 프롬이 비판했듯이

---

17 원효, 『대승기신론소·별기』, 504쪽 참조.

인간을 지나치게 낙관적으로 보는 면이 있었다. 그러나 내가 보기에는 프롬도 인간을 상당히 낙관적으로 보는 면이 있다. 프롬도 소유지향적인 성향이 우리가 타고난 것이라기보다는 문화적·사회적 왜곡의 산물이라고 보는 것이다.

그러나 그러한 성향이 문화적·사회적 왜곡의 산물이라면 그러한 왜곡은 어디서 생길 수 있는가라는 의문이 제기될 수 있다. 따라서 프롬은 다른 한편으로 그러한 성향이 단순히 문화적·사회적인 성향만은 아닌, 우리에게 원래부터 존재하는 경향성이라고 보기도 한다. 이 점에서 프롬에게는 어느 정도의 혼란이 존재하는 것 같다. 프롬이 그러한 경향성을 문화적·사회적 왜곡의 산물이라고 보는 것은 그 경우에만 우리는 유토피아의 건설을 희망할 수 있기 때문이다. 그러나 그것을 단순히 문화적·사회적 왜곡의 산물이라고 보는 것은 인간의 실상을 왜곡하는 것이다.

이 점과 관련해서 불교는 소유지향적 성향은 근본적으로 무아에 대한 무지, 즉 무명에서 비롯된다고 본다. 이러한 무명은 사회구조와 상관없이 우리에게 존재하는 가능성이다. 이러한 무명은 하나의 착각이기에 착각에서 깨어남과 동시에 사라지지만, 삶에서 온전히 무아를 구현하기는 쉽지 않다. 다시 말해 우리가 자기 자신과 자신의 가족을 가장 우선시하는 경향을 극복하는 것은 쉽지 않은 것이다. 이런 맥락에서 이병욱은 이렇게 말하고 있다.

"불교에서 보자면, 역사와 사회는 인간의 업 에너지가 실현되고 영속화된 것이다. 따라서 사회적·역사적 과정을 통해서 자유를 실현하고

자 하는 시도는 끝내는 실패하게 되어 있다. 이러한 시도는 업의 결정인자를 정복하지 못하므로, 무지와 구속과 부자유의 상태에 빠질 수밖에 없다."[18]

그런데 굳이 마르크스주의를 받아들이지 않더라도 우리는 자본주의 사회가 갖는 문제점들을 충분히 인정할 수 있으며 이것들을 개선해야 한다는 데 의견을 함께할 수 있다. 그렇지만 자본주의를 개선할 수 있는 방향이 반드시 사회주의여야 하는지에 대해서는 동의하지 않을 수도 있다. 많은 사람이 불교가 소유욕에서 벗어나서 자비를 실천할 것을 주창하기 때문에 불교의 이념에 가장 부합되는 경제체제는 자본주의가 될 수 없을 것이라고 생각한다. 따라서 사람들은 불교사회주의라는 말은 성립할 수 있지만 불교자본주의라는 말은 성립할 수 없다고 생각할 것이다.

이러한 통상적인 견해에 반해서 나는 불교와 자본주의는 충분히 양립할 수 있다고 본다. 이는 불교가 인간들에게 다양한 근기가 존재한다고 보면서 근기에 맞게 인간들을 대해야 한다고 보기 때문이다. 불교는 모든 인간이 불성을 갖는다고 보면서도 인간들 사이의 근기의 차이를 인정한다. 불교는 모든 인간이 깨달을 수 있는 가능성을 갖는다고 보지만, 깨달음을 하나의 성품으로서 지속적으로 유지할 수 있는 인간은 소수라고 본다. 따라서 붓다는 이상적인 사회를 이룩하는 것과 관련해서도 중도를 중시할 것이다. 붓다는 이상을 추구하면서도

---

18 이병욱, 『불교사회사상의 이해』, 운주사, 2016, 65쪽.

현실에서 동떨어진 추상적인 이론을 경계할 것이다.

실로 붓다는 승가에서는 계급 차별을 인정하지 않는다.

"바라문, 크샤트리야, 바이샤, 수드라 따위의 구별은 바라문이 만든 구분일 뿐입니다. … 모든 강물들이 바다에 이르렀을 때 그들의 각기 이름을 잃게 되듯이, 모든 종족과 출신계급은 우리들의 승가에 들어옴으로써 예전의 차별을 버리게 되는 것입니다."[19]

그러나 승가는 평생을 수행에 바치기로 결단한 사람들의 특별한 사회다. 그리고 붓다 당시의 승가는 계급차별이 없었을지도 모르지만, 그 이후의 승가에는 나름대로의 계급차별이 존재한다. 특히 오늘날 한국의 승가에서 보이는 불평등은 심각하다. 일부 승려들은 부가 넘치는 반면에 많은 승려가 노후를 걱정하는 실정이다. 이러한 현상이 당연하다는 것은 물론 아니다. 그러나 사실상 계급차별을 없앤다고 나서는 자들이 새로운 지배계급으로 들어서는 것이 현실이다.

이러한 현실에서 우리는 과연 어떤 사회를 지향해야 할 것인가? 각 개인의 사유재산과 상속을 인정하는 자본주의를 기본으로 하면서도 모든 사람에게 안정된 삶을 보장하는 복지자본주의를 지향할 것인가, 아니면 사유재산을 인정하지 않고 모든 사람의 삶을 평등하게 만드는 사회주의를 지향할 것인가? 복지자본주의 역시 나름대로의 평등을 지향한다고 할 수 있다. 그러나 그것이 지향하는 평등은 기회의 평등이

---

19 Ratnapala, 1992(유승무, 「불교와 마르크시즘의 동몽이상」, 『동양사회사상』 20집, 2009, 10쪽에서 재인용)

278

고 과정의 공정성이다. 이에 반해 사회주의가 지향하는 것은 결과의
평등이다.

불교와 사회주의의 융합이 아니라 불교와 자본주의의 융합을 주장하
는 연구자 중에는 윤성식이 있다. 윤성식은 재물과 경제에 대해서
특히 초기불교 경전에서 설해진 방대하고 구체적인 내용을 접하면
불교자본주의라는 말이 충분히 성립할 수 있다고 말한다.[20] 윤성식에
따르면, 붓다의 말씀을 담은 경전과 율장을 보면 불교가 그리스도교나
유교에 비해서 불교가 훨씬 시장과 자본에 대해 친화적이고, 재물에
대해 훨씬 더 긍정적인 시각을 가지고 있다. 그리고 이러한 사실은
충분히 입증될 수 있다는 것이다.[21]

사실 초기 경전에서는 사업을 해서 성공하고 부자가 되는 것 자체를
악으로 보지 않는다. 오히려 경전에서는 '불교의 가르침을 준수하는
것이 사업에 성공하는 데 도움이 된다'고까지 말한다. 더 나아가 『증지
부 니까야 *Aṅguttara Nikāya*』A. IV. 281-5에서는 부자가 되기 위해서는
다음과 같은 것이 필요하다고 말한다.

(a) '활력의 성취': 다시 말해, 그 일이 어떤 일이든, 자신의 일에서
솜씨를 발휘하고 근면하며 탐구하는 정신을 지니는 것, 불교의 가르침
에 어긋나지 않게 정력적인 노력을 통해 부를 획득하고 자신의 손으로
부를 축적하며, 땀 흘려 부를 일궈 내는 것.

---

20 윤성식, 「불교자본주의로서의 연기자본주의에 대한 연구」, 『한국선학』, Vol. 28,
   한국선학회, 2011, 369쪽 참조.
21 윤성식, 위의 글, 369쪽 참조.

(b) '조심성의 성취': 자신의 재산을 잘 간수해서 왕이나 강도, 화재나 수해, 그도 아니면 마음씨 나쁜 상속인의 수작에 그 재산을 잃어버리지 않게 해야 함.

(c) 선하고 유덕한 사람과 어울림: 이를 통해서 믿음과 덕, 자비심과 지혜 등과 같은 그들의 자질을 본받음.

(d) '균형 잡힌 생활'의 유지: 성공에 지나치게 의기양양하거나 실패에 의기소침하지 않기. 또한 무릇 수입을 초과하는 지출과 부의 맹목적인 추구를 피할 것. 여인과의 방탕함이나 음주, 도박, 그리고 사악한 사람과의 친교로 인해 부를 잃어버리는 것을 피할 것.[22]

물론 초기 경전은 이렇게 부의 획득을 터부시하지 않으면서도 부의 획득 자체가 목적이 되어서는 안 된다고 말한다. 부는 선한 업을 짓는 데에, 즉 경제적으로 어려운 사람들을 돕고 우물을 파거나 다리를 놓는 등 공적으로 유용한 일을 하는 일에 사용되어야 한다. 붓다는 이렇게 말한다.

"궁핍한 자들에게 재물을 보시하지 않음으로 인해 가난이 만연했고, 가난이 커짐으로 인해 보시되지 않은 것을 빼앗는 일이 늘어났으며, 도둑이 늘어남으로 인해 무기의 사용이 늘어나고, 무기 사용이 늘어남으로 인해 목숨을 빼앗는 일이 늘어난 것이다. 그리고 목숨을 빼앗음으로 인해 사람들의 수명은 줄어들고 그들의 미덕도 줄어들

---

22 피터 하비, 『불교윤리학 입문 : 토대, 가치와 쟁점 ─ 불교가 윤리학의 옷을 입다』, 허남결 옮김, 씨아이알, 2010, 352쪽 참조.

280

었다."[23]

붓다의 이러한 말에 입각해 볼 때 붓다와 불교가 사회개혁에 관심이 없었다는 프롬의 말은 잘못된 것임을 알 수 있다. 붓다는 사회적인 불평등과 빈곤이 초래하는 해악을 잘 알고 있었다. 초기 경전인『마하바스뚜』는 왕의 의무에는 부유한 자들을 보호할 뿐 아니라 가난한 자들을 돌보는 것도 포함되며 심지어 대규모 이민자 집단을 수용하는 것까지 포함된다고 말한다.[24]

초기 경전은 부와 가난의 문제에서도 중도를 취할 것을 권한다. 가난과 굶주림을 피하기 위해서는 물질적인 부가 필요하지만 물질적인 부에 탐닉해서는 안 된다는 것이다. 초기 경전은 가난과 굶주림은 일반적인 사람들에게 가장 큰 고통이고 병이며, 도둑질을 비롯한 부도덕한 행위와 사회적 불안을 야기하는 것으로 본다. 아울러 초기 경전에서는 일반적인 사람들이 물질적으로 어느 정도 여유가 있는 상태보다는 가난한 상태에서 도덕적이고 영적인 삶을 영위하기가 훨씬 어렵다고 본다. 건강하며 음식에 부족함이 없고 서로 친절하고 화목한 상태에서 사람들은 영적인 노력을 더 잘 수행할 수 있다.[25]

따라서 물질적인 부 자체는 악한 것이 아니지만, 부의 획득 자체를 목적으로 삼는 것도 피해야 한다. 물질적인 부는 무집착을 배양할 수 있는 여건을 마련해주지만 자칫 사람들로 하여금 그것에 탐닉하게

23『디가 니까야 Dīgha Nikāya』III, 68(피터 하비, 위의 책, 366쪽에서 재인용)
24 피터 하비, 위의 책, 368쪽 참조.
25 피터 하비, 위의 책, 364쪽 참조

하는 유혹물이기도 하다. 이런 의미에서 유마 거사는 "모든 일에서 이익을 취하되, 결코 거기에 빠져드는 법이 없는" 분으로[26] 묘사되고 있다.

윤성식은 불교자본주의는 사회주의처럼 시장경제의 완전한 폐기를 주장하지 않고 시장경제를 기본적으로 유지하면서도 시장경제의 폐단을 수정하는 자본주의라고 말한다. 윤성식은 자본주의의 폐단을 수정하는 데 토대가 되는 사상은 불교의 연기사상이라고 보며, 이 점에서 자본주의는 연기자본주의로 변화되어야 한다고 본다.

윤성식은 미제스나 하이에크와 같은 신자유주의자들과는 달리 시장은 자기조절능력이 없기 때문에 정부가 부단히 개입해서 시장의 문제점을 치유해야 한다고 말한다. 윤성식은 자본주의사회를 이렇게 비판하고 있다.

"시장은 모든 것을 상품화하였으며 시장에서 거래되지 못하는 재화와 서비스는 가치를 인정받지 못한다. 시장은 자연을 시스템의 일부로 간주하지 않고 자연을 대상으로 삼아 소비하고 정복하고 상품화한다. 거대기업들이 가진 힘은 국가권력을 능가하며 정부에 대한 시민과 언론의 통제는 민주화의 진전에 의해 점점 커가고 있지만 시장에 대한 시민과 언론의 통제는 거의 존재하지 않거나 매우 미약하다. 시장은 불공정을 시정하지 못하며 무한경쟁으로 많은 것을 파괴한다. 효율적인 기업은 살아남고 비효율적인 기업은 도태된다

---

26 Vimala kīrti-nirdeśa Sūtras, Tsunoda et al., 1964: I. 101(피터 하비, 위의 책, 363쪽에서 재인용)

는 시장의 논리는 지켜지지 않는 경우가 많다. 대기업의 도산을 막기 위해 정부가 지원하기 때문에 손실은 사회가 공유하지만 이익은 기업이 독점한다. 지금의 자본주의는 막스 베버가 이상적으로 생각했던 합리적, 시민적 경영과 노동의 합리적 조직을 특징으로 하는 청교도적 자본주의가 아니라 정치적 내지 투기적인 방향을 가진 모험가적 자본주의이며 막스 베버의 표현을 빌리자면 천민자본주의인 것이다."[27]

윤성식의 자본주의 비판은 마르크스나 프롬의 자본주의 비판 못지않게 신랄하다. 그러나 윤성식이 비판하는 점들이 자본주의에 존재한다는 사실은 부정하기 어렵다. 이러한 비판과 함께 윤성식은 불교자본주의에서 기업은 고객이 원하는 제품과 서비스를 최저의 가격에 최고의 품질로 제공하고 환경보호에서 한 걸음 더 나아가 환경과 인간의 동반 발전을 지향함으로써 사회적 책임을 다해야 한다고 본다.[28]
윤성식은 또한 국가는 가난한 사람들의 생존과 복지를 보장해야한다고 말한다. 이는 대부분의 사회적 강자는 자신의 능력이나 노력에 비해 사회적 약자보다 더 많은 몫을 갖는 것이 사실이기 때문이다.[29] 강한 자들이 사회적 약자를 어떻게 대해야 하는지에 대해서 경전에서는 이렇게 말하고 있다.

---

27 윤성식, 위의 글, 373쪽 참조.
28 윤성식, 위의 글, 377쪽 참조.
29 윤성식, 위의 글, 383쪽 이하 참조.

"상전은 다섯 가지 일로써 종이나 하인을 가엾이 생각하고 불쌍히 여겨 구제하여야 하나니. … 첫째는 그 힘을 따라 일을 시킨다. 둘째는 때를 따라 먹인다. 셋째는 그 힘을 따라 마시게 한다. 넷째는 날마다 쉬게 한다. 다섯째는 병이 나면 약을 주는 것이다. … 만일 사람이 종이나 하인을 사랑하고 가엾이 여기면 반드시 흥하고 쇠하지 않느니라."[30]

윤성식은 가난한 사람들의 생존을 보장하는 북구의 복지국가를 불교자본주의의 모델이라고 본다.[31] 윤성식은 불교자본주의는 법과 원칙을 먼저 구현하고 더 나아가 이를 토대로 자비가 지배해야 한다고 말한다.

"불교자본주의가 지향하는 공정한 시장은 법과 원칙이 먼저 구현되는 시장이다. 자비의 마음보다 더 중요한 것은 법과 원칙을 지키는 것이다. 강자는 법과 원칙을 무시하고 약자에게 불이익을 가하기 쉽다. 법과 원칙의 준수 다음에는 자비가 필요하다. 시장에서의 강자는 약자에 대해 자비의 마음을 가져야 한다. 시장의 약자는 가난한 사람, 능력이 부족한 사람, 배우지 못한 사람, 중소기업, 노동자, 소비자이다. 예를 들어 경전에는 노동자에 대해 자비의 감정으로 대우해야 함을 밝히고 있다."[32]

---

30 『대정장』 권1, p. 641a(윤성식, 위의 글, 383쪽에서 재인용)

31 윤성식, 위의 글, 381쪽 참조.

32 윤성식, 위의 글, 383쪽.

284

윤성식은 불교자본주의의 구현을 위해서는 사회의 구성원이 무명에서 깨어나야 한다는 것을 강조한다. 기존의 자본주의는 인간의 이기심은 그대로 두면서 세금, 이자, 통화량, 보조금, 법, 인센티브, 규제 등을 통해 시장을 발전시키려고 한다. 이에 반해 연기자본주의는 자본주의의 근본문제를 인간의 이기심과 탐욕에서 찾으면서 인간을 변화시키려고 한다. 연기자본주의는 시장에 자유를 부여하면 이기심과 탐욕에 의해 시장이 좌우된다고 생각한다. 연기자본주의는 시장에서 불교경제윤리가 지배하게 함으로써 효율적이면서도 공정한 자원배분을 유도한다. 윤성식은 연기자본주의에 대해서 이렇게 말한다.

"불교는 절대적인 진리라는 것을 믿지 않고 모든 것이 공하며 독자적인 실체가 없다고 믿기 때문에 연기자본주의는 폐쇄적이지 않으며, 집착하지 않기 때문에 유연하고, 모든 것이 변한다고 생각하기 때문에 혁신적이다."[33]

윤성식이 말하는 연기자본주의 역시 하나의 이상이다. 그러나 그것은 자본주의를 부정하지 않으면서도 자본주의가 나아가야 할 하나의 방향을 보여준다고 할 수 있다.

---

33 윤성식, 위의 글, 393쪽.

VI. 불교도로서의 프롬과 한국불교의 미래

1. 한국불교는 21세기에 살아남을 것인가?

위에서 우리는 프롬의 사상을 불교와 비교하면서 두 사상 사이의
생산적인 대화를 매개해 보았다. 여기서는 프롬의 삶을 실마리로
하여 한국불교가 오늘날 처해 있는 위기상황을 극복하기 위해서 나아
가야 할 방향을 살펴볼 것이다.

대학에서 가르친 지 30년이 되지만, 그동안 접해 온 대학생들 거의
모두가 불교가 무엇인지도 모르며 심지어 관심조차도 없었다. 이는
불교뿐 아니라 유학이나 노장과 같은 동양사상에 대해서도 마찬가지
다. 그런데 10년 전부터는 더 심각한 변화가 생긴 것 같다. 내가
운영하는 작은 세미나에서 그전에는 학생 10명 중 5명이 그리스도교
신자였고 불교 신자는 거의 없었다. 그런데 요즘에는 그리스도교
신자라는 학생도 10명 중 두어 명 정도밖에 안 된다. 전체적으로

종교에 대한 젊은이들의 관심이 크게 감소한 것이다. 요즘 젊은이들의 이러한 세태를 고려해 보면 불교가 한국 땅에서는 조만간에 사라질 수도 있을 것 같다는 생각을 하게 된다. 이러한 우려는 나만의 기우는 아닌 것 같다. 조성택도 이렇게 말하고 있다.

"한국의 불교는 한반도에 불교가 전래된 이래, 조선 500년을 제외한다면 최대의 위기를 맞고 있으며 이러한 위기는 장차 더 심화되면 되었지, 줄어들 전망이 보이지 않는다. 더 심각한 것은 이러한 위기 상황은 지난 100여 년간 장기간에 걸쳐 서서히 형성되어 온 것이어서 거의 체감조차 할 수 없을 만큼 만성화되어 있다는 것이다."[1]

불교는 물론이고 그리스도교도 쇠락기에 접어들고 있지만, 그렇다고 해서 종교를 필요로 하지 않을 정도로 젊은이들의 내면이 평안해진 것도 아니다. 오히려 서울대에서도 많은 학생이 불안증세 및 우울증 등으로 힘들어한다. 요새 젊은이들은 마음의 위로를 찾기 위해서 절이나 교회보다는 사주카페나 타로카페를 찾는 것 같다. 고학년으로 갈수록 많은 학생이 인터넷이나 거리에 있는 사주카페나 타로카페를 찾는다.[2]

---

1 조성택, 「현대 한국사회와 바람직한 승가상 – 문명비판의 실천과 교사로서 출가자의 역할」, 『불교평론』 47호, 2011년 여름호, 8쪽 이하.

2 "구인 구직 포털사이트인 '알바천국'에서 시행한 설문조사에 따르면 지난해 말 전국 10~30대 회원 1,608명에게 설문한 결과 응답자의 89.2%가 '운세를 본 경험이 있다'고 답했다. 또 미혼 여성의 82%, 미혼 남성의 57%가 자신의 연애·결혼운을 알아보기 위해 한 번 이상 사주나 타로 점을 봤다는 통계도 눈에 띈다." 윤혜진,

　이러한 상황을 보면 장차 한국불교도 자칫 유럽에서 그리스도교가
겪은 운명을 겪지 않을까 한다. 유럽의 교회나 성당에 가보면 노인들
몇 명이 앉아 있을 뿐 젊은이들을 찾기 보기 힘들다. 과학과 기술의
발달과 함께 그리스도교와 같은 신화적인 성격의 종교들은 오늘날
사람들을 설득할 힘을 상실했다. 니체는 이러한 사태를 '신은 죽었다.'
는 말로 표현했으며, 그동안 사람들에게 삶의 방향과 의미를 제공하던
신화적인 신이 죽은 상황에서 사람들에게 새로운 삶의 방향과 의미를
제공할 수 있는 철학은 무엇인지에 대해서 고민했다.

　니체가 말하는 '신화적인 신이 죽은 상황'은 신화적인 성격의 종교보
다는 인간의 마음에 대한 냉철한 성찰에 입각한 종교인 불교가 사람들
에게 큰 호소력을 가질 것 같다. 사실 이는 유럽과 미국에서 보이는
현상이다. 유럽이나 미국에서는 불교가 특히 지식인들을 비롯한 일반
사람들 사이에서 큰 관심을 끌고 있다. 조성택은 세계사적인 관점에서
볼 때 불교는 '르네상스'를 맞고 있다고 말할 정도다.[3]

　유럽이나 미국에서 불교가 많은 사람의 관심을 끌고 있는 것을
보면, 한국불교의 쇠락을 단순히 사람들이 종교에 대한 관심을 잃고
물질주의로 기울어지는 시대적인 경향 탓으로만 볼 수는 없는 것

「사주·운세에 안달하는 2030, 왜?」, 『신동아』 2019년 12월호.

3　조성택, 「현대 한국사회와 바람직한 승가상－문명비판의 실천과 교사로서 출가자
　의 역할」, 『불교평론』 47호, 2011년 여름호, 8쪽 참조. 더 나아가 조성택은 구미에
　서 불교가 이렇게 성장하게 된 것은 서양 이외의 다른 지역에 전파될 때처럼
　무력적인 억압이나 공격적인 선교활동에 의해서가 아니라는 사실을 강조하고
　있다. 그것은 "불교를 통해 근대적 발전의 피로감을 극복하고 대안적 삶의 양식을
　찾고자 했던 서구인들의 자발적 수용의 결과"라는 것이다.(조성택, 같은 쪽)

같다. 사실 종교적 관심이란 인간의 궁극적인 관심이기에 사라질
수 없다. 불교에 대한 젊은이들의 관심은 어차피 크지 않았다. 오히려
그리스도교에 대한 젊은이들의 관심이 격감하고 있는 오늘날 한국의
상황은, 유럽이나 미국에서 보듯이 불교가 사람들의 삶에 다시 의미와
방향을 제시하는 역할을 할 수도 있는 계기가 될 수 있다고 생각한다.
불교가 인간의 행복과 성장에 얼마나 크게 도움이 되는지를 잘 알고
있고 불교를 사랑하는 사람들이라면, 지금의 위기 상황이 불교가
다시 부흥할 수 있는 기회가 되도록 진지하게 고민하지 않을 수 없다.

한국불교의 쇠퇴는 불교인들 전체의 책임이지만, 무엇보다도 불교
계에서 지도적인 지위를 점하고 있는 출가자들의 책임이 크다. 나는
여기에서 프롬의 삶을 실마리로 하여 출가자들을 비롯한 한국의 불교
인들이 한국불교의 발전을 위해서 어떤 삶을 살아야 하는지를 생각해
보았다.

2. 불교도로서의 프롬의 삶

앞에서 말한 것처럼 프롬이 말하는 존재지향적인 삶은 불교가 지향하
는 삶의 자세와 동일하다. 프롬이 말하는 존재지향적인 삶은 언뜻
보기에는 막연한 것 같지만, 프롬은 자신의 삶을 통해서 그러한 존재지
향적인 삶이 어떤 삶인지를 잘 보여주었다고 생각한다.

첫째로 존재지향적인 삶은 소유욕에서 벗어난 삶이다. 프롬은 그
자신 소유욕에서 크게 벗어나 있는 사람이었다. 독일에서 1981년까지
5백만 부가 팔렸던 『사랑의 기술』의 인세로 프롬은 보잘것없는 액수의

돈밖에 받지 못했지만, 전혀 문제 삼지 않았다고 한다. 프롬은 자신의 책이 많이 읽혀서 세계를 변화시킬 수 있다면 자신은 그것으로 만족한다고 말했다. 아울러 프롬은 오전 시간을 연구와 사색을 위한 신성한 시간으로 생각하면서, 오전에는 돈 버는 것과 관련된 일을 일절 하지 않았다고 한다.

물론 프롬이 소유욕에서 온전히 벗어났다는 것은 아니다. 프롬이 받는 인세만 해도 엄청났기 때문에 프롬은 사치스러운 삶을 살았다고도 할 수 있다. 그럼에도 위의 일화가 우리에게 감동을 주는 것은 프롬 정도의 수준에 오르기도 쉽지 않기 때문이다. 출가자들을 비롯한 불교인들이 일차적으로 구현해야 하는 것은 청정을 구현한 삶이라고 생각한다. 성철 스님이나 법정 스님은 무소유와 청정을 구현한 삶으로 많은 사람에게 감동을 주었다. 이러한 삶은 수행에 의해서 가능하다고 생각한다. 프롬이 나름 소유욕에서 어느 정도라도 벗어날 수 있었던 것은 매일 1시간씩 명상을 하는 등 나름대로 수행을 했기 때문이라고 여겨진다.

둘째로, 에리히 프롬은 철학하는 방식 면에서도 존재지향적인 자세를 보여주고 있다고 생각한다. 내가 이렇게 말하는 것은 특정한 도그마에 얽매이지 않고 어떠한 가르침이라도 인간의 성장과 행복에 도움이 되는 것이라면 다 받아들이는 것이 존재지향적인 자세라고 생각하기 때문이다. 에리히 프롬은 선불교, 유대교, 그리스도교 신비주의, 실존철학, 마르크스 사상, 프로이트의 정신분석학 등에 담긴 중요한 통찰들을 종합하여 독자적인 사상을 형성했다. 이러한 철학적 태도야말로 철학자들이 마르크스주의자와 실존주의자 등으로 나뉘어 서로를 배척

했던 20세기의 철학적 풍토에서는 보기 드문 태도였다.

프롬은 인류의 위대한 유산 중에서 그 어느 것도 버리지 않고 모두 수용하고 그것을 창조적으로 계승함으로써 현대인의 삶을 가능한 한 충만하고 풍요로운 삶으로 만들려고 했다. 교조화된 철학은 항상 어떤 특정 집단의 관심만을 주로 끌 뿐 다양한 집단들의 폭넓은 관심을 끌기 어렵다. 이에 반해 프롬의 철학은 그 어떤 형태의 교조적인 사상도 거부하는 것이기에 대중들의 폭넓은 관심을 끌 수 있었다.

프롬의 열려 있고 균형 잡힌 자세는 요사이 유행하는 포스트모더니즘이나 포스트구조주의와의 대비를 통해서도 드러날 수 있다. 이러한 사조들은 전반적으로 전통에 대해서 부정적이고 비판 일변도의 경향을 보인다. 이에 반해 프롬은 전통에 대해서 그것들의 창조적인 계승이라는 자세를 취하고 있다. 나는 프롬의 이러한 자세야말로 진정한 의미에서 포스트모던적인 태도라고 생각한다.

원래 전통에 대한 비판과 전통과의 단절이 근대의 한 특색이라면 근대를 넘어설 것을 표방하는 포스트모던적인 사유는 전통에 대해서도 근대와 다른 태도를 취해야 할 것이다. 이렇게 볼 때 포스트모던적인 사유란 이 시대의 다양한 사조들에 대해서뿐 아니라 전통에 대해서도 열린 자세를 취하면서 그것들의 통찰들을 계승하고 발전시킴으로써 인간의 삶을 보다 풍요롭게 하고 창조적으로 형성하는 것이 되지 않으면 안 된다.

나는 프롬의 이러한 개방적이고 포용적인 사고 태도야말로 불교가 본래 갖고 있는 태도라고 생각한다. 불교 역시 프롬과 마찬가지로 인간의 성장과 행복에 도움이 되는 것이라면 어떠한 통찰도 받아들일 수 있다고 본다. 불교의 이러한 입장은 불교가 다양한 종파를 인정하고 있다는 데서 드러난다. 심지어 불교는 그리스도교와 유사하게 타력종교의 성격을 띠고 있는 정토종까지 수용하고 있다.

　현재 불교는 제2의 세계화를 맞고 있다고 할 정도로 다양해지는 양상을 보이고 있다. 불교에서 그동안 아시아가 가졌던 중심적 위치가 해체되고 새로운 중심들이 나타나고 있다.[4] 우리나라에서도 불교는 예전보다 훨씬 다양한 성격을 갖게 되었다. 일본, 대만, 티베트, 미얀마, 스리랑카 등 여러 아시아 불교국가들이 우리나라에 사원을 두고 포교를 하고 있다. 간화선 이외에도 위빠사나나 티베트 명상이 서구뿐 아니라 우리나라에서도 큰 관심을 끌고 있다.

　이런 맥락에서 나는 최근의 한국불교에서 남방불교와 위빠사나 수행법이 큰 관심을 끌고 있는 것을 한국불교의 내용과 수행법을 더욱 풍부하게 해주는 것으로서 바람직한 현상이라고 생각한다. 그러나 현재 시점에서는 남방불교 입장과 북방불교 입장이 서로를 포용하기보다는 서로 대립하는 양상을 보이는 것 같다. 이들 두 입장은 "상대에 대한 경멸적 우월감을 집단적으로 노출시키고 있지 않을 뿐"[5] 서로에 대해서 위험할 정도로 배격하는 태도를 취하고 있다. 북방불교 입장을 취하는 사람들은 간화선만이 최고의 참선법이라고 주장하는 반면에, 남방불교는 대승불교는 불교가 아니라는 식으로 비난한다.

4　우혜란, 「조계종단의 '한국불교 세계화' 기획에 대한 비판적 논의」, 『한국교수불자 연합학회지』 25권 1호, 2018, 45쪽 참조.

5　박태원, 「깨달음 담론이 갖추어야 할 조건들」, 『불교평론』 66호, 2016년 여름호, 166쪽.

　그러나 특정한 도그마에 얽매이지 않고 어떠한 가르침이라도 인간의
성장과 행복에 도움이 되는 것이라면 다 수용하는 것이 불교의 자세일
것이다. 나는 간화선도 위빠사나도 우리가 탐욕과 집착 그리고 그것들
에서 생기는 번뇌망상에서 벗어나는 데 크게 도움이 된다고 생각한다.
이렇게 양자가 탐욕과 집착에서 벗어나게 하는 데 도움이 된다면,
어떤 한쪽의 입장이나 수행법뿐 아니라 다 수용할 필요가 있다. 흔히들
간화선은 최상근기를 위한 수행법이라고 말한다. 과연 그런지는 잘
모르겠지만, 일단 그 말이 맞는다고 하더라도 하근기를 위한 수행법도
있어야 할 것이다. 따라서 우리는 깨달음에 도움이 되는 모든 것을
포용해야 한다.

　셋째로, 프롬의 존재지향적인 자세는 그가 글을 쓰는 방식에서도
드러난다고 생각한다. 많은 철학자의 글이 난해한 반면에, 프롬의
글은 어렵지 않고 명료하다. 또한 프롬의 글은 정신분석가로서의
자신의 체험을 담아내고 있기 때문에 내용이 추상적이지 않고 구체적
이다. 프롬이 이렇게 글을 쓴 이유는 무엇보다도 독자들에 대한 존중
때문이라고 생각한다. 프롬이 대중적인 인기를 누린 중요한 이유
중의 하나는 프롬의 이러한 글쓰기 방식에 있다.

　프롬의 이러한 글쓰기 방식도 불교인들에게 중요한 시사를 준다.
불교는 어려운 종교라는 인식이 세간에는 상당히 많다. 이러한 선입견
은, 사실은 불교 자체보다도 그동안 어렵게 말하고 어렵게 써온 스님들
이나 불교 연구자들에게 책임이 있다고 생각한다. 물론 불교가 궁극적
으로 추구하는 깨달음의 경지는 불가언설不可言說이라고 한다. 그러나
나는 이러한 깨달음의 경험도 대중이 어느 정도는 이해할 수 있게

말할 수 있다고 생각한다. 최근에 남방불교 연구자들 사이에서 참나, 여래장, 불성, 청정한 마음, 상락아정常樂我淨 등과 같은 말들을 비불교적인 용어들이라고 배격하는 풍조가 있다. 그러나 나는 그러한 말들은 깨달음의 경지를 일반인들이 어느 정도라고 이해할 수 있는 용어들로 전달하려는 시도라고 생각한다.

어느 절에서 열리는 일요 법회에 참석한 적이 있었다. 그 법회는 선문답하는 법회도 아니었고 일반 신도들을 위한 법회였다. 그런데 주지 스님께서 너무 어렵게 말씀하시는 것을 듣고 아연했던 적이 있다. 그 자리에 참석했던 분 중 과연 몇 분이나 이해했을까 의문이다. 불교인들, 특히 일반인들에게 불교를 전하는 위치에 있는 출가자들은 가능한 한 이해하기 쉽고 명료하게 말하고 글을 쓰는 훈련을 해야 할 것이다. 불교의 전문적인 개념들이나 표현들을 그대로 사용하는 것을 지양하고 최대한 오늘날의 일상언어를 사용하면서 자신의 체험과 이해를 담은 글쓰기와 말하기를 지향해야 한다.

넷째로, 프롬의 존재지향적인 태도는 그의 삶에서도 보인다. 그의 삶은 철저하게 사해동포주의적이었으며, 세계평화와 인본주의적인 사회를 실현하기 위해서 노력한 삶이었다. 이 점에서 프롬은 나름대로 보살행을 실천하는 삶을 살았다.

유대인이었던 프롬은 나치의 박해를 피해 미국으로 망명한 아픔을 지니고 있었다. 그럼에도 그는 이스라엘 건국에 반대했다. 팔레스타인 사람들이 그 땅에서 이미 오랜 기간 살아왔는데 과거에 자신들 땅이었다는 이유로 그 땅을 뺏는다는 것은 부당하다는 것이었다. 프롬은 이스라엘 건국으로 인해 팔레스타인 사람들과 이스라엘 사람들 사이에 끊임없는 갈등과 전쟁이 일어날 것이라고 우려했다. 프롬은 이스라엘 건국 후에는 이스라엘 정부에게 토지를 빼앗긴 아랍인들에게 토지를 되찾아주는 운동을 벌이기도 했다.

더 나아가 프롬은 세계평화를 구현하기 위한 활동을 지속적으로 전개했다. 프롬은 핵무기 폐지나 군축 등을 비롯한 문제들과 관련하여 유력한 정치가들이나 기자들에게 편지를 보내면서 일정한 성과를 거두기도 했다. 더 나아가 프롬은 68세의 나이로 당시 베트남전에 대해서 반대했던 인본주의적인 상원의원 유진 맥카시(Eugene Mc-Carthy)의 대통령 당선을 위한 선거유세에 참여하여 미국 전역을 돌아다니면서 수많은 연설을 했다. 그러나 과중한 선거유세 활동 등으로 과로한 탓에 건강을 상하게 된다. 하지만 그 이후에도 프롬은 세계평화를 실현하기 위한 운동을 적극적으로 전개했다.

물론 프롬도 많은 인간적인 약점이 있었다. 로런스 프리드먼이 쓴 『에리히 프롬 평전 – 사랑의 예언자 프롬의 생애』(김비 옮김, 글항아리, 2016)를 보면 그는 오만하게 보일 때도 있었고, 쌀쌀맞게 보일 때도 있었으며, 다른 철학자들이 자신의 철학을 부당하게 비판한다고 생각할 때 상처를 입기도 했다. 또한 프롬이 온갖 정성을 다해 간호했던 두 번째 부인이 심각한 병고와 우울증으로 인해 극단적 선택을 하면서 한때 우울한 나날을 보내기도 했다. 그러나 프롬은 존재지향적인 삶에 대해서 말로만 떠든 것이 아니라 그러한 삶을 살기 위해서 진지하게 노력했다.

사회참여는 프롬처럼 정치에 참여하는 방식이 아니더라도 여러 가지로 행해질 수 있을 것이다. 오늘날 우리 사회는 정치뿐 아니라

경제, 환경, 생명, 평화, 교육 등 거의 모든 면에서 문제점을 노정하고
있다. 많은 불교 연구자가 불교의 연기적 세계관이 무엇보다도 환경문
제를 극복하는 데 크게 기여할 수 있을 것으로 보고 있다.[6] 환경운동과
함께 불교적 세계관이 요구하는 운동은 생명운동일 것이다. 모든
생명에 불성이 깃들어 있다고 보는 불교적 세계관은 동물권 보호운동
으로 나타나고 있는 생명운동의 사상적 토대가 될 수 있다. 이러한
운동들을 어떤 식으로 전개할지에 대해 생각하는 것도 불교의 발전에
필수적이다.

3. 한국 불교계의 현실과 존재 권위

이상에서 프롬이 말하는 존재지향적 삶을 중심으로 하여 오늘날 한국
의 불교인들이 구현해야 할 삶의 형태가 어떤 것인지에 대해서 살펴보
았다. 프롬은 불교를 최고의 인본주의적 종교라고 격찬하고 있지만,
이것은 불교의 교리가 그렇다는 것이다. 한국 불교계의 실상은 불교를
최고의 인본주의적 종교라고 부르기 무색할 정도다. 법정 스님은
1964년에 『대한불교』에 실은 일련의 글에서 당시의 한국 불교계에
대해서 이렇게 한탄하고 있다.

---

6 예를 들어 조성택은 "한국불교계와 출가 스님들은 환경과 생태 문제에 관심을
  가짐으로써 부처님의 가르침이 인류의 희망이고 유용한 것임을 스스로 증명해야
  한다"고 말하고 있다. 조성택, 위의 글, 23쪽. 이와 함께 조성택은 정토회가
  실천하고 있는 '쓰레기 제로' 운동을 불교의 문제의식을 환경운동에 적용한 대표적
  인 성공사례로 들고 있다.

"그런데 세속을 여의었다는 당신의 제자들도 그 '높은 자리'에 앉아 버티기를 세속 사람들 못지않게 좋아하는 것을 요즈음 흔히 봅니다. [⋯] 정권을 탐하여 수단과 방법을 가리지 않는 저 마키아벨리즘의 무리들처럼, 말로라도 세상의 욕락을 떠나 출가 수도한다는 이들에게 무슨 '장長'이 그리도 많습니까? 그나마도 솔직하지 못한 것은, 그런 일이 전혀 자의 아닌 타의에서 이루어진 것처럼 행동하고 있다는 것입니다.

[⋯]

기본재산이 좀 여유 있거나 수림이 우거진 절은 서로가 차지하려고 눈에 불을 켜고 날뛰는 꼴을 우리는 불행하게도 많이 보아왔습니다.

[⋯]

불사하는 행사가 요즘에는 왜 그리도 많습니까? 걸핏하면 '백일기도' '만인동참기도' '보살계살림' '가사불사' 탑에 물방울 정도 튀기는 '세탑불사' 아이들 장난도 아닌데 위조지폐까지 발행해가면서 도깨비놀음 같은 '예수재預修齋' 등등."[7]

"사원이란 그 어느 특정인의 소유이거나 개인의 저택일 수 없다는 것은 너무나 명백한 상식입니다. 오직 수도자가 도업을 이루기 위해, 한데 모여 서로 탁마하면서 정진해야 할 청정한 도량임은 더 말할 것도 없습니다.

이러한 사원이 소수의 특정인에 의해 수도장으로서 빛을 잃어가고

---

7 『대한불교』, 1964년 10월 18일, 백금남, 『소설 법정 – 바람 불면 다시 오리라』, 쌤앤파커스, 2016, 181-184쪽에서 재인용.

있는 것이 이제는 하나의 경향을 이루고 있습니다. 자기네 '패거리'의 식성에 맞는 몇몇이서만 도사리고 앉아 굳게 문을 걸어 닫고 외부와의 교통을 차단한 채 비대해져 가고 있습니다.

〔…〕

운수를 벗하여 홀홀 단신수도에만 전념하던 납자들이 늙고 병든 몸을 이끌고 정착할 곳이 없어 여기저기 방황하고 있는 것을 보십시오. 소위 독신수도한다는 이 비구승단의 회상에서 정화 이전이나 다름없는 냉대를 받고 있지 않습니까?"[8]

법정 스님이 그리고 있는 한국 불교계의 현실은 존재지향적이라기보다는 소유지향적이라고 보아야 할 것이다. 그런데 문제는 한국 불교계는 여전히 이런 상태를 벗어나지 못하고 있다는 점일 것이다. 따라서 한국 불교계의 현실을 보면 붓다의 훌륭한 가르침이 아무런 의미도 갖지 못하는 듯하다. 법정 스님은 한국 불교계의 현실이 붓다의 가르침마저 욕되게 만들고 있다고 말하면서 부처님께 이렇게 참회하고 있다.

"오늘날 한국불교가 종교로서의 사명을 다하지 못하고 있다는 점은 숨길 수 없는 사실입니다. 시대와 사회에 이바지할 수 없는 종교라면 그것은 하등의 존재가치도 없습니다.

당신의 가르침이 우리 강토에 들어온 지 천육백 년! 오늘처럼 이렇게 병든 적은 일찍이 없었습니다. 그 까닭은 물을 것도 없이 제자 된 저희들 전체가 못난 탓입니다. 늘 당신에게 죄스럽고 또 억울하게

---

8 『대한불교』, 1964년 10월 25일, 백금남, 위의 책, 188-192쪽에서 재인용.

생각되는 것은 그처럼 뛰어난 당신의 가르침이 오늘날 저와 같은 제자를 잘못 두어 빛을 잃고 또 오해까지 받고 있다는 사실입니다."[9]

법정 스님이 이 글을 쓸 당시는 대처승들을 절에서 몰아내는 '정화' 운동을 거쳐 대한불교조계종이 출범한 지 겨우 2년이 지난 시점이었다. 무엇이든지 처음은 나중에 비하면 깨끗한 편인데, 조계종의 시작은 처음부터 실망스러웠던 것 같다. 법정 스님이 한탄하고 있던 승가의 모습이 그동안 얼마나 변했는지 의문이다. 다음과 같은 동출 스님의 말은 오늘날 한국의 승가가 처하고 있는 심각한 상황을 너무나 잘 보여준다고 여겨진다.

"'비구독재'라는 말을 하셨는데 사실은 사찰은 '주지독재'입니다. 주지가 모든 걸 할 뿐만 아니라, 20대나 30대에서 시작한 주지 소임을 지금까지 거의 50년 동안 독점하는 분도 많습니다. 그러니 스님들이 각자도생할 뿐이고 제대로 팀워크를 이뤄서 역할을 하는 절이 거의 없습니다. 그나마 봉은사, 실상사, 불광사 같은 극히 일부의 사찰을 제하고는 논의 구조 자체가 없습니다. 스님들이 하는 방식이 뭐냐면, 자기가 전방을 차려 자기 생존을 위해 신도들을 포섭하는 것입니다. [···] 그러니 사찰에서는 몇 분이 사시든 주지만 주인이고 나머지는 개인입니다. 스님들이 서로 어려우면 다 같이 나누어야 하는데 그런 구조가 아닙니다. 마찬가지로 신도들도 아무 권한이 없습니다. 주인의식도, 책임의식도 없이 시키는 대로 하는 겁니다. [···] 이 근본모순

9 『대한불교』, 1963년 10월 25일, 백금남, 위의 책, 190-191쪽.

이 해소가 안 되면 스님들은 종단 걱정, 불교 걱정, 사회 걱정은 할 열정도, 여유도 없어집니다."[10]

승가의 이러한 상황과 언론에 보도되는 일부 승려들이 보이는 불미스러운 행태, 출가자들과 불교 신도들의 급격한 감소 그리고 불교를 포함한 종교 일반에 대한 청년층들의 무관심 등을 생각하면 한국에서의 불교의 미래는 장차 생존이 우려될 정도로 어두운 것처럼 보인다.

많은 불교 연구자가 오늘날 한국 불교계가 보이는 난맥상이 1954년 이승만 대통령의 유지로 시작된 무리한 정화 과정에서 상당 부분 비롯된다고 보는 것 같다. 1954년 한국불교의 전체 승려 6,500명 중 비구승은 고작 4%인 260명에 불과했다.[11] 당시 승려들 대부분을 차지하는 대처승들을 몰아내는 과정에서 출가자들의 현저한 질적인 저하가 일어났다고 탄허 스님은 말하고 있다.

"〔…〕 정화 직후에는 〔…〕 승려들의 질적 저하가 눈에 완연히 보이더군요. 이것이 문제입니다. 날이 갈수록 산으로 들어오는 승려들의 질이 떨어지고 있어요. 공부하기 위해서 오는 것이 아니라 이익을 따라오는 것 같아요. 특히 정화 직후에 무식한 놈들을 싸운 공로만 가지고 공부도 제대로 시킬 틈이 없이 주지로 내보냈어요. 그러니

10 〔토론〕「2위 종교가 된 불교, 무엇을 어떻게 해야 하나」, 『불교평론』 69호, 2016년 봄호, 46쪽 이하.

11 염중섭, 「한암과 탄허의 승가교육 방향과 실천양상」, 『국학연구』 39, 한국국학진흥원, 2019, 542쪽 참조.

그 주지가 다시 상좌를 두고 자꾸 새끼를 치니까 애초에 무식한 놈이 상좌를 가르칠 수 없으니 계속 질이 떨어질 수밖에 〔…〕"[12]

이러한 연속선상에서 법정 스님 역시 1964년 『대한불교』에 실은 한 글에서 이렇게 한탄하고 있다.

"부처님!

이런 어처구니없는 일도 있습니다. 요즘 한국불교계에는 '급조승'이란 전대미문의 낱말이 나돌고 있습니다. 승려라면 일반의 지도적인 입장에 서야 한다는 것은 너무나 당연한 상식입니다. 그런데 그 자질 여부는 고사하고 일정한 수업도 거치지 않고 활짝 열려진 문으로 들어오기가 바쁘게 삭발과 의장교체가 너무나 신속하게 진행되고 있습니다.

그래서 당신의 제자로서의 품위나 처신이 말할 수 없이 진흙탕에 깔리고 말았습니다. 낙후된 경제 사회에서 부도가 나버린 공수표처럼 —.

더구나 이들이 사원을 주관하게 되는 경우가 적지 않으니 그저 한심스러울 뿐입니다. 그들이 언제 수도 비슷한 거라도 치를 겨를이 있겠습니까? 그러기에 출가 이전의 세속적인 행동거지가 그대로 잔존될 따름입니다. 〔…〕

다른 한편 어떤 사원에서는 처음 입산하려는 사람의 학력이 학부 출신이거나 좀 머리가 큰 사람이면 더 물을 것도 없이 문을 닫아버립니

---

12 염중섭, 위의 글, 544쪽.

다. 무슨 자랑스러운 가풍인 것처럼 -.

거절의 이유인즉 '콧대가 세서 말을 잘 안 듣는다'는 것입니다. 이것은 표면적인 구실에 지나지 않고 사실은 다루기가 벅차서일 것입니다. 우선 지적인 수준이 이쪽보다 우세하기 때문에 하나의 열등의식에서 거부하는 것입니다.

그 한 반증으로서 인간적인 기본 교양도 없는 만만한 연소자는, 그나마 노동력이 필요할 때 틈나서 받고 있는 실정이니 말입니다."[13]

탄허와 법정이 이렇게 한탄하던 시절에 비해, 지금 출가자들의 학력 수준이나 지적인 수준은 매우 높아졌다. 유튜브에서 강연하는 몇몇 스님의 강연을 들어보면 수준도 높고 일반인들에게 알기 쉽게 설명하는 능력도 탁월하다고 여겨진다. 이 점에서 나는 한국불교에 아직 희망이 있다고 생각한다.

1990년대부터 출가자 중 박사학위 취득자가 폭발적으로 증가 2016년까지 165명이 배출되었다고 한다. 이렇게 많은 불교학자를 배출할 필요가 있는지에 대해서 회의적인 견해도 있지만,[14] 출가자들의 학위 취득이 수행을 방해하는 것이 아니고 수행과 병행된다면 부정적으로 볼 것은 없을 것 같다.

재가자들이 출가자들에게 갖는 기대는 여전히 크다. 출가자들은 사실 우리 같은 재가자들보다는 훨씬 큰 원력을 세우신 분들이라고

---

13 『대한불교』, 1964년 10월 11일, 백금남, 위의 책, 178~179쪽.

14 박재현, 「한국 승가교육 전통의 양가성과 그 방향성」, 『동아시아불교문화』 23, 동아시아불교문화학회, 2016. 513쪽 이하 참조.

생각한다. 사실 가족의 기대를 다 버리고 출가의 길에 나선다는 것은 쉬운 일이 아니다. 이렇게 보통 분들이 아니라고 생각하기에 재가자들은 출가자들의 권위를 인정하고 있고 이러한 권위를 잘 활용하여 많은 사람을 깨달음으로 인도할 것을 기대한다.

프롬은 권위의 행사에도 소유양식과 존재양식이 있다고 보았다. 존재양식에 따라서 행사되는 권위는 합리적 권위인 반면에, 소유양식에 따라서 행해지는 권위는 비합리적인 권위이다. 합리적 권위에서는 권위를 갖는 자와 복종하는 자는 본질적으로 평등하다. 양자는 단지 특정한 분야에 대한 지식과 능력에서만 구별된다. 이에 반해 불합리한 권위에서는 양자는 본질적으로 불평등하고 상이한 가치를 갖는 것으로 간주된다.

비합리적 권위에서는 능력이나 인격 대신에 제복이나 칭호가 권위를 대신하게 된다. 비합리적 권위의 소유자는 제복이나 칭호만큼 자신이 다른 사람들보다 더 높은 지위에 있다고 착각하면서 다른 사람들 위에 군림하려고 한다.

이에 반해 합리적인 권위는 고도의 성장과 통합을 달성한 훌륭한 인격과 이성적 통찰 및 능력에 바탕을 두고 있다. 그러한 권위의 소유자는 그를 따르는 사람의 성장을 돕는다. 그는 그에게 권위를 부여해 준 사람들이 위임한 직무에서 합당한 역할을 수행한다. 그는 사람들을 위협하려고 하지 않으며 매혹적인 자질로 사람들의 감탄을 불러일으키려고도 하지 않는다. 오히려 그는 자신을 따르는 사람들이 자신에 대해서 끊임없는 음미와 비판을 하도록 허용할 뿐 아니라 그렇게 해주기를 요청하기조차 한다. 그는 현란한 치장이나 의례를 통하지 않고 자기를 있는 그대로 표현하며 인간이 무엇일 수 있는지를 보여주는 고도의 성장과 통합을 이룩한 사람이다. 붓다나 예수와 같은 위대한 '인생의 교사들'은 이러한 사람이었다. 프롬은 합리적 권위는 그것을 갖는 사람의 전체적인 인격에서 비롯되는 것이라는 점에서 그것을 존재 권위라고도 부른다.

프롬은 오늘날 학교 교육의 가장 큰 문제는 합리적 권위를 갖춘 교사들이 많지 않다는 점에 있다고 본다. 나 역시 왕따나 학교 폭력을 비롯한 한국의 학교 교육에서 발생하는 문제들은 상당 부분 이러한 합리적 권위를 갖춘 교사들이 부족한 데서 비롯된다고 생각한다. 많은 교사가 학생들에게 관심과 애정이 없다. 그런데 한국불교의 문제점들도 상당 부분 이러한 합리적 권위를 갖춘 지도자들이 많지 않다는 데서 비롯되는 것은 아닐까?

사람들은 아무런 구속도 당하지 않는 자유를 원하는 것 같지만, 사실은 인생에서 자신이 방황하지 않도록 이끌어줄 존재 권위를 원한다. 따라서 모든 인간은 이러한 존재 권위의 소유자를 접하면 대단한 열의를 갖고 그들에 응한다. 반면에 아이들이라도 아이들에게는 노력을 요구하면서도 자신은 노력하지 않는 사람이 가하는 압력에 대해서는 저항한다.[15]

---

15 이렇게 존재 권위를 갖춘 스님들에 대한 열망은 일반인들이 갖고 있는 스님에 대한 이미지에서도 잘 나타난다. 일반인들은 스님의 이미지로 "'마음의 안정을 가르치는 수행지도자'(41. 7%), '세속을 떠난 자유인'(26.9%), '세상 고통의 구제에 헌신하는 봉사자'(16.3%), '삶의 지식과 지혜를 가르치는 종교전문가'(8.9%), 현대사회에서 바람직한 스님의 역할로는 '깨달음을 얻기 위한 수행에 전념하는

이 점에서 한국불교의 쇠퇴에는 불교인들 전체가 책임이 있겠지만, 무엇보다도 불교계에서 지도적인 지위를 갖는 승려들의 책임이 크다고 할 수 있다. 특히 언론에서 보도되는 승려들 사이의 폭력 투쟁을 비롯한 여러 가지 불미스러운 일들은 한국불교에 대해서 많은 사람의 지탄과 실망을 초래했다. 이 점에서 한국불교 발전의 가장 큰 걸림돌이 되어 온 것은 승가였다고 할 수 있다.

그러나 한국불교의 명맥을 이어오고 또한 그 발전을 이룰 중심그룹도 승가라는 점은 부인할 수 없다. 승가가 없는 불교를 우리는 생각하기 어렵다. 법인 스님이 말하는 것처럼 "2천 6백여 전 출현한 불교가 오늘날에도 진리의 가르침으로 그 생명력을 유지하고 있는 것도 승가가 있었기 때문에 가능했다."[16] 법인 스님은 또한 이렇게 말하고 있다.

"원효, 의상 등 기라성 같은 수행자가 즐비했던 신라시대에는 불교가 우리 민족의 정신적 지도원리로서 기능하며 역사발전을 이끌었다. 그러나 훌륭한 수행자가 많지 않았던 고려 말기에는 불교는 사회발전의 걸림돌로 간주되어 조선조 5백 년간 사회의 변방에 머물 수밖에 없었다. 이러한 예에서 알 수 있듯이 승가를 구성하고 있는 수행자 한 사람 한 사람의 수준이 곧 승가의 수준을 결정하며, 이는 곧 역사사회에서의 불교의 위상을 결정한다."[17]

것'(50.2%), '자비정신을 사회에 구현하는 것'(22.0%), '계율을 잘 지키면서 청정하게 생활하는 것'(16.9%) 등으로 꼽았다." 고상현·오형만, 위의 글, 223쪽.

16 법인, 「교육개혁, 그 멀고도 험한 여정」, 『불교평론』 1호, 1999년 겨울호, 88쪽.

17 법인, 위의 글, 89쪽.

법인 스님의 말에 전적으로 공감한다. 한국불교의 발전을 위해서는
한국의 불교인들 모두가 프롬의 존재지향적인 삶을 구현하려고 해야
할 뿐 아니라 존재 권위를 갖춘 많은 출가자가 배출되어야 할 것이다.

참고문헌

1. 에리히 프롬의 저작

『건전한 사회』, 김병익 역, 범우사, 1975.

『소유냐 존재냐』, 최혁순 역, 범우사, 1978.

『사랑의 기술』, 황문수 역, 문예출판사, 1979.

『인간과 종교』, 최혁순 역, 한진출판사, 1983.

『희망이냐 절망이냐』, 편집부 옮김, 종로서적, 1983.

『의혹과 행동』, 최혁순 역, 범우사, 1987.

『자기를 찾는 인간』, 박갑성, 최현철 역, 종로서적, 1989.

『자유로부터의 도피』, 이상두 역, 금성출판사, 1989.

『선과 정신분석』, 프롬, 스즈키 다이세츠, R. 데 마르티노, 김용정 역, 원음사, 1992.

『존재의 기술』, 최승자 역, 까치, 1994.

2. 불교 관련 문헌

고상현·오형만, 「승가교육의 질적 전환을 위한 제언」, 『불교학보』 66, 동국대 불교문화연구원, 2013.

길희성, 『영적 휴머니즘 : 종교적 인간에서 영적 인간으로』, 아카넷, 2021.

김종명, 「현대 한국사회와 승가교육 – 교과과정을 중심으로 –」, 『한국불교학』 28집, 한국불교학회, 2001.

민명숙(벽공), 「한국 승가교육의 전개와 변천: 강원교육을 중심으로」, 『동아시아불교문화』 23, 동아시아불교문화학회, 2015.

박재현, 「한국 승가교육 전통의 양가성과 그 방향성」, 『동아시아불교문화』 23, 동아시아불교문화학회, 2016.

「유식불교와 심리치료 – 연구경향 분석과 과제」, 『불교학보』 71, 동국대학교 불교문화연구원, 2015.

백금남,『소설 법정 – 바람 불면 다시 오리라』, 쌤앤파커스, 2016.

법인,「교육개혁, 그 멀고도 험한 여정」,『불교평론』1호, 1999년 겨울호.

「승가교육, 사회와 소통하고 역사에 부합해야」,『불교평론』42호, 2010년 봄호.

석길암,「아직 버릴 수 없는 화두『조선불교유신론』」,『불교평론』45호, 2010년
    겨울호.

신명희,「대한불교조계종의 현행 교육체계에 대한 고찰」,『한국불교학회』, 2020.

안옥선,「인간과 동물간 무경계적 인식과 실천: 불교와 동물해방론의 경우」,『범한
    철학』31집, 범한철학회, 2003년 가을.

「불교윤리와 현대윤리학의 만남」,『불교학연구』112호, 불교학연구회, 2005.

「불교의 상호존중과·포용성」,『철학』63, 한국철학회, 2000.

「불교 덕 윤리」,『인간·환경·미래』5, 인제대학교 인간환경미래연구원, 2010.

「불교윤리에 있어서 자기애와 타자애의 상호적 실천」,『철학』76, 2003.

「불교덕윤리에서 성품의 중심개념으로서 '행"(sankhāra)」,『불교학연구』23호,
    불교학연구회, 2009.

「불교에서의 선악으로부터의 자유」,『범한철학』47집, 범한철학회, 2007.

「자비의 윤리와 보살핌의 윤리의 비교 윤리학적 고찰–양 윤리 체계의 유사성과
    보살핌의 윤리의 한계에 관한 일고찰」,『백련불교논집』Vol.7, 성철사상연
    구원, 1997.

염중섭,「한암과 탄허의 승가교육 방향과 실천양상」,『국학연구』39, 한국국학진흥
    원, 2019.

우혜란,「조계종단의 '한국불교 세계화' 기획에 대한 비판적 논의」,『한국교수불자
    연합학회지』25권 1호, 2018.

원효,『대승기신론 소·별기』, 은정희 역주, 일지사, 1991.

유승무,「불교와 마르크시즘의 동몽이상」,『동양사회사상』20집, 2009.

윤성식,「불교자본주의로서의 연기자본주의에 대한 연구」,『한국선학』, Vol.28,
    한국선학 회, 2011.

이기영,「마르크스주의의 도전과 불교의 입장에서 본 대응책」,『안보연구』Vol.13,

1983, 동국대학교 북한학연구소(구 동국대학교 안보연구소).

이병욱, 『불교사회사상의 이해』, 운주사, 2016.

조기룡, 「대한불교조계종 개혁종단의 이념 정체성과 승가교육의 정향定向」, 『선학』 50호, 2018.

조성택, 「현대 한국사회와 바람직한 승가상 – 문명비판의 실천과 교사로서 출가자의 역할」, 『불교평론』 47호, 2011년 여름호.

최연자, 「아뢰야식과 무의식에 관한 연구」, 『범한철학』 20, (1999 가을).

[토론] 「2위 종교가 된 불교, 무엇을 어떻게 해야 하나」, 『불교평론』 69호, 2016년 봄호.

한자경, 『성유식론 강해: 아뢰야식』, 서광사, 2019.

『심층마음의 연구 : 자아와 세계의 근원으로서의 아뢰야식』, 서광사, 2016.

3. 기타 문헌

Bacciagaluppi, Marco, "The Relevance of Erich Fromm," *The American Journal of Psychoanalysis*, 74, 2014.

Cortina, Mauricio, "The Greatness and Limitations of Erich Fromm's Humanism," *Contemporary Psychoanalysis*, 51:3.

Dražen, Šumiga, "Fromm's understanding of the Buddhist philosophical theory and psychoanalysis: From the phenomenal ego to the authentic being," *International forum of psychoanalysis*, Vol.29(1), 2020.

Heidegger, Martin: "*Sein und Zeit*", Tübingen 1972.

Kasulis, T. P., "Zen Buddhism, Freud, and Jung," *The Eastern Buddhist*, Vol. 10, No. 1, 1977.

Lumanog, Joseph, "Marxism and Buddhism: A dialogue for social work," *Journal of Religion & Spirituality in Social Work: Social Thought*, Vol. 38, 2019.

http://lps3.www.tandfonline.com.libproxy.snu.ac.kr/doi/full/10.1080/15426432.2019. 1672610?scroll=top&needAccess=true

Alexandra Ouroussoff and Jonathan Spencer, "Psychoanalysis, Buddhism and the Person," *The Journal of the Royal Anthropological Institute*, Vol. 4, No. 4, 1998.

Roland, Alan, "Erich Fromm's Involvement with Zen Buddhism: Psychoanalysts and the Spiritual Quest in Subsequent Decades," *Psychoanalytic Review*, 104(4), 2017.

Rubin, Jeffrey B., "Deepening Psychoanalytic Listening: The Marriage of Buddha and Freud", *The American journal of psychoanalysis*, Vol.69 (2), 2009.

Struhl, Karsten J., "Buddhism and Marxism: points of intersection", *International Communication of Chinese Culture*(Springer Berlin Heidelberg), 2017, Vol(1).

Waistell, Jeff. "Marx and Buddha: A Buddhist-Communist Manifesto." In *Buddhism for Sustainable Development and Social Change*, edited by Thich Nhat Tunad Thich Duc Thien(Vietnam Buddhist University Publications, 2014), 195-217.

Whachul Oh, "Understanding of Self: Buddhism and Psychoanalysis," *Journal of Religion and Health*, 08. October 2021.

마이클 노바크, 『민주 자본주의의 정신』, 김학준, 이계희 역, 을유문화사, 1986.

_____, 『가톨릭윤리와 자본주의 정신』, 허종열 역, 한국경제신문사, 1993.

쇼펜하우어, 『의지와 표상으로서의 세계』(『세상을 보는 방법』에 수록됨), 권기철 옮김, 동서문화사, 2005.

마크 엡스타인, 『붓다와 프로이트』, 윤희조·윤현주 옮김, 운주사, 2017.

라이너 풍크 외 엮음, 『에리히 프롬과 현대성: 그의 사유가 갖고 있는 현대성에 관하여』, 박규호 옮김, 영림카디널, 2003.

피터 하비(Peter Harvey), 『불교윤리학 입문: 토대, 가치와 쟁점 – 불교가 윤리학의 옷을 입다』, 허남결 옮김, 씨아이알, 2010.

찾아보기

314

지은이 **박찬국**

서울대학교 철학과 교수.

서울대학교 철학과를 졸업하고 동대학원에서 석사학위를, 독일 뷔르츠 부르크 대학교에서 철학박사학위를 받았다. 니체와 하이데거의 철학을 비롯한 실존철학이 주요 연구 분야이며, 최근에는 불교와 서양철학 비교를 중요한 연구과제 중 하나로 삼고 있다. 2011년에 『원효와 하이데거의 비교연구』로 제5회 '청송학술상', 2014년에 『니체와 불교』로 제5회 '원효학술상', 2015년에 『내재적 목적론』으로 제6회 운제철학상, 2016년에 논문 「유식불교의 삼성설과 하이데거의 실존방식 분석의 비교」로 제6회 반야학술상을 받았으며, 『초인수업』은 중국어로 번역되어 대만과 홍콩 및 마카오에서 출간되었다.

저서로는 위의 책들 외에 『그대 자신이 되어라-해체와 창조의 철학자 니체』, 『들길의 사상가, 하이데거』, 『하이데거는 나치였는가』, 『하이데거의 《존재와 시간》 강독』, 『니체와 하이데거』 등이 있고, 주요 역서로는 『니체 I, II』, 『근본개념들』, 『아침놀』, 『비극의 탄생』, 『안티크리스트』, 『우상의 황혼』, 『선악의 저편』, 『도덕의 계보』, 『상징형식의 철학 I, II, III』 등 다수가 있다.

대원불교 학술총서 04 에리히 프롬과 불교

초판 1쇄 인쇄 2022년 9월 13일 | 초판 1쇄 발행 2022년 9월 20일
지은이 박찬국 | 펴낸이 김시열
펴낸곳 도서출판 운주사

(02832) 서울시 성북구 동소문로 67-1 성심빌딩 3층
전화 (02) 926-8361 | 팩스 0505-115-8361
ISBN 978-89-5746-708-4 94220 값 20,000원
ISBN 978-89-5746-694-0 (총서)
http://cafe.daum.net/unjubooks 〈다음카페: 도서출판 운주사〉